the growing 5

Das Skalierungshandbuch Für IT/Tech-Unternehmer

Markus Geißinger

the growing 5

1. Auflage 2023

ISBN 978-3-00075-073-1 (Hardcover)
ISBN 978-3-99152-120-4 (Paperback)
ISBN 978-3-98762-902-0 (Hörbuch)

INHALT

	VORWORT – Was ist Dein Ziel?	11
1.0	**GRUNDLAGENKAPITEL – Die fünf »unsichtbaren« Wachstumsbeschleuniger-Prinzipien**	**17**
1.1	Entdeckungsgeschichte der Wachstumsbeschleuniger-Prinzipien – The Big Picture	19
1.2	Das Wachstumsbeschleuniger-Prinzip #1 – Härten	27
1.3	Das Wachstumsbeschleuniger-Prinzip #2 – Wiederholen	31
1.4	Das Wachstumsbeschleuniger-Prinzip #3 – Riskieren	35
1.5	Das Wachstumsbeschleuniger-Prinzip #4 – Expandieren	39
1.6	Das Wachstumsbeschleuniger-Prinzip #5 – Netzwerken	43
1.7	Der Wachstumsteilchen-Beschleuniger bei der Arbeit	47
1.8	Die Wachstumsdrehachse: Der Fokus, ohne den die Beschleuniger-Prinzipien wirkungslos sind	51
1.9	Zusammenfassung der Wachstumsbeschleuniger-Prinzipien und Vorbereitung auf die Umsetzung	57
2.0	**ANWENDUNGSKAPITEL MINDSET – Der Next-Level-Pain – Wie Skalierungsunternehmer ein »Auf-der-Stelle-treten« in einen Lauf verwandelten**	**63**
2.1	Warum es fette, rauchende Ärzte gibt und was das mit unternehmerischer Performance zu tun hat	67
2.2	Heimliche Skalierungsbremse #1: Der Tekkie-Mindset	73
2.3	Wie Dich Dein Ego blind für die echten Prioritäten machen kann	79
2.4	Woran Du erkennst, dass Du an unternehmerischer Schizophrenie leidest	85
2.5	Wie Du mit dem FMU-Konzept Zeit gewinnst, um an Deiner Firma zu arbeiten	89
2.6	Bewusstsein über den strategischen Regelkreis	95
2.7	Welche Ansprüche hat Dein Unternehmen in welcher Wachstumsphase an den Unternehmer?	99

3.0	**ANWENDUNGSKAPITEL STRATEGIE – Raus aus dem Strategie-Wald – wie die besten Unternehmer ihren Weg zum nächsten Level gefunden haben**	**105**
3.1	Wie Du die echten Engpässe Deiner Firma findest	113
3.2	Vision, Mission »alles für die Tonne« – oder doch nicht?! Die Antwort ...	119
3.3	Wo genau der Profit entsteht und wie die Skalierer 10% mehr Umsatz und 50% mehr Profit generierten – Ohne jegliche Neukundengewinnung	123
3.4	Die wirklich passenden Wachstumskunden finden	129
3.5	Das unternehmerische Zielbild – Ungeahnte Energie und Leichtigkeit durch ein völlig pragmatisches Konzept	133
4.0	**ANWENDUNGSKAPITEL SALES – Wie die Skalierer von zufällig gewonnenen Kunden zu einem steuerbaren A-Kundensog kamen**	**139**
4.1	Die Unternehmertypen, ihre Auswirkung auf den Sales-Prozess und der Bau des Sales-Systems	143
4.2	Der Tekkie als heimlicher Vertriebschampion	147
4.3	Was Dich bisher von dem Bau eines (guten) Vertriebssystems abgehalten hat - Die versteckten Verhinderer	153
4.4	Erfolgreicher Technical Sales - Die fünf unabdingbaren Basics	163
4.5	Der ultimative Kundenansprache-Hack	181
4.6	Wunderwaffe Onlinemarketing: Neukunden rufen Dich an – Geht das wirklich?	185
4.7	Warum man ein Sales-System braucht und wie ein Bauplan aussehen kann	189

5.0	**ANWENDUNGSKAPITEL FÜHRUNG – Vom Mitarbeitermangel und Orga-Chaos zum A-Mitarbeiter-Kult und zu gemeinsamen Zielen**	**197**
5.1	Warum es technische Unternehmer doppelt so schwer haben, eine gute Führungskraft zu sein	203
5.2	Das Betriebssystem Deines Mitarbeiters	207
5.3	Warum es technisch notwendig ist, so »viel« Kommunikationszeit mit den mittleren- und Senior-Tekkies zu verbringen	213
5.4	»Warum machen die Mitarbeiter nicht, was ich sage?« Eine Frage, die sich Top-Unternehmer einfach nicht stellen	219
5.5	Führungsmodell - The Easy Big Picture	233
5.6	Tools, Methoden und KPIs - Welche Komponenten die Mitarbeiter und Führungskräfte täglich auf Kurs halten – auch ohne Unternehmerpräsenz	239
5.7	Tipps zur A-Mitarbeiter-Gewinnung im Mangelumfeld	247
6.0	**ADDON – Der Unternehmercheck heißt SMB.WACHSTUMS-CHECK**	**253**
7.0	**Mein persönliches Nachwort und mein Dank**	**257**

VORWORT

WAS IST DEIN ZIEL?

Entspannter Wachstumsunternehmer zu sein oder aus dem immer wieder auftauchenden Unternehmer-Hamsterrad herauszuwachsen? Lass mich raten, Du willst beides?! Also Deine Firma entspannt verdoppeln oder verdreifachen, aber ohne:

- einen 14-Stunden-Job
- belastenden Umsatzdruck
- das Ärgernis mit unmotivierten Mitarbeitern

Genau genommen willst Du ein freies und erfolgreiches Wachstumsunternehmerleben führen. Dann heiße ich Dich willkommen. Denn dieses Buch wurde mit der einzigen Motivation geschrieben, alles an mentalem und sachlichen Skill bereitzustellen, damit Du Deinen individuellen Erfolgsweg findest. Ich weiß, dies ist ein hoher Anspruch, aber mit hohen Ansprüchen kennst Du Dich ja aus, nicht wahr?

Wie die Lösungswege und Erfolgsprinzipien in diesem Buch entstanden sind

Das Buch basiert auf:

- über 25 Unternehmerjahren
- vielen Jahren als aktiver Strategie- und Sales-Coach beim Unternehmercoach-Pionier Unternehmercoach®
- mehr als 70 Skalierungsprojekten mit IT-/Tech-Firmen
- mehreren eigenen Firmen und einer Insolvenz und
- dem Skalieren der eigenen Firma mit über 60% der Dax-Unternehmen als Kunden

Obendrauf kam eine ziemliche Menge an Büchern und Seminaren über unternehmerischen, persönlichen Erfolg und viele Biografien. Das alles hat es gebraucht, um die versteckten Erfolgsmuster herauszufinden. Um die Frage beantworten zu können: Was ist das Geheimnis, um ein erfolgreicher, entspannter und freier Wachstumsunternehmer zu werden? Wie haben andere das gemacht? Was unterscheidet Skalierer konkret von Nicht-Skalierern?

Auf den Punkt gebracht

- Was sind die Geheimnisse, wie man das Sales-Problem endgültig lösen kann?
- Wie sah der Weg der Skalierer über zufällig gewonnene Kunden bis hin zum steuerbaren A Kundensog aus?
- Wie gelangten sie vom Mitarbeitermangel und Orga-Chaos zum A-Mitarbeiter-Kult und gemeinsamen Zielen?
- Und wie haben die Skalierer es geschafft, »trotzdem« ein freies und entspanntes Leben zu führen?

Bevor wir in diese Punkte einsteigen, möchte ich Dir noch ein kleines Geheimnis verraten.

Was der wahre Grund für dieses Buch ist ...

Weil die in über 25 Jahren gefunden Skalierungsprinzipien

- unbequeme Wahrheiten enthalten, von denen ich überzeugt bin, dass sie ausgesprochen werden müssen. Gerade, weil wir in einer Zeit leben, in der die »Vierstunden-Woche zum Millionär« oder »Finanzielle Freiheit in fünf Jahren« natürlich garantiert wird. Lieber Freund des Unternehmertums, Du weißt, dass das Bullshit ist und selbst wenn das gehen sollte, so viele glückliche Umstände zusammenkommen müssen, dass der Erfolg so »wahrscheinlich« ist wie ein hoher Lottogewinn. Und weil:
- mein Glaube, dass die Selbstbefähigung, eigene Ziele zu erreichen, nur über wahres Verstehen von entsprechenden Gesetzen und Prinzipien funktionieren kann. Und ich habe bisher kein Buch oder sonstiges Angebot gefunden, welches diese Prinzipien so mit der Praxis verbindet, dass Lernen und Verstehen an realen Beispielen ermöglicht wird.

Und da ich einfach kein Buch fand, welches die unangenehmen Wahrheiten aufzeigt und eine Blaupause zur Selbstbefähigung liefert, habe ich es eben selbst schreiben müssen.

Zurück in die Zukunft für IT-/Tech-Unternehmer

Das vorliegende Buch ist das, was ich mir vor 25 Jahren gewünscht hätte, um so viele teure Umwege zu vermeiden. Um überhaupt zu verstehen, welche Dinge mich in meinen Firmen erfolgreich gemacht haben und welche mich dann aber auch einmal in eine Insolvenz geführt haben. Ursache und Wirkung sind in dem Moment, wenn etwas gerade passiert, oft schwer erkennbar. Die gute alte Feststellung »Im Nachhinein ist man immer schlauer« trifft da wie überall zu.

Also war mein Ziel, alles wegzulassen, was sich nicht im Kern auf Stabilität und Wachstum richtet. Alles mit aufzunehmen, was auf das Ziel einzahlt, egal wie unpopulär die Wahrheit sein mag. Ganz ehrlich, ich bin kein Superheld und glaube auch nicht, das ultimative »Brain« zu sein. Ich bin einfach ein Unternehmer, der seinen Weg gegangen ist und dann fünf Jahre lang andere Unternehmer gecoacht hat – um irgendwann zu verstehen, was warum, wann und wie funktioniert hat.

Ich verstehe mich als Beobachter dessen, was wirklich geht, um die dahinterliegenden Gesetze abzuleiten und diese mit Theorien aus Büchern und eigenen empirischen Daten abzugleichen. Nur reale Daten und Beispiele aus konkreten Skalierungsprojekten, die meine Erkenntnisse bestätigten, kamen als Quelle für dieses Buch infrage.

Verstehen und Können vs. Checkliste Abarbeiten

Es waren Hunderte von Coachings (als Coachee und als Coach), viele Skalierungsprojekte und viele Jahre Unternehmertum mit allen Erfolgen und Misserfolgen, die mich zu diesem Buch geführt haben. Ich habe über die Jahre Methoden, Workshops und sogar Software entwickelt, die den unternehmerischen Wachstumsprozess unterstützen – immer in dem Geiste, dass der Unternehmer genau an der Stelle abgeholt wird, wo er momentan steht, sodass er seinen eigenen und einzigartigen Weg findet. Wenn der Unternehmer plötzlich anfängt, Dinge zu erkennen, die er noch nie gesehen hat, um sich dann langsam, aber unaufhaltsam seinen Weg zu bahnen. In dieser menschlichen Bewegung – dem Weg zu dem Besten, was Du sein kannst – liegt unendlich viel Schönheit. Ich liebe es.

Es gibt Dinge, die man von einem Coach 1:1 übernimmt, was dann unter Umständen besser ist, als wenn man selbst darauf gekommen wäre. Das macht an einfachen Stellen sogar Sinn. Aber bei diesem Verfahren nimmst Du Dir auch die Chance, Deine eigene Kompetenz zu verbessern und aus dir heraus Wege zu entdecken. Was ich damit meine? Als es noch keine Navis gab, war es elementar, die Kompetenz, Wege zu finden mit Karten etc. selber zu entwickeln. Sonst wärst Du nie irgendwo hingekommen. Und so ist das mit dem eigenen unternehmerischen Weg. Es gibt Dinge, die kannst Du kopieren, und es gibt Dinge, die musst Du kapieren. Nur so wirst Du wirklich frei und unabhängig und lernst, im täglichen Strategiedschungel selbst die richtigen Entscheidungen zu treffen.

Mein Ziel ist es, dass Du die funktionsfähigen Prinzipien erkennst und lernst, wie Du diese in der Praxis nutzen kannst. Jeder ist da anders, besitzt andere Stärken, Schwächen und seinen eigenen Mindset. Wie in allen Bereichen des Lebens, wo herausragende Leistungen erbracht werden, so ist es schließlich nie die blanke Kopie einer Vorlage, sondern die eigene Variation, die es zum Besten, dem selbst erreichbaren Ergebnis bringen wird. Zuweilen entsteht auch etwas ganz Neues, und auch das ist nie die Kopie von XYZ.

Final gibt es für die Unterstützung von unternehmerischem Wachstum Persönlichkeitsentwicklungskonzepte mit Storytelling oder Coaches mit fertigen Konzepten zum Kopieren. Mein Weg ist, den größtmöglichen Kenntnisstand aus Praxis und Theorie mithilfe von Anwendungsbeispielen so klarzumachen, dass Du daraus Deine eigene Lösung ableiten kannst. Das ist für mich der freieste und sicherste Weg zum individuellen Erfolg. Ist das dann aufwendiger? Ja. Ist das nachhaltiger und sicherer? Auch ja.

Ich will und kann natürlich nicht Tausende von Beispielen auflisten und Du suchst Dir immer gerade heraus, welcher »Anwendungsfall« auf dich zutrifft, und Du benutzt dann z. B. Lösung 104 b. Meist wäre genau Dein Fall eh nicht dabei.

Es ist wichtig, die dargestellten Prinzipien zu verstehen und sich anhand von Anwendungsbeispielen seinen eigenen Reim darauf zu machen. Deshalb habe ich die Checklisten und Arbeitspapiere auch eher kurz und generisch gehalten. Sie funktionieren dann, wenn Du Deine Transferleistung erbringst.

Verstehe mich bitte nicht falsch, ich verteufle die Checkliste per se nicht. Wir haben viele Tools für Strategie und Sales, bei denen diese Methode gut funktioniert. Ich mag auch die Effizienz in einem klar abgegrenzten System. Ohne Prozess- oder Checkliste bzw. ein Softwaresystem, das den Workflow abbildet, würde heute nur noch wenig funktionieren. Aber hier geht es um Orientierung in einer unbekannten Zukunft. Jede Firma, jeder Unternehmer hat seine eigene »DNA« und was bei der Manifestierung dieser DNA schlussendlich herauskommt, wird von den täglichen Ereignissen, Deinem Team, dem Markt, der Welt beeinflusst. Das alles ist viel zu komplex für die »Blaue Pille-Checkliste«. Wenn es an das Eingemachte, an Glaubenssätze und an den Mindset geht, ist es gut, wenn man selber weiß, wohin man sich orientieren muss und was das echte Problem ist. Klarheit und Orientierung sind der Schlüssel zu Deinem Erfolg. Solltest Du noch nicht genug Klarheit und Orientierung haben, ist Folgendes wichtig: zumindest im Heute und Jetzt zu wissen, wie man sein Vorhaben nicht in den Sand setzt, sondern die Chancen auf eine erfolgreiche Zukunft positiv beeinflusst.

Bevor wir loslegen: Da wären noch zwei Anmerkungen ...

- Bei dem kommenden Weg gilt es, die Reihenfolge der Themen einzuhalten. Denn, ohne dass Du Dich erst einmal selbst und persönlich zu dem angestrebten entspannten Wachstumsunternehmer entwickelst, wirst Du Dein Ziel nur schwer erreichen. Idealerweise verstehst Du zuerst, was Deine Deltas sind und wo Du Dich noch entwickeln darfst. Um dann zu dem zu werden, der den nächsten Wachstumsschritt schaffen wird - und schließlich der Unternehmer, der so denkt und handelt, dass er und seine Firma wachsen wird und parallel entspannter den Prozess genießen kann. Noch einmal: Ohne dass Du selbst den richtigen Level erreichst, wirst Du tatsächlich Deinen Vertrieb nur schwer zum Laufen bringen, und Du wirst auch nicht so einfach ein Gewinnerteam aufbauen, das mit Dir den nächsten Firmenlevel erstürmt!
- »Der Unternehmer« - »Der Mitarbeiter« – Im Mikrokosmos der Zielgruppe dieses Buches ist der Frauenanteil faktisch im Promillebereich. Ich erlaube mir deshalb, die fast ausschließlich männlichen Leser angemessen anzusprechen. Frau möge mir diesen pragmatischen Ansatz verzeihen.

Notwendige Umwege

Wenn Du das alles ohne Umwege so schnell wie möglich erfahren willst, dann kannst Du gerne direkt zu Kapitel 3 springen. Ich muss Dich allerdings warnen. Der Anfang beinhaltet einige Seiten an grundlegender Theorie. Das ist nötig, damit Du in den folgenden Umsetzungskapiteln das klarste Lösungsbild vor Augen hast. Das kennst Du sicher auch aus der Naturwissenschaft.

Wenn Du zum Beispiel weißt, wie die Fotosynthese funktioniert, so ändert das Dein Verständnis von der gesamten Pflanzenwelt grundlegend. Du erkennst Zusammenhänge, die dir vorher nicht klar waren.

Was Du vorab wissen solltest: Es gibt extra Support für Dich als Leser

Es ist kein Zufall, dass dieses Buch so aufgebaut ist, wie es ist. Die Inhalte sind so organisiert, dass Du einen Auszug aus den bewährten Methoden aller Bereiche bekommst. Da die Komplexität der einzelnen Themen überaus groß sein kann, kann dieses Buch eher ein roter Leitfaden mit den wichtigsten Informationen und Anregungen sein, also weniger ein vollständiges Kompendium mit allen einzelnen Fachdetails.

Für die Details haben wir genug weiterführende Inhaltstipps integriert. Schlussendlich haben wir noch ein Buch-Supportportal für dich. Hier gibt es Support in Form von Question- & Answer-Video-Sessions, wo Du alle Deine Fragen stellen kannst. Mehr erfährst Du noch im Laufe dieses Bandes.

Hand aufs Herz ...: Wie viel von dem gesamten Wissen, das Du bis jetzt über Unternehmertum und Persönlichkeitsentwicklung gelesen hast, konntest Du wirklich umsetzen? Weniger als Du wolltest – oder? Damit stellt sich die Frage: Was machst Du mit den Skills aus diesem Buch? Wieder den großen Teil in Deiner Kopfschublade parken und vielleicht 2–4% für Dich umsetzen? Reicht Dir das? Wenn Du die Erkenntnisse dieses Buches gewinnbringend umsetzen willst, dann lies bis zum Ende der Anwendungsfälle und nutze unsere kostenfreien Support-Tipps darin.

1.0
GRUNDLAGENKAPITEL

DIE FÜNF »UNSICHTBAREN« WACHSTUMSBESCHLEUNIGER-PRINZIPIEN

Was man auf den ersten Blick nicht sieht, was aber das ganze Spiel entscheidet...

Lieber Tech-Unternehmer,

danke für Dein Vertrauen oder das Vertrauen eines Freundes, der Dir das Buch geschenkt oder empfohlen hat. Egal, wie Du an diesen Band gekommen bist, ich kann Dir versprechen, dass Du hier einige erstaunliche Erkenntnisse, aber auch ungeahnte Blickwinkel zu den Themen Unternehmertum, Wachstum, Mindset, Strategie, Sales und Führung kennenlernen wirst.

Warum ich mir da so sicher bin?

Das hat ganz sachliche Gründe. Zum einen habe ich aus Neugier und eigenem Wachstumslernwillen unzählige Biografien und Fachbücher gelesen, aber nie eines gefunden, das tatsächlich Prinzipien aufdeckt und diese konkret anwendbar macht. Zum anderen sind es die teilweise sehr erstaunlichen Erkenntnisse aus fünf Jahren Mentoring, Unternehmercoaching und mehreren Hundert Unternehmergesprächen und gezielten Interviews, die in den nächsten Zeilen stecken.

Was ist anders oder neu?

Wenn ich alle aus dem Unternehmer-Coaching und aus eigener Unternehmererfahrung praktisch erworbenen Skills dem gelesenen und erlernten theoretischen Wissen gegenüberstelle, so ergab sich schon früher für mich immer eine Lücke. Was aus meiner Sicht fehlte, war ein Buch, das von Unternehmer zu Unternehmer und Step-by-Step den Lernweg zur funktionsfähigen Skalierung abbildet und Perspektiven aufzeigt.

Dieses Buch ist die Antwort auf die Wachstumsfragen, die uns Unternehmern durch den Kopf schwirren

Allerdings reicht es nicht aus, ein aus 1.000 Fragen bestehendes FAQ-Unternehmerbuch zu schreiben, sondern es ist wichtig, das System zu begreifen. Denn unternehmerischen Erfolg zu produzieren, kannst Du Dir nicht anlesen oder irgendwo studieren. Zumindest nicht in der Weise, dass es danach einfach von selbst läuft.

Jeder muss seinen eigenen Wachstumsweg finden

Das geht nur, um ein bildhaftes Beispiel zu bemühen, wenn Du selbst lernst, wie Navigation funktioniert. Nur dann findest Du Deinen einzigartigen Weg. Selbst wenn Du etwas machst, was Tausende andere Unternehmer auch tun (z. B. in der Auftragssoftware-Entwicklung oder als Systemhaus), sind die entscheidenden Schritte individuell und nicht pauschal. Du kannst von einem Branchenkollegen kleine Subsysteme wie z. B. Angebotswesen etc. kopieren, aber das, was den Erfolg final ausmacht, ist die individuelle Adaption und Anwendung der Wachstums-Prinzipien.

Es geht um die unternehmerischen Wachstumsprinzipien

Es sind Gesetze, die unabhängig von den operativen Details das Gesamtsystem zum Wachsen bringen. Stelle Dir das vor wie das System der Fotosynthese bei den Pflanzen. Ohne die Wirkung dieses natürlichen Prozesses gäbe es kein Pflanzenwachstum.

Die Struktur des Buches folgt einem Lernpfad

- In Kapitel 1 geht es schwerpunktmäßig um das unsichtbare Wirkungssystem, ohne das Wachstum nicht möglich wäre: das Herzstück des growing 5-Konzeptes.
- Im Mindset-Kapitel gehen wir – wie im restlichen Buch – erst einmal zur Quelle. Woher kommen Lösungen und mögliche Herausforderungen wirklich? In diesem Fall ist es zunächst der Unternehmer selbst.
- Um dann im Strategiekapitel aufzuzeigen, wie Du Lösungs- und Wachstumswege finden kannst.
- Damit Du dann in den Kapiteln Sales und Führung einen Blick auf die Umsetzung in Deinem Firmensystem werfen kannst.
- Im letzten Kapitel geht es um den Unternehmercheck, der Deine Potenziale und versteckten Verhinderer aufdecken kann.

Du siehst also, um das Maximale für Dich herauszuholen, verinnerliche als erstes Kapitel 1 – die Wachstumsbeschleuniger-Prinzipien. Sie werden Dich durch das ganze Buch begleiten.

1.1

ENTDECKUNGSGESCHICHTE DER WACHSTUMSBESCHLEUNIGER-PRINZIPIEN – THE BIG PICTURE

Die anschließende Geschichte zeigt, wie ich die folgenden Wachstumsgesetze zum ersten Mal gesehen habe, ohne damals ansatzweise zu wissen, wie elementar diese Beobachtungen tatsächlich waren. Erst nach 25 Unternehmerjahren, und über fünf Jahren Skalierungs-Projekten mitsamt den daraus entstandenen Vergleichsdaten wurden diese Gesetze für mich identifizierbar. Ich konnte sie entdecken, und somit wurden sie im Ergebnis sogar messbar, eindeutig und so klar, dass ich sie schlussendlich formulieren konnte. Es sind elementare Grundprinzipien, die stabil wachsende Unternehmen bewusst oder unbewusst anwenden.

Der erste unternehmerische Schritt

1989 war ich Netzwerkadministrator bei der ehrwürdigen Dr. Alfred Ristow Alarmanlagen GmbH & Co. KG und konnte mir einige Kenntnisse im Bereich TCP/IP, Novell, AS/400 etc. aneignen. Damals war die heterogene Systemvernetzung der »angesagte geile S ...«. Irgendwie hatte ich schnell Zugang zu den Technologien gefunden. So kam es, dass der IT-Consultant unseres externen IT-Dienstleisters mich fragte, ob ich ihm bei einem Projekt helfen könnte. Damit ich das nicht umsonst machte, meldete ich flugs ein Gewerbe an. Meine Kollegen bei Ristow empfanden das damals, als – sagen wir einmal – gewagt. Wobei ich mich damals fragte, was für ein Risiko dabei sein kann, wenn man nebenbei ein paar D-Mark extra verdient ...

Der erste Wackler

Das mit dem Risiko lernte ich dann schneller, als mir lieb war. Denn der gute externe Systembetreuer neigte dazu, bei seinem Geschäftsführer die Schuld für alle möglichen Probleme auf andere zu schieben. Und so kam es, dass ich daran schuld sein sollte, dass in einem Rathaus die Datenleitung an das Rechenzentrum nicht mehr funktionierte und die Bürger von mehreren badischen Gemeinden nicht mehr sterben, heiraten oder Kinder bekommen konnten. Zumindest aus Sicht der EDV-gestützten Verwaltung. An dieser Stelle fragte ich mich: »Wie soll ich verdammt noch mal solche Risiken vorhersehen können?« Irgendwie kam in mir die Frage hoch, ob es da keine Checkliste oder Testverfahren gab, um Risiken vorhersehen und abschätzen zu können. Nun denn, die existierten nicht wirklich.

Der erste richtige Wackler

Wir sind im Jahre 2002, und ich war so »clever«, mitten in der .com-Krise eine IT-GmbH zu gründen und meinen Job als gut bezahlter Manager bei der damaligen TDS AG (einem SAP-Outsourcer) gegen die Selbstständigkeit zu tauschen. Das (wahn-) witzige an der Situation war, dass wir damals gerade dabei waren, ein Haus zu bauen, und das zweite Kind war auch unterwegs ... Im Nachhinein frage ich mich schon, was mich da geritten hat.

Da ich damals mehr Jobs an Land zog, als ich selbst abarbeiten konnte, nahm ich einen Gesellschafter mit auf, der das Operative richten sollte. Das Ungeschickte daran war nur, dass der und seine Leute nicht viel fakturierten und ich deren Minus-Performance mithilfe anderer Leute ausgleichen musste. Als ich dann sechsstellige Eurobeträge aufwenden musste, um den Gesellschafter wieder loszubekommen, obwohl er Minus-Ergebnisse produzierte, fragte ich mich ...

Gibt es keinen Bosch-Prüfstand für Tech-Unternehmer?

Der soll mir all meine Fehler auslesen und ein Protokoll auswerfen, welche Fehler auftreten, um diese präventiv zu beseitigen und dann zukunftsrobust leben und wachsen zu können. Ich wollte einfach nicht noch weitere teure, schmerzhafte Fehler machen. Und ein bisschen mehr Sicherheit und Freiheit gewinnen.

Die Erfindung des Unternehmer-Prüfstandes und was dieser mit einer Polaroid-Kamera gemeinsam hat

2014 war es dann so weit, ich hatte diesen Prüfstand gebaut - den ultimativen Unternehmer-Prüfstand. Eines ist sicher: Aus Fehlern lernt man am meisten. So machen wir Unternehmer unzählige kleine und große Fehler. Viele, und auch ich, hatten auch kapitale Fehler mit entsprechenden Konsequenzen gemacht. Es geht darum, mehr richtig als falsch zu machen. Fehler sind normal und gehören zum natürlichen Lernen dazu, man sollte nur verstehen, wie man sich aus unkontrollierten Gewässern raushält und ein stabiles Wachstum etabliert.

Es ist eine gute Nachricht, dass es diesen Prüfstand mittlerweile gibt. Denn man sieht mit dem Unternehmercheck die wahren Engpässe in diesem Moment wie auf einem Polaroid-Foto. Um zukunftsrobust zu wachsen und Deine Bugs und die Deiner Firma aufzudecken, bringt er so die bestmögliche Standortbestimmung (siehe auch Kapitel 6 Unternehmercheck).

Nun, mit dem Check sehen wir, wo wir im Moment stehen. Es gibt allerdings weitere zukunftsrelevante Aspekte zu beachten. Denn die Ist-Situation zu kennen, ist wie die korrekte Diagnose des Arztes als Grundlage für die Ableitung des richtigen Behandlungsplanes. Wenn die Fehler und Potenziale im Ist abgecheckt sind, dann steht die Basis zur Skalierung an. Allerdings müssen wir nach dem Ist auch mit den Gefahren der Zukunft umgehen und planen, wie Du präventiv genug Stabilität für Dein Wachstum integrieren kannst.

Maximal 4% der Unternehmen werden älter als neun Jahre, also brauchen wir noch eine Glaskugel zum Prüfstand dazu?

Die Statistik sagt: 50% der Unternehmen sind im ersten Jahr wieder verschwunden. Im Zweiten sind es 66%. Das verdichtet sich dann so lange, dass je nach Statistik nur 1–4% der Unternehmen nicht älter als neun Jahre alt werden.

Wenn wir von der Tatsache ausgehen müssen, dass wir im Wachstum des Unternehmens tatsächlich gegen die Mindestwahrscheinlichkeit von 96% zu »sterben« ankämpfen, dann werden Verteidigungsstrategien, Redundanzen und Abschottung plötzlich attraktive Bestandteile einer Wachstumsstrategie.

Das war eine der, sagen wir, unbeliebtesten Erkenntnisse als Unternehmer jemals. Die Schizophrenie, dass man als Unternehmer risikofreudig sein muss und gleichzeitig ein Diplom als Sicherheitsapostel braucht, wollte nicht in meinen Kopf. Dennoch ist das eine Tatsache, die nur schwer für Unternehmer in der Phase mit 5–50 Mitarbeitern zu verstehen ist.

Reality Distortion Field-Mindset und Sicherheitsapostel-Denke – Das Unternehmer-Paradoxon

Wir leben als Gründer meist im »Alles-ist-möglich«-Mindset und lernen auch auf diesem Weg, dass wir tatsächlich vieles möglich machen. Wir lassen Dinge entstehen, die es ohne uns so nicht gegeben hätte. Das verschafft uns die Illusion, dass wir die Dinge und somit die Zukunft im Griff haben. Das geht so weit, dass wir in der Tech-Branche Kultgeschichten wie das Reality Distortion Field (RDF) von Steve Jobs erzählen. Wie so oft ist das auch nur eine Story, die man sich erzählt, weil sie cool klingt. Wenn man sich mit Steve Jobs identifiziert, bekommt man automatisch ein bisschen das allmächtige »Ich kann alles erreichen«-Virus ab. Versteht mich bitte nicht falsch, ich bin Fan der Apple-Produkte, und Steve Jobs hat Apple maßgeblich zum wertvollsten (nach Börsenwert Januar 2022) Unternehmen der Erde gemacht.

Das ist eine unglaubliche Leistung. Aber wenn der Mindset uns dazu bringt, dass wir in einer Art Helden-Selbstwahrnehmungswahn die Realitäten nicht mehr klar sehen, haben wir ein Problem.

Auf den Punkt gebracht brauchen wir als Unternehmer diesen »Alles-ist-möglich«-Spirit, um zu tun, was wir tun. Andererseits haben wir die reale Anforderung, uns aus der 96%-Zone herauszuhalten. Das erfordert viel Balancefähigkeit und einen sehr klaren Blick.

Mit einem Paradoxon vor Augen – Die Welt neu sehen

Das Paradoxon hatte ich schon immer ein bisschen gesehen, aber in dieser Klarheit hatte ich es noch nie vor Augen: Ich wollte wissen, was es noch an scheinbar unsichtbaren Dingen gibt. Dinge, die schon immer da, aber aus irgendeinem Grund unsichtbar sind. Ich war angefixt und stellte neue Fragen auf, um zu sehen, was nicht so einfach ersichtlich ist. Ich wollte Unterbewusstes bewusst machen.

Zum Glück hatte ich gerade genügend parallele Skalierungsprojekte und bekam täglich neue Daten zu den Themen, was funktioniert und was nicht. Außerdem konnte ich zu dem Zeitpunkt auf über 30 Skalierungsprojektdaten und auf über 25 Unternehmerjahre Notizen zurückgreifen. Also begann ich, alle auffällig erfolgreichen Unternehmen nach Mustern zu durchforsten. Das war schwierig, weil mir klar war, dass das Paradoxon ja eigentlich ein Thema ist, welches über das Nicht-Vorhandensein von Ereignissen erkannt wird. Schräg, aber so ist es nun mal.

Also suchten wir nach Dingen, die es nicht gab. Das brachte uns auf die Idee, alles umzukehren. Was haben die Unternehmen und Unternehmer gemacht, die Misserfolg haben? Was waren die gesicherten Gründe für Misserfolg? Wann konnte man mit maximaler Sicherheit sagen: Dies oder jenes bringt Probleme? Plötzlich kam Licht in die Sache. Wir schauten uns die Ist-Analysen an und welche Faktoren wir ansetzten, um einen Skalierungskunden abzulehnen.

Die Faktoren waren:

- Der Unternehmer identifiziert sich nicht mit dem Unternehmen (gibt es tatsächlich)
- Der Unternehmer ist unnötig und ungesteuert dominant, sodass Offenheit und Lernfähigkeit sowohl bei ihm als auch bei seinen Mitarbeitern behindert werden
- Der Unternehmer hat null Zeit für das Projekt oder will alles abdrücken
- Es wird immer wieder planlos Neues probiert
- Ausgeprägte Ressourcenknappheit (Cash und A-Mitarbeiter)
- Improvisation anstelle von Standards und etablierten Prozessen

Was ich extra nicht auf die Ablehnungsliste gesetzt habe, war mangelnder Fokus, da dieser oft der Treiber war, ein Skalierungsprojekt mit mir anzustoßen. Dann begann ich, die Erfolgsroutinen der Skalierer mit den Faktoren für die Minus-Skalierer abzugleichen. Es ergab sich folgendes Muster:

- Fleiß und Disziplin: Der Unternehmer brennt für seine Firma und arbeitet auch so
- Wiederholen, was funktioniert: Alles, was messbar die Qualität oder den Output verbessert und/oder direkt und passend zum Fokus Cash bringt, wird dauerhaft automatisiert und implementiert
- Absicherung und Bildung von Redundanzen: Immer genug finanzielle Reichweite und stabile Funnel für A-Mitarbeiter und Neukunden sicherstellen
- Aktives Netzwerken passend zum Fokus

So entstand das folgende Wachstumsbeschleuniger-Bild mit fünf Prinzipien, die sich um den Fokus drehen, der alles zusammenhält:

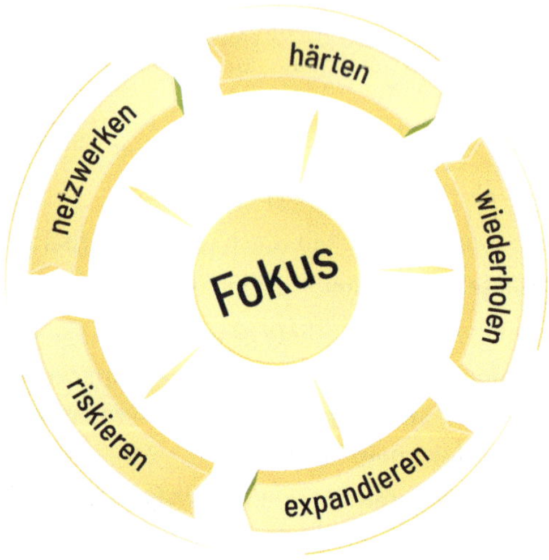

Grafik 01

Die gewählte Form, optisch angelehnt an einen »CERN Teilchen-Beschleuniger«, ist durchaus Absicht, da sich die einzelnen Prinzipien gegenseitig bedingen und beschleunigen. Sie entwickeln eine Kohärenz. Das alles zusammenhaltende Glied ist der Fokus, die Drehachse, um welche sich der Beschleuniger dreht. Der Fokus ist immer eine klar definierte Zielgruppe mit einem Offering, welches zur Zielgruppe passt.

Irgendwie klingt das trivial und gleichzeitig komplex – was es auch ist. Denn die Prinzipien sind einzeln gut nachvollziehbar. Die große Kunst ist, das Modell einfach und mit der richtigen Priorität täglich zu bedienen und weiterzuentwickeln. Denn diese Beschleuniger-Prinzipien sind, vereint mit einer guten Markt-Strategie, das Betriebs- und Weiterentwicklungssystem für das Unternehmen.

Damit es klar und deutlich wird: Es fehlt dann nicht mehr viel, außer den Ressourcen, um ein expandierendes Unternehmenssystem aufzubauen und es wachsen zu lassen.

THE GROWING 5 = DIE 5 WACHSTUMS-BESCHLEUNIGER-PRINZIPIEN	
WBP #1 **härten**	Die Skalierer sichern das System immer wieder so ab, dass (fast) alle denkbaren Risiken die Existenz nicht gefährden können. Und sie sichern sich gegen unnötige Rückschläge im Kleinen ab, die in der Summe die Weiterentwicklung bremsen würde.
WBP #2 **wiederholen**	Sie wiederholen alles, was gute Ergebnisse bringt, wenn es auf den Kern und das positive Gesamtergebnis einzahlt. Es wird dann auch immer weiter optimiert, um ein immer besseres Gesamtergebnis zu erreichen.
WBP #3 **riskieren**	Sie gehen bewusst kalkulierte, abgeschottete Risiken ein, um mit neuen Verfahren/Methoden/Systemen die laufende Performance in Form von Output oder Qualität zu verbessern. Es wird nah am Kerngeschäft (Zielgruppe + Offering) Neues probiert, was entweder mehr oder neuen Nutzen und Ertrag in der Zielgruppe erbringt. Gezielt und oft ausgekoppelt in einer eigens gegründeten Gesellschaft werden neue Sachen versucht, die zukünftig relevant werden können.
WBP #4 **expandieren**	Hier wird die Summe der Fähigkeiten der Mitarbeiter mit dem Schwerpunkt auf Keyplayer und Führungskräfte immer weitergedreht. Das hat mehre Dimensionen. Zum einen, um inhaltlich immer besser zu werden und zum anderen auch immer mehr Top-Leute zu den relevanten Themen und strategischen Bereichen zu gewinnen.
WBP #5 **netzwerken**	Neue Systeme, Verfahren, Methoden, Techniken, Mitarbeiter, strategische Chancen, Ressourcen aller Art etc. werden in einem Wachstumsunternehmen zu den größten Teilen von außen zugeführt. Da inneres Wachstum, ohne sich aus dem Markt zu bedienen, eine zu große Limitierung beinhaltet. Somit stellte ich bei den Keyplayern der Skalierer eine deutlich höhere externe Kontaktquote, die zu über 80% sehr zielgerichtet um die zukünftigen Engpässe und Chancen lag, fest.

1.2

DAS WACHSTUMSBESCHLEUNIGER-PRINZIP #1 HÄRTEN

»To finish first, first you have to finish«

RON DENNIS

Das WBP #1 – das Härten - ist das elementarste der fünf Prinzipien. Das liegt in der Natur der Sache. Denn nur dann, wenn Du und Deine Firma da gehärtet bist, kannst Du operativ und strategisch nach vorne arbeiten. Andernfalls fehlt Dir schlichtweg die Basis. Wo kein Wasser, da keine Fische. Wenn die Firma strauchelt oder insolvent geht, dann kann es kein Wachstum geben. Einfach und klar. Und dennoch gibt es wichtige Details, ohne dass es zum Äußersten gekommen ist.

Es hat sich tatsächlich herausgestellt, dass die vielen kleinen Rückschläge bzw. deren Häufigkeit im Vergleich zu Deinen Mitbewerbern einer der entscheidenden Wachstumsverhinderer bzw. Risikofaktoren sind.

Konservativ nennt man das zwei Schritte vor und einen zurück. Und wenn Du zehn Jahre nach der Gründung immer noch bei 5-10 Mann stehst, dann hast Du sicherlich ein paar unsichtbare Risiken oder Verhinderer in Deinem System. Das Vertrackte daran ist, dass Du in den frühen Wachstumsphasen Deiner Firma nicht die Kennzahlen hast, um zuverlässig zu erkennen, an welcher Stelle es tatsächlich hakt.

Kleiner bildhafter Exkurs

Wenn ich Dich vor ein paar Jahren gefragt hätte: »Wann hast Du das letzte Mal den Reifendruck an Deinem Auto kontrolliert?« und Du das dann nicht gewusst hättest, dann wäre es zu über 90% sicher gewesen, dass Deine Reifen zu wenig Druck haben. Was ich damit sagen will: Die meisten der Nicht-Skalierer richten ihren Fokus nicht darauf, ihre Kennzahlen regelmäßig und systematisch zu checken. Bei ihnen geht alles nach Gefühl. Nur wenn Du, um im Bild zu bleiben, auf der Autobahn 200 km/h fahren willst, also skalieren willst, dann macht die regelmäßige Reifendruckkontrolle plötzlich Sinn.

Was sollte man härten bzw. wie erkennt man, ob Handlungsbedarf besteht?

Erkennen kann man zu härtende Stellen oft daran, dass es kleine Rücksetzer gab. Also Dinge, die intern schiefgelaufen sind und Euch Zeit und Geld gekostet haben, wofür Euch aber keiner eine externe Rechnung geschrieben hat. Beispiel: Wenn ein wichtiger Mitarbeiter geht, schreibt keiner eine auf diesen Fall rückverfolgbare Rechnung über 50–100.000 Euro für die neue Mitarbeiterakquise, für Einlernkosten und Umsatzausfall.

Da Du oft nicht über die Kennzahlen verfügst, damit Du genug Engpass-Transparenz hast, ist die letzte Instanz der Kontostand als Kennzahl. Nur – wenn der Kontostand negativ ist, kann das eine Million Ursachen haben. Theoretisch ist es so, dass jeder Fehler, der sich wiederholen kann, abgestellt werden muss. Aber nicht jeder Fehler destabilisiert Dein System. Beim Härten geht es meistens um die Verfügbarkeit von Cash und A-Mitarbeitern. Anbei ein paar Beispiele:

Anzeichen für Härtungsbedarf

Finanzen & Zahlen

- Wenn ein unangemessener Teil der Unternehmerzeit mit der Beschaffung von Liquidität verbracht wird.
- Wenn Vertrieb und Produktion ungesteuert ohne Kennzahlen laufen.
- Wenn die BWA Zahlen erst mit drei + x Monaten Versatz kommen oder noch schlimmer: sie niemanden interessieren.
- Wenn es keinen Ergebnis-Forecast gibt und man von schlechten BWA Zahlen drei oder mehr Monate zurückbetrachtet überrascht wird.

Führung & Mitarbeiter

- Andauernde Diskussionen mit Keyplayern und anderen Mitarbeitern zum selben Thema immer und immer wieder – ohne konstruktives Ende.
- Versuche, sich innerhalb der Organisation gegen immer wieder nicht oder nur mangelhaft geleistete Mitarbeiterarbeiten abzusichern.
- Das Gefühl oder die Realität, keine guten oder gar keine Mitarbeiter zu bekommen.
- Erst wenn ein Mitarbeiter geht, fängt man an, nach einem Ersatz zu suchen.
- Der Unternehmer muss immer wieder sich selbst in das operative Geschäft einbringen.
- Regelmeetings für Qualitätssicherung (QS), Prozessoptimierung und Verbesserungen finden nicht statt.

Härten hat viel mit dem Absichern von elementaren Ressourcen des Unternehmens zu tun. Und das sind schlichtweg die richtigen Mitarbeiter und Cash. Beides sind die Hauptfaktoren für Erfolg und Misserfolg. Beispiel:

Cash

Dein größter Kunde verlässt Dich, Du hast zuvor nicht darauf geachtet, dass die Abhängigkeit von Deinen Kunden zu groß wird, und dann verlierst Du plötzlich 20% - 80% oder gar noch mehr Umsatz ... Wohl denen, die nie einen lauffähigen Vertrieb aufgebaut haben, dass das nicht passiert. Denn wenn es passiert, holt Dich die Zeit ein. Du machst Minusergebnisse, und gleichzeitig hängst Du in einem Projekt, das locker 12 - 24 Monate braucht, bis ein lauffähiges Sales-System aufgebaut ist. Obendrauf kommen dann noch die Sales-Zyklen in Deinem Geschäftsmodell. Also wenn Du nicht sechs bis zwölf Monate Kosten ohne Umsätze mit Deinem Cash bezahlen kannst, wird die Luft alle paar Jahre immer wieder sehr dünn. Und auch wenn gerade so ein Kunde nicht wegbricht, dann kommt gerne mal ein Virus oder eine Finanzkrise oder, oder, oder ...

Keyplayer

Es sind die Mitarbeiter, die aus diversen Gründen sehr wichtig sind oder in ihrer Rolle als Führungskraft eine Hebelwirkung ausüben. Angenommen, ein Keyplayer verlässt Dich und nimmt gleich sechs weitere Mitarbeiter und zwei Kunden mit. Sollte Deine Firma 25 Mitarbeiter haben, davon 20 produktive und die sieben, die gehen, haben die guten, also profitablen Kunden betreut: Dann kann Deine Firma um über 30% innerhalb von drei bis sechs Monaten schrumpfen, und Du brauchst ein bis zwei Jahre, um wieder auf das alte Niveau zu kommen. So verlierst Du schlussendlich vier bis fünf Jahre im Vergleich zu jemandem, dem das eben nicht passiert. Beispiele, wo genau so etwas geschehen ist, finden sich sehr häufig bei IT-Dienstleistern.

Die Grundprämissen für das Härten sind:

- Halte Dich und Dein System im Spiel – bleibe weg von Gefahren.
- Mache Deine Firma und Dich immer wieder aufs Neue zukunftsrobust. Denn wenn Du gesund bist, hast Du 1.000 Probleme – wenn Du krank bist, eins.

Die wichtigen Komponenten für das Härten sind:

- Achte auf genug Cash-Reserven in Form von Liquidität in der Firma.
- Achte und supporte Deine Keyplayer und schaue, dass immer genug A-Mitarbeiter in Deinem Personal-Funnel sind.
- Habe eine Neukunden-Pipe, die immer neues Cash-Potenzial in Deine Firma bringt.

Die weitere Vertiefung des Themas folgt in den Anwendungskapiteln

Anwendungskapitel	**MINDSET**	**STRATEGIE**	**SALES**	**FÜHRUNG**
Wie stark ist die Relevanz von Härtung im Anwendungs-kapitel?	+	+	++	++

1.3

DAS WACHSTUMSBESCHLEUNIGER-PRINZIP #2 WIEDERHOLEN

»Du kannst Deinen Wurf acht Stunden am Tag üben, aber wenn Deine Technik falsch ist, dann wirst Du nur gut darin, falsch zu werfen. Nimm die Grundlagen in Angriff und das Level von allem was Du tust wird ansteigen.«

MICHAEL JORDAN

Michael Jordan übte jeden Tag 1.100 Würfe auf den Korb, und dass nicht, weil er es nicht konnte. Vielmehr war er auf seinem hohen Niveau, weil er immer wieder die Basics übte.

Die Gesetze des Erfolges sind im Sport und Business gar nicht so unterschiedlich

Also Wiederholung ist hier wie da ein Konzept das, richtig durchgeführt, ein echter Performance-Treiber ist. Oft wird das Mittel aber nicht so konsequent angewendet. Genau genommen wird das Wiederholen von Dingen, die positive Ergebnisse produzieren, aus zwei Gründen unterlassen:

- Weil es Nicht-Skalierer oft langweilt, eine Sache zu wiederholen, die sie vermeintlich schon können. Sie wollen einfach immer wieder etwas Neues machen.
- Der Fokus liegt nicht auf der Verbesserung und Wiederholung der operativen Basis-Businessprozesse, sondern bei neuen zukünftigen Projekten, Zielen und gerne auch mal bei Luftschlössern.

Die Wahrheit ist: Wenn man keine Lust auf die »langweiligen« kleinen Wiederholungsdetails hat, wird man stehenbleiben, wo man ist. Ob das einem gefällt oder eben nicht.

Auf den Punkt gebracht: Checke, welche einfachen gegenwärtigen Dinge positive Ergebnisse bringen und die Dir gegebenenfalls durch Deinen Fokus auf andere Themen entgehen. Betreibe, erweitere und optimiere Deine laufenden Systeme und Sub-Systeme, die positive Ergebnisse liefern. Wiederhole und reviewe die Grundlagen immer und immer wieder.

Praxis-Beispiele für gute Wiederholungen

Erträge wiederholen

Wenn Du eine DB1-Rechnung für Deine Services hast und herauskommt, dass ein bestimmter Managed-Service 70 % Profit abwirft, dann frage Dich, wie Du diesen Service so oft wie möglich verkaufen kannst, bei Stammkunden oder Neukunden aus der gleichen Zielgruppe.

Kundenwunsch, der in den Fokus passt, vervielfältigen

Ein Kunde wünscht sich eine aufwendige Schnittstelle, von seinem Standard ERP-System an seine Branchen-Lösung. Es ist klar, dass es viele andere Kunden, die diese Schnittstelle ebenfalls brauchen, gibt. Also gehst Du aktiv zu den Stammkunden, die dafür passen, und startest im Vertrieb eine Kampagne bei den 100 Betrieben, die mit hoher Wahrscheinlichkeit eine ähnliche Situation haben und diese Schnittstelle gebrauchen können.

Wichtige Grundregeln, um Wiederholung profitabel nutzen zu können

- Regelmäßiges Durchforsten nach zu erwartenden guten Ergebnissen von Aufträgen.
- In Regelmeetings aktiv und systematisiert nach positiven Abweichungen – also Dingen, die bessere Ergebnisse als erwartet erbracht haben – fragen.
- Wenn eine positive Abweichung erkannt ist und Potenzial verspricht, einen strukturierten Test-Plan entwerfen und diesen erproben.
- Ergibt der Test gute Ergebnisse und es ist hoch wahrscheinlich, dass der Prozess öfter wiederholt werden kann, diesen systematisch implementieren.

Kleiner Härtungstipp an dieser Stelle: Wenn es möglich und sinnvoll ist, alte Leistungen oder Module zu streichen, welche nicht profitabel genug sind, dann entsteht ein Autofokus auf bessere Ergebnisse, und Altlasten werden entsorgt.

Die Weitere Vertiefung des Themas folgt in den Anwendungskapiteln

Anwendungskapitel	**MINDSET**	**STRATEGIE**	**SALES**	**FÜHRUNG**
Wie stark ist die Relevanz von Wiederholung im Anwendungskapitel?	+	O	++	++

1.4

DAS WACHSTUMSBESCHLEUNIGER-PRINZIP #3 RISKIEREN

»Die 2,3 Mio. Euro-Regel: Das Gute ist so nah.«

LEIDER VOM AUTOR SELBST

Beim Punkt »riskieren« dreht es sich hauptsächlich um alles Neue, was Du mit Deiner Firma angehst. Leider kann der falsche Umgang damit sehr teuer werden. Auf der anderen Seite können neue Chancen aus besserem Cashflow entstehen. Genau genommen ist das Riskieren notwendig, da Du Dich in einer beständigen Veränderung befindest. Meistens ist eine neue Businessidee, welche nah an den aktuellen Skills und Erfahrungen des aktuellen Geschäftsmodells liegt, eher ein kalkulierbares Risiko. Und die Kalkulierbarkeit des Risikos ist der entscheidende Faktor. (Die historischen Hintergründe für den Spruch: »Das Gute ist so nah« kannst Du im unteren Beispiel des IT-Dienstleisters nachlesen).

In stabil wachsenden Unternehmen konnte ich immer wieder eine sehr überlegte Experimentierkultur feststellen. Frei nach dem Motto: Erkenne, welche neuen Chancen aus dem Betrieb entstehen. Gehe gezielte, aber abgegrenzte Risiken zur permanenten Weiterentwicklung des Gesamtsystems ein.

Es ist tatsächlich so, dass neue, nicht den bestehenden Gewinn gefährdende Ebit-Ströme immer aus dem laufenden Gesamtsystem kommen. Sie haben mindestens einen Fixpunkt, wie zum Beispiel gleiche Kunden und neue Angebote oder gleiche Angebote und neue Kunden.

Beispiel Softwarehersteller

Ein Client-Server-Softwarehersteller hatte noch keine Kompetenzen in Cloud-Technologien oder Web-Shops. Dieser entwickelte nebenbei ein Tool zum Filehandling, mit dem sich plötzlich potenziell die Tür in einen möglichen »Weltmarkt« aufmachte. Man hätte so etwas wie eine B2B-Massendaten-Dropbox daraus machen können. Allerdings widerstand der Softwarehersteller der Versuchung, die »Weltherrschaft«

anzustreben. Stattdessen wurde untersucht, wie man mit diesem Tool das Kerngeschäft mit extra Cash versorgen konnte. Das Tool wurde integriert und verdient jetzt sein Geld wieder als käufliches Add-on-Modul zur Kernsoftware des Herstellers. Es wurden keine Risiken für riesige Marketingbudgets und die Erschließung neuer Zielgruppen eingegangen, sondern sehr diszipliniert darüber nachgedacht, wie man das neue Tool kerngeschäftsfördernd einsetzt.

Beispiel IT-Dienstleister

Nun, die vorhergehenden Beispiele für WBP #1-2 waren alle recht »günstig«. Hier möchte ich ein eigenes Beispiel einbringen, das mir nachhaltig in Erinnerung blieb.

2010 waren wir schwerpunktmäßig im Konzernkunden IT-Ressourcen-Business unterwegs. Ich hatte Investorengelder für die Entwicklung einer automatisierten Cloud-Plattform bekommen und konnte unter anderem damit Teile des web.de-Rechenzentrums erwerben. Die Idee war, für den mobilen Mittelstand eine Cloudplattform zu entwickeln, welche die Backoffice-Umgebung für ganze Firmen vollautomatisch baut. Der Plan sah also neben dem sehr anstrengenden Ressourcen-Geschäft den Aufbruch zu neuen Kunden mit innovativen Produkten und dem Umbau eines Rechenzentrums vor. Mein damaliger Mentor erhob mahnend die Hand und erklärte mir folgendes Modell:

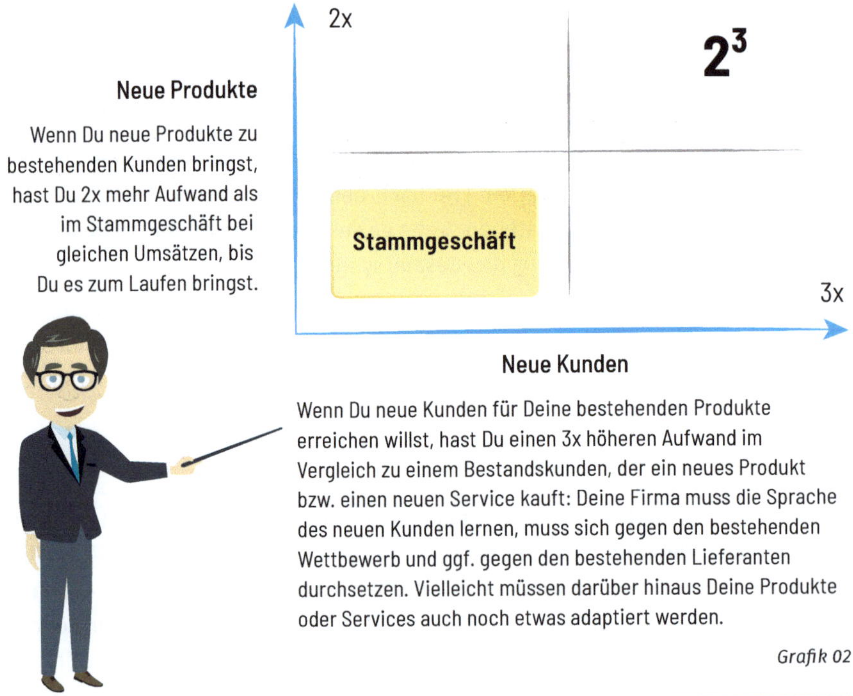

Grafik 02

Das 2^3 Aufwandsmassaker findet statt, wenn Du mit neuen Produkten zu neuen Kunden gehst: Weil hier nämlich alles neu erlernt und erbracht werden muss. Von den Entwicklungskosten für das Produkt oder Kosten für den Service einmal ganz abgesehen.

Ich konnte mir die 2^3-Lektion deshalb gut merken, weil ich damals ein Angebot für unser Cloud-Produkt und das Team von 2,3 Mio. Euro auf dem Tisch hatte. Und da ich damals nicht so richtig klarsehen konnte (siehe Exkurs 1), sagte ich den Deal ab.

Ein Jahr später war klar, dass es ein siebenstelliger Fehler mit weitreichenden Auswirkungen gewesen war.

Exkurs: Wie man abgelenkt sein kann und dann falsche strategische Entscheidungen trifft

Unternehmerische Klarheit wird stark von nicht geschäftlichen Ablenkungen beeinflusst. In diesem Fall war mein Bruder, der auch im Geschäft involviert war, an Krebs erkrankt und rang leider erfolglos mit seinem Lymphom.

Im Nachhinein erkannte ich, dass der hochkomplexe und sehr intensive Job als Wachstumsunternehmer so enorme Anforderungen an die Führungskräfte und Dich selbst stellt, dass wir den Mindset und das private Umfeld nicht außer Acht lassen dürfen. Es gibt nur ganz wenige »Spezialfälle«, die keiner erleben will, wo Unternehmer eine Flucht vor privatem Chaos in die Arbeit so umsetzen konnten, dass die Firma dauerhaft stabil wuchs. Der Standard, dass Du über ein gesundes und zufriedenes privates Umfeld verfügst, ist viel vorteilhafter. Die Firma allein macht keinen glücklich. Mehr dazu im Anwendungskapitel Mindset.

Das Gute ist also eher nah

Wachstumsunternehmen gehen gezielt und kalkuliert Risiken ein, um neue Themen zu testen und zu etablieren. Das ist in einer sich schnell verändernden Welt ein unabdingbarer Prozess. Sollte aber das Erproben von Neuem mit neuen Kunden oder Produkten zu tun haben, ist besondere Vorsicht geboten. Da es schnell und direkt einen negativen Einfluss auf den Cashflow und die Firma als solche haben kann bzw. wird. Idealerweise wird bei neuen Dingen, die mit dem Geschäftsmodell zusammenhängen, nur ein Parameter verändert. Du musst Dich also entscheiden, ob der Fokus auf neuen Kunden oder neuen Produkten liegt.

Meine klare Empfehlung aufgrund aller empirischen Daten ist es, im Zweifelsfalle lieber neue, ertragreiche Produkte bei den Bestandskunden zu adressieren. Das stellt die größten Chancen mit dem berechenbarsten Risiko dar. Vor allem, wenn das neue Produkt/die neue Leistung direkt mit klaren Kundenbedürfnissen zu tun hat. Mehr dazu im Strategie-Kapitel.

Ein kleines Zwischenfazit für die WBP #1 – 3

Natürlich klingen das WBP #1 - härten - und das WBP #2 - wiederholen - erst einmal etwas langweilig. Das ist es aber nur, wenn Du glaubst, dass Deine Firma im Wachstum permanent neue Ideen braucht und Du ohne Kenntnis von dem agierst, was Deine Firma in welcher Phase wirklich benötigt. Wenn Du also dem von Tekkies so geliebten Gott der Innovation blind huldigst. Ich sage nicht, dass Du Dich kastrieren sollst, aber lenke Deine Kreativität auf das, was Deine Firma braucht und nicht auf das, was Dir gerade in den Kopf kommt. Hier ist langsames Denken schnell und sicher zugleich.

Es ist ein empirischer Mehrheitsdatenbefund, dass langfristig wachsende Unternehmen WBP #1 (härten) und WBP #2 (wiederholen) konsequent anwenden, aber WBP #3 (riskieren) sehr überlegt angehen. Die anderen Unternehmen fahren häufig einen Mix aus leichtsinnigem Umgang mit WBP #1 (härten) und manchmal ein bisschen WBP #2 (wiederholen). Aber an WBP #3 (riskieren) wird permanent unüberlegt »rumgeschraubt«, und hier werden somit beliebige Risiken eingegangen. So ist das eben, wenn man den innovativen Gründer- und Tekkie-Geist mit ins Erwachsenen-Firmenleben mitnimmt. Kann funktionieren, muss es aber nicht. Hier muss ich an die 96%-Misserfolgsquote erinnern ...

Härten – Wiederholen – Riskieren sind Handlungen, die von den Wachstumsunternehmen systematisch, zyklisch und situativ angewendet werden, um das Gesamtsystem immer robuster werden zu lassen. Parallel werden sehr gezielt neue Möglichkeiten in allen Unternehmensbereichen gesucht, gefunden und getestet. Diejenigen, die positive Ergebnisse liefern und zum Fokus der Firma passen, werden eingebaut und in den Härtungs- und Wiederholungs- bzw. Verbesserungsprozess integriert. Damit die Einfachheit und Effizienz gewahrt bleibt, gilt grundsätzlich: Wenn Neues dazu kommt, muss etwas Schlechteres gehen.

Die Weitere Vertiefung des Themas folgt in den Anwendungskapiteln

Anwendungskapitel	**MINDSET**	**STRATEGIE**	**SALES**	**FÜHRUNG**
Wie stark ist die Relevanz von Riskieren im Anwendungs-kapitel?	+	++	+	+

1.5

DAS WACHSTUMSBESCHLEUNIGER-PRINZIP #4 EXPANDIEREN

Das Teamwirkungs-Kontinuum

Du kennst das: Vom Kopf her wissen wir oft, was das Richtige und Wahre ist, aber wir handeln oft anders - gegen besseres Wissen. Manchmal jedoch dringt das bessere Wissen dann doch durch, und Du machst tatsächlich das Richtige. Und so erging es mir bei dem Teamthema »Mit dem richtigen Team kannst Du alles schaffen – Die Leute sind das Wichtigste« – etc. Ich brauchte einige Etappen und Wiederholungen, bis die Lektion wirklich saß.

Eine (meine) kleine Vorgeschichte

Genau genommen hatte ich über eine lange Zeit in meinem Leben den Glaubenssatz, dass ich mich immer selbst um alles (Wichtige) kümmern muss, sodass mir der Satz mit den »richtigen Leuten« zwar schon einleuchtete und plausibel war, aber irgendwas in mir hatte immer die letzte Konsequenz verhindert. Warum?

Weil mein versteckter Glaubenssatz »Ich muss mich/es zum Schluss immer selbst retten«, unterschwellig stets wirkte: eine selbsterfüllende Prophezeiung, die man nicht brauchen kann. Und so verharrte ich lange in der Haltung, dass ich zwar wusste, dass es auf das Team ankommt, aber nie die letzte Konsequenz an den Tag legte. Es war ein langer Prozess, den alten Glaubenssatz auszulöschen.

Unter uns, die meisten Unternehmer ohne funktionierendes Führungsteam sind davon mehr oder minder stark betroffen; er ist also einer der klassischen Verhinderer nachhaltigen Wachstums. Was mir den letzten »Glaubenssatz-Zahn« zu dem Thema gezogen hat, mag ich Dir hier erzählen.

Was man von Silberrücken-Businessangels lernen kann

Als ich 2015 im Cyberforum Business-Angels-Netzwerk viel Zeit mit den Business-Angels verbrachte und daher mit den Beurteilungsprozessen von Start-ups viel zu tun hatte, stieß ich immer wieder auf ein ungeschriebenes Gesetz des Erfolges: Alle Angels achteten stets akribisch auf die Fähigkeiten, den Mindset und die Motivation des Führungsteams. Es war neben dem Geschäftsmodell der zweite absolut entscheidende Go- or No-Go-Faktor.

Warum das so ist, hat schlichtweg etwas mit der Unvorhersehbarkeit der Zukunft zu tun. Denn was bei ungewisser Zukunft elementar ist: Man muss das richtige Team an Bord haben. Schlussendlich geht es darum, was wir – Du und Dein Team - wirklich beeinflussen können. Das Gegenwartskonzept ist so abstrus wie einfach: Wir können alle exakt nur die Dinge in der augenblicklichen Sekunde beeinflussen. Nicht mehr und nicht weniger. Die Vergangenheit ist vergangen, die Zukunft ist stets unbekannt. Was in letzter Konsequenz bedeutet, dass all die Glaubenssätze, Skills, Mindsets, die unsere Handlungen im Hier und Jetzt bestimmen, die Ergebnisse von morgen determinieren.

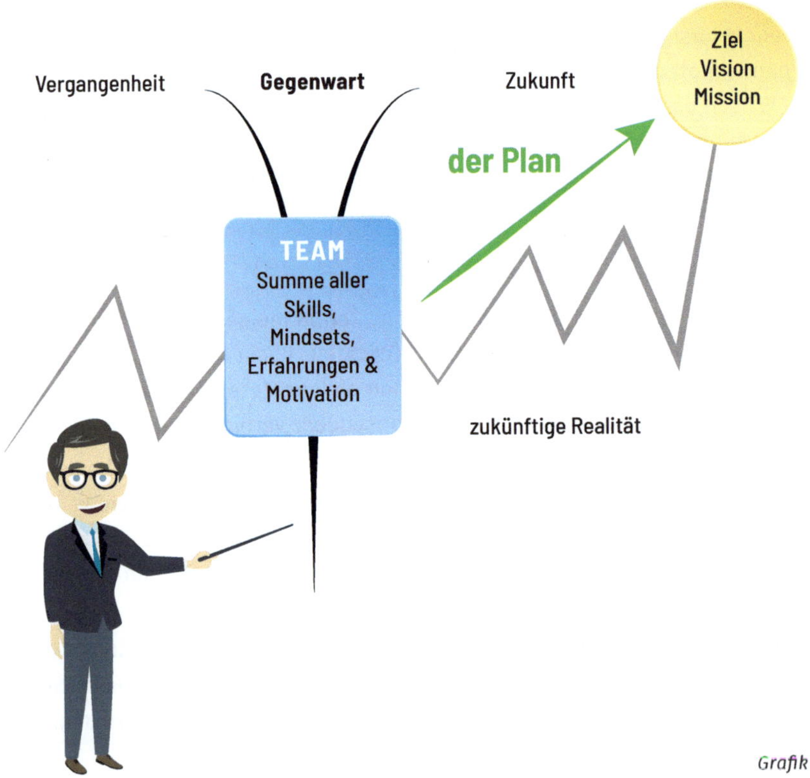

Grafik 03

Daraus resultiert die elementare Erkenntnis:

Je besser das Paket aus allen Skills, richtigen Mindsets und Motivationen in der Summe des Keyplayer-Teams ist, desto wahrscheinlicher ist es, dass positive zukünftige Ergebnisse aus dem gegenwärtigen Wirken entstehen. Nichts, aber auch wirklich gar nichts, ist so wichtig wie das Output-Potenzial Deines Keyplayer-Teams in jedem Moment des Wirkens. Die Handlungen in der Gegenwart sind entscheidend für Erfolg und Misserfolg in der Zukunft. Von etwas Glück einmal abgesehen, ist das der Performance-Faktor Nummer 1.

Vergiss den Plan – achte auf das, was Dein Team und Du jetzt wirklich an Engpässen beeinflussen kannst

Die Realität holt uns alle ein. Es ist nur eine Frage der Zeit, ob und wie Dein Team, also die Summe der Mindsets, der Skills und Werte, dem nächsten unvorhersehbaren Sturm standhalten wird. Nichts ist so relevant für die Wahrscheinlichkeit guter Ergebnisse wie die Summe aller Fähigkeiten, die Dein Team hat. Ja klar, Du kannst gerne immer wieder selbst drei Jobs erledigen, um die Lücken zu schließen, doch wachstumsfähig im Sinne der Skalierbarkeit ist das nicht.

Versteh mich bitte nicht falsch – Pläne sind gut und wichtig. Sie dienen der Klarheit und helfen Dir beim Verstehen der Wege und Ziele. Aber positive Ergebnisse jeden Tag zu produzieren, hängt nicht am Glauben an eine geradlinige Zukunft, sondern an der Summe der Fähigkeit der Leute, die mit Dir die gleichen Ziele erreichen wollen.

Was hat WBP #4 mit expandieren zu tun?

Nun, da sich die Summe aller Skills, Mindsets, Fähigkeiten und Motivationen in Deinem Team 1:1 auf den Output Deiner Firma auswirken, ist jede Expansion der Fähigkeiten und Skills Deiner Keyplayer ein Output-Verbesserer. Jeder neue A-Mitarbeiter und jede neue A-Führungskraft werden unter fokussierter klarer Führung die Gesamtergebnisse verbessern und somit in der Folge stabiles substanzielles Wachstum produzieren.

Es gibt keine Alternative. Zum einen gilt es, eine kompromisslose A-Mitarbeiter-Kultur zu entwickeln. Zum anderen ist es extrem wichtig, die wahren wachstumsbremsenden Engpässe der Organisation so zu kennen, dass Du Dein Personalsetup präzise auf diese Bedürfnisse ausrichten kannst. Expandiere Deine Fähigkeiten, die Deines Teams und hole neue Talente und Experten in Deine Firma, und Du wirst Dich wundern, was für eine Wachstumsenergie entsteht. Gute Leute wollen immer wachsen – und wo kann ein besserer Platz dafür sein als in Deiner Firma?

Fazit

Ok, ich weiß, die Mehrheit der KMU-Tekkie-Unternehmer hätte gerne eine Fernsteuerung oder einen Autopiloten für die Führung ihrer Mitarbeiter. Am liebsten so, dass sie mit dem ganzen Führungsquatsch nichts zu tun haben, aber die Ergebnisse müssen natürlich super sein. Dass das mit den Mitarbeitern nicht funktioniert, ist einer der größten Schmerzen, die man als Nichtwachstums-Unternehmer ertragen muss. Wenn Du das erkennst und eine entsprechende Haltung einnimmst (im Idealfall hast Du sie schon), hast Du das wichtigste Wachstumsinstrument verstanden und die besten Voraussetzungen für Deinen nächsten Wachstumsschritt geschaffen.

Die Weitere Vertiefung des Themas folgt in den Anwendungskapiteln

Anwendungskapitel	**MINDSET**	**STRATEGIE**	**SALES**	**FÜHRUNG**
Wie stark ist die Relevanz von Expandieren im Anwendungskapitel?	++	+	O	++

1.6

DAS WACHSTUMSBESCHLEUNIGER-PRINZIP #5 NETZWERKEN

Warum man mit Netzwerken sein unternehmerisches Glück beeinflussen kann und soll

Ich falle mal mit der Tür in Haus: Wir müssen vorab über den Faktor Glück reden und wie man es positiv beeinflussen kann. Ok, ich höre Dich schon sagen, was sollen wir mit Glück anfangen? Das kann man nicht beeinflussen! Aber, lieber Freund des unternehmerischen Erfolges, die unschmackhafte, vielleicht unglaubliche Wahrheit ist, dass Glück ein nicht unwesentlicher Faktor ist.

Bevor Du mich auf dem Scheiterhaufen der Scharlatane verbrennst, möchte ich auf zwei unangefochtene Werke über Erfolg und Wirtschaft verweisen:

- Jim Collins – »Der Weg zu den Besten«

In seinem 2001 erschienen Buch hat Collins wissenschaftlich die Wachstumsfaktoren von Firmen untersucht, die über 15 Jahre die durchschnittliche Wachstumsrate innerhalb eines Markts um ein x-Faches übertroffen haben. In dem wesentlichen Kapitel über Führung stieß er in den Aussagen der verantwortlichen Manager immer wieder auf den »Faktor Glück«. Dort hatte das Glück Aspekte wie z. B. die Zusammenarbeit mit den richtigen Kollegen und die Dankbarkeit für die anderen Mithelfer innerhalb des Wachstumsteams.

- Nassim Nicholas Taleb – »Schwarzer Schwan«

Hier beweist Taleb, dass niemand nichts über die Zukunft wissen kann (sonst gäbe es diese Zukunft so gar nicht mehr) und dass Glück genau wie Pech einzubeziehende Erfolgs- bzw. Misserfolgsfaktoren sind. Taleb hat die Finanzkrise 2008 und die Coronapandemie 2020 vorhergesagt, und zwar ohne, dass er als Prophet dafür bekannt geworden wäre. Da wir Glück und Pech nur bis zu einem gewissen Grad

»manipulieren« können, hat Taleb einige interessante Strategien für den Umgang mit schwarzen und weißen Schwänen – ganz grob vereinfacht ausgedrückt den Umgang mit exponentiellem Pech oder Glück – entwickelt.

Ein kurzer Blick auf das, was wir vorhersehen können und somit nicht vom Glück abhängig ist

Unter Laborbedingungen kann man die »kleine Zukunft« vorhersagen, also ob etwas gut oder schlecht ausgeht. Das ist nichts anderes, als das, mit dem wir im Geschäft den ganzen Tag zu tun haben: Wir probieren etwas aus, und wenn es geht, wird es implementiert. Wenn im Onlinemarketing ein Bild oder ein Text eine gute Conversion-KPI (Kennzahl, welche anzeigt, wie viele Lead-Daten zu Kunden oder bestätigten Interessenten werden) bringt, so wird sie (bzw. es), ohne weitere Änderung morgen erneut eine ähnliche Performance erbringen. Keine 100%ige Sache, aber wir können die Wahrscheinlichkeit des Eintreffens der Ereignisse mit berechenbarem Risiko einschätzen. Machen wir einen Businessplan über zweieinhalb oder zehn Jahre, haben wir die Komplexität der Welt mit an Bord. Es könnte ein Virus ausbrechen oder es könnten ähnlich unwahrscheinliche Dinge passieren und damit alle Prognosen über den Haufen werfen.

Halten wir fest – Niemand weiß nichts über die Zukunft

In jeder Biografie findest Du die »glücklichen« Momente/Ereignisse, die zu Erfolg X/Y/Z geführt haben. Schau in Deinen eigenen Lebenslauf. Was ist da jemals nach »Plan« gelaufen? Die Dinge passieren, und im Nachhinein wird dann erklärt, was »man« nicht alles gemacht hat, damit »man« seinen Werdegang in den Griff bekommen oder gar geplant hat.

Ebenso wie niemand je aus dem Reich der Toten zurückkam, genauso so wenig weiß jemand etwas über die Zukunft. Wir würden unsere zeitlich lineare Existenz verlieren. Genau diese Unvorhersehbarkeit hat Auswirkungen in Richtung Glück oder Pech. Wir müssen für beides gewappnet sein. Wobei wir das Glück haben, dass Glück sich anscheinend ein wenig lenken lässt.

Wie man sein Glück positiv »beeinflussen« kann

Dein Schicksal liegt nicht nur in Gottes Hand, Du hast die Möglichkeit, durch Deine Haltung und Einstellung die Wahrscheinlichkeit für gute Ergebnisse positiv zu beeinflussen. Hierzu gibt es zwei Methoden. Zum einen: einen klaren Plan mit in Zukunft erwünschten Ergebnissen anstreben. Damit Du die bestmögliche Chance wahrst, dass die Zukunft so gut wie möglich so wird, wie Du dir das vorstellst. Zum anderen geht es um aktives Netzwerken.

Du hast richtig gehört. Wir reden hier von einem empirischen Fund, nicht von Glauben oder Hoffen. Alle Unternehmen mit guter Skalierungsperformance haben eine höhere Networking-Quote als Vergleichsunternehmen. Ja, es gibt wenige Ausnahmen, in denen sehr introvertierte Unternehmen eine kurze Zeit schneller wuchsen, aber die dauerhaften Skalierer waren kommunikativer.

Ich gebe zu, ich bin kein Wissenschaftler und kann an dieser Stelle nur wiedergeben, was mich Daten und Geschichten gelehrt haben. Und schlussendlich gab es zu diesen Daten sehr typische Geschichten.

Wie sich der Kreis der positiven Beeinflussung des Faktors Glück durch Netzwerken schließt

Ein Beispiel: Ein Systemhaus-Unternehmer ließ eine Software für den sozialen Bereich von Betreuungsheimen entwickeln. In einem Webinar lernte er einen der besten Systemarchitekten für sein Kernproblem in der Software-Architektur kennen. Das wäre noch nichts Besonderes gewesen, wenn dieser nicht selbst in einem Heim aufgewachsen und in Berlin als Lobbyist für die Verbesserungen von Heimen unterwegs gewesen wäre. An diesem Tag ging somit nicht nur die Tür für die technische Lösung auf, die sich der Unternehmer nie hätte leisten können, sondern es wurde auch der vertriebliche Hebel angesetzt, um an Tausende von Kunden zu kommen. Wenn das kein Glück ist – oder?!

Gute Skalierer legen ausnahmslos ein aktives Kommunikationsverhalten an den Tag. Sie sind zwar konsequente, engpassorientierte Lösungssucher im Inneren, aber gleichermaßen pflegen sie auch aktive neue Kontakte, um dadurch mehr Chancen und Möglichkeiten für Lösungen zu finden. Manchmal für Probleme, die sie vielleicht noch nicht einmal jetzt, sondern erst in Zukunft haben könnten. Meist war es so, dass die expandierenden Netzwerke der Keyplayerteams ihnen so viele Chancen und Möglichkeiten aufgemacht haben, dass sie eine Art Methode oder Prozess hatten, um festzustellen, ob das, was da auf sie zukommt, zu ihrem Fokus passt und ob sie damit besser werden können.

Blankes bzw. zielloses Netzwerken allein ist also kein Garant für Glück – das gibt es so eh nicht. Aber ein gutes Netzwerk erhöht die Wahrscheinlichkeit, zur richtigen Zeit am richtigen Ort für eine neue, zum Fokus passende Chance zu sein.

Ich möchte den Abschnitt mit einer Empfehlung für das Werk »Narren des Zufalls« von Nassim Taleb beenden. Das und seine anderen Werke rund um den Schwarzen Schwan sind Augenöffner für unsere Vorstellung, wie viel wir tatsächlich im Griff haben und wie viel nicht. Unser Ego trickst uns da gerne aus und macht uns vor, dass wir mehr beeinflussen können, als wir glauben. Die messbare Realität sieht anders aus.

Fazit

Hier geht es nicht um das, was wir nicht beeinflussen können, sondern um die zeitlosen Prinzipien, die die Wahrscheinlichkeit auf Erfolg und Wachstum deutlich verbessern können. Somit stellen wir fest, dass das aktive Netzwerken der Keyplayer zu einem Bestandteil der Chancengenerierung und der Problemlösung wird. Somit sind die aktive Netzwerkerweiterung und das Bewerten und Nutzen der daraus entstehenden Chancen Multiplikatoren für das Wachstum.

Weitere Vertiefung des Themas folgt in den Anwendungskapiteln

Anwendungskapitel	MINDSET	STRATEGIE	SALES	FÜHRUNG
Wie stark ist die Relevanz von Netzwerken im Anwendungskapitel?	+	++	++	+

1.7

DER WACHSTUMSTEILCHEN-BESCHLEUNIGER BEI DER ARBEIT

Die gute Nachricht ist: Im Folgenden legen wir vier Kapitel vor mit Anwendungsfällen in den Bereichen Mindset, Strategie, Sales und Führung, wie man ganz pragmatisch den eigenen Wachstumsteilchenbeschleuniger baut und betreibt. Es sind zum Schluss die einfachen Dinge, die uns im Daily-Business voranbringen.

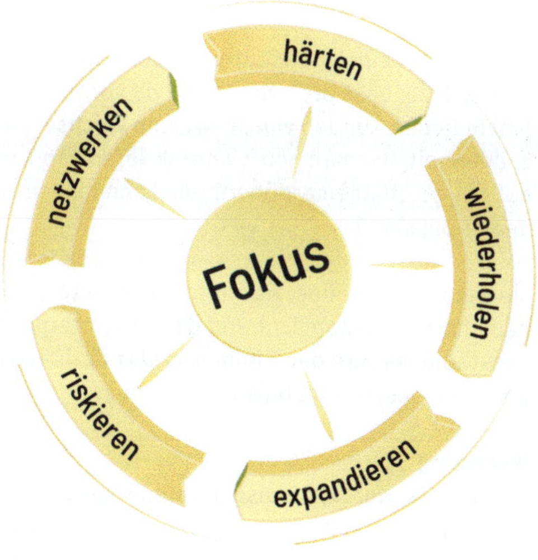

Grafik 01

Grundlegend finden die Dinge immer gleichzeitig statt und sind genau genommen parallelisiert und nicht sequenziell, wie anhand der Grafik möglicherweise interpretierbar. Trotzdem halte ich den Kreis für eine wichtige Darstellung, weil dieses Rad nie stillstehen darf, und wenn es erst einmal läuft, seine Bestandteile miteinander wechselwirken und sich dadurch verstärken.

Erklärende Praxis-Beispiele für den äußeren Ring

THE GROWING 5 REFLEXION - BEISPIELE	
WBP #1 **härten**	**Finanzen und Liquidität** Aufbau von 6-9 Monaten finanzieller Reichweite (verfügbares Kapital zur Kostendeckung bei 100% Umsatzausfall) damit schwarze Schwäne wie Finanzkrisen, Epidemien, Wegfall von Kunden durch politische Entscheidungen etc. keine Insolvenz, sondern ein Neu-Entwickeln des Geschäftsmodells möglich machen. **Personal** Eine kontinuierliche Pipe von A-Mitarbeiterbewerbungen herstellen. Sollte Dein Geschäftsmodell eine hohe Abhängigkeit von möglicherweise potenziell volatilen Fachkräften (Onside-Softwareentwicklung, IT-Consulting etc.) benötigen. Unternehmens-Berater-Geschäftsmodell wie Auftragssoftwareentwicklung mit Software-Architekten und Technologieberatern an Schlüsselpositionen: Beteiligungsmodell als Bindungsinstrument einführen. **Sales** Der Wechsel eines Kundenteamleads zu einer anderen Firma führte dazu, dass die neue Firma via vorhandenem Kontakt zu einem neuen Kunden wurde. Welche Wechsel gab es in der Vergangenheit, die man heute kontaktieren kann, um die Chance auf Neugeschäft zu erhöhen? Wie kann man absichern, dass das immer passiert?
WBP #2 **wiederholen**	Sie wiederholen alles, was gute Ergebnisse bringt, wenn es sich beim Kern bezahlt macht und das Gesamtergebnis positiv beeinflusst. Dieses wird dann immer weiter optimiert, um ein noch besseres Gesamtergebnis zu erreichen.
WBP #3 **riskieren**	**Marketing** Feststellen, wer nachweislich Online-Leads in dem eigenen Geschäftsmodell produzieren oder den Skill dazu transferieren kann. Ein PoC-Projekt zu definierten Kosten aufsetzen und testen, wie es für die eigene Firma nutzbar wird.

THE GROWING 5 REFLEXION - BEISPIELE	
WBP #4 **expandieren**	**Produktion** Systemhausgeschäftsmodell Ereignis: Offensichtlich entstehen immer wieder neue Verkaufschancen, wenn ein bestimmter Techniker beim Kunden ist. Dem Techniker ein Angebot über ein Kundenkommunikationsseminar unterbreiten, um seine Skills auszubauen und bewusst zu schärfen. Neue Techniker einstellen, die die Eigenschaften haben, bei Kundeneinsätzen potenzielles Neugeschäft zu erkennen und das dann intern entsprechend adressieren können. Natürlich kann man hier auch direkt WBP #2 anwenden und einen entsprechenden Prozess zur regelmäßigen Ausschreibung solcher Stellen implementieren und ausrollen.
WBP #5 **netzwerken**	**Geschäftsführung** Teilnahme an Foren und Veranstaltungen mit hochwertigen Kommunikationspartnern bzw. passend besetzten Teilnehmern. 2-3 Seminare pro Jahr besuchen. Teilnahme an einer Unternehmer-MasterClass oder Ähnlichem. Kennenlernen von neuen Möglichkeiten und das Ausbauen der eigenen Skills für die eigene Firma entwickeln.

Wie man hier gut sehen kann: Die meisten machen einiges davon schon. Nach meiner Beobachtung allerdings nur in Teilbereichen, eher zufällig und ab und zu. Echte Wachstumsunternehmen – vorausgesetzt sie haben ihren Fokus gefunden – sind fast fanatisch darin, konsequent aus jedem Detail das Maximale herauszuholen. Und das sind über die Zeit Dutzende oder Hunderte kleine Wachstumsimpulse, die das Ganze wachsen lassen. Die größte Schwierigkeit besteht dann eher darin, sich immer darüber im Klaren zu sein, woran man wann mit welcher Priorität arbeiten muss. Und wie man das im Unternehmer-Alltag hinbekommt, dafür gibt es die nachfolgenden Anwendungskapitel.

The growing 5 haben nur dann einen selbstverstärkenden Effekt, wenn die Drehachse, also der Fokus, um den sich alles dreht, wirklich stabil und belastbar klar ist.

Grundlegend ist ein Wachstumssystem immer dann behindernd komplex, wenn man keinen Fokus hat. Um »irgendetwas« muss sich Dein Wachstumsbeschleuniger drehen. Der Kern Deines Wachstums – vergleichbar mit der Achse des Beschleunigers.

Einige werden sich fragen, warum ich nicht mit der Achse anfange, um dann den äußeren Ring zu beschreiben. Das hat den einfachen Hintergrund, weil mir in den meisten Projekten der allergrößte Widerstand entgegenschlägt, wenn ich mit den Unternehmern den Fokus erarbeiten will. Und das hat gute Gründe! Deshalb habe ich diesem Thema auch ein eigenes Kapitel gewidmet.

1.8

DIE WACHSTUMSDREHACHSE: DER FOKUS, OHNE DEN DIE BESCHLEUNIGER-PRINZIPIEN WIRKUNGSLOS SIND

Es könnte alles so einfach sein, wenn es da nicht die Themen gäbe, bei denen in Wachstumsprojekten erbitterter Widerstand aufkommt. Die Bildung eines Fokus ist so eins! So ein Thema, bei welchem uns ein Großteil der wachstumsverhindernden Glaubenssätze der Tech-Unternehmer direkt entgegen schwappt. Genau genommen ist die Überwindung dieser Glaubenssätze eine der wirkungsvollsten Hürden in Skalierungsprojekten.

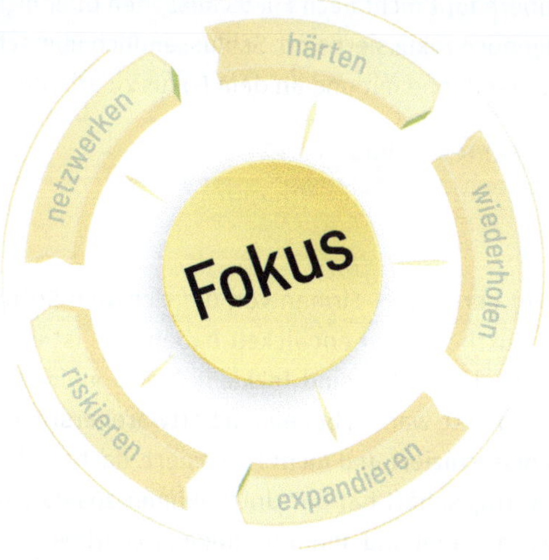

Grafik 01 – Fokus

Was ist ein Fokus? Ein Fokus ist in diesem Fall eine Schnittmenge aus verschiedenen Komponenten, welche nie beliebig gewählt werden darf, sondern der inneren Überzeugung folgen muss und den Kern des Geschäftsmodells beschreibt.

Konkrete Bestandteile sind:

- die Zielkunden
- das Offering
- eine Art Wachstumsselbstbewusstsein
- die Zukunftsrobustheit des Zielmarktes

Wir kommen im weiteren Verlauf noch darauf, was das genau bedeutet.

Hier wird es ernst(-haft)

Damit die exponierte Bedeutung des Fokus-Themas auch wirklich klar wird: Alles, was Du jetzt liest, wird in allen Anwendungskapiteln immer wieder aufgegriffen. Warum? Weil es der elementare Kern ist, der mit allem verbunden ist. Es ist das, was entweder alles kompliziert oder eben sehr einfach macht.

Und wenn Du nun denkst, ja das mit dem Fokus habe ich schon Hunderte Male gehört oder gelesen – ist schon klar (gähn). Dann, mein lieber Unternehmerfreund, schau in Deine Firma! Wenn Deine Firma nicht mindestens bis zu einer Größe gewachsen ist, bei der sie eine zweite Führungsschicht besitzt, dann ist es extrem unwahrscheinlich, dass Du das Konzept bewusst oder unbewusst wahrhaft verinnerlicht hast oder richtig anwendest. Du hast richtig gehört, es kann auch sein, dass Du es anwendest, aber gar nicht bewusst weißt, dass Du einen Fokus hast. Es gibt sogar Firmen, die überhaupt nicht nach Fokus aussehen oder nicht wissen, dass sie einen haben und dennoch fokussiert sind. Schlussendlich überschreitet keine Firma ihre Wachstumsgrenzen, ohne mit und an dem Fokus zu arbeiten.

Zwei Beispiele für echten Fokus – versteckt in einem »Gemischtwarenhandel«

Softwareentwickler

Das Folgende kommt gerne in IT-Firmen vor, die sich vom Softwareentwicklungsmodell hin zum Produkthersteller entwickelt haben. Das ist extrem selten, weil es einen Identitätswechsel von »Wir sind Tekkies« hin zu »Wir sind Verkäufer« beinhaltet. Im Lauf der Projekte war ich bei einem Softwarehersteller für Zoll-Software. Der war eigentlich diversifiziert und nicht fokussiert, dachte ich zumindest auf den ersten Blick. Zum Kerngeschäft hat der Unternehmer zusätzlich mit Virtual Reality, IT-Skill-Ressourcenhandel und anderen Dingen experimentiert und damit sogar Geld verdient. Aber der wahre Kern der Firma war die Fähigkeit des Unternehmers, immer wieder neue tragfähige Geschäftsmodelle zu entwickeln und in einer Firma die Themen über getrennte Teams so voneinander abzuschotten, dass sich lauter kleine fokussierte Wachstumsinseln entwickeln konnten. Jede Insel war für sich gut fokussiert und es gab erstaunlich wenig »Querschläger«.

Systemhaus

Der Unternehmer hatte mich damals nachhaltig beeindruckt, da er kein IT-Fachmann, sondern gelernter Bänker war und eine 1,5 Mann IT-Bude auf eine mit über 500 Beschäftigten skaliert hatte. Er prägte mir gegenüber den Satz: »Ihr ITler seid alle Kirschenpflücker.« Und das sagte jemand, der ein Konglomerat von über 15 Firmen vor sich hertrieb. Wie passt das zusammen?

Nun, er fing mit einem klassischen kleinen Systemhaus an, um dann zu merken, dass die mittelständischen Unternehmer in seiner Region Web-Dienste, ERP-Software, Unternehmensprozess-Beratung, Printer-Dienste etc. brauchen. So baute er Inhaltsgesellschaften entlang der Technologie-Bedürfniskette mittelständischer Unternehmen auf. Er wahrte die Disziplin, die Gesellschaften inhaltlich hereinzulassen, sodass die völlig unterschiedlichen Leistungskulturen zum Beispiel von Infrastrukturleuten und Unternehmensberatern nicht vermischt wurden. Wo Cross-Funktionen gut waren, wie bei Key-Account, Abrechnung oder Buchhaltung, legte er die Themen zusammen. So baute er ein quasi kugelsicheres Leistungsportfolio auf. Und solange man im deutschen Südwesten einen Mittelstand hat, so lange hat er auch immer Aufträge.

Wie »baut« man eine Wachstumsdrehachse – einen Unternehmens-Fokus?

Die Antwort ist: gar nicht! Zumindest nicht so, wie man es sich landläufig vorstellt. Denn das Finden des Fokus ist ein Prozess, der sich über Jahre erstreckt. Es ist ein »Anspitz-Prozess«. Ein Entdecken von Wegen, die sich als gut herausstellen. Und der Fokus kann sich mit den Jahren auch ändern, selbst wenn man ihn schon gefunden hat.

Beobachtungen/Erkenntnisse

1. Ein Fokus ist kein Henne-Ei-Thema, sondern ein Prozess, in dem der Fokus immer klarer wird. Solange man »ihn« nicht hat, sollte man trotzdem so fokussiert wie eben möglich arbeiten.
2. Erkennen kannst Du Deinen Fokus, wenn Du eine operative Kennzahl hast, die maßgeblich den Großteil Deines Geschäftes oder Geschäftsbereiches erfolgreich steuert.
3. Der Fokus klärt harte und weiche Faktoren:
   - Für wen leisten wir?
   - Was leisten wir?
   - Erwirtschaften wir damit einen sinnvollen DB1?
   - Warum machen wir das? Was ist unser Antrieb dahinter?

Klingt trivial, ist es aber nicht

Nun, wenn Du jetzt glaubst, Du hast es geschafft, weil:

- Du Deine Zielgruppe jetzt einfach aufgeschrieben hast und auch beschreiben kannst, was Du für sie machst.
- Sich das Ganze im DB1 dann auch noch rechnet.
- Du das Warum schnell wegwischst mit »Wir können das und die Leute schätzen uns dafür« oder noch banaler, aber dafür umso lieber genommen »Wir verdienen damit Geld«.

Dann hast Du keine Wachstumsachse bzw. keinen klaren Fokus, sondern das, was alle haben, die unternehmerisch vor sich hin existieren: einen gefühlten Fokus!

Aus meiner Sicht eher ein Strohhalm – keine Achse.

Normalen Schwung entwickelt das Wachstum immer über fokussierte, sachliche Erkenntnisse des Fokus aus dem laufenden Geschäft. Also banal ausgedrückt aus der gut definierten Ist-Situation. Das ist die Pflicht.

Aber so richtig steigt die Rakete, wenn Du die Kür bewältigst und

- Sinn in die Sache kommt und/oder
- Du ein emotionales Ziel hast bzw. findest oder wenn die gemeinsamen Werte mit dem nächsten Entwicklungsschritt verbunden sind.

Idealerweise ist einer – oder noch besser: sind diese beiden Faktoren bei den Keyplayern in einem gemeinsamen positiven Zielbild verankert. Da mag ein Keyplayer wie z. B. der Entwicklungs- oder Consulting-Chef etwas anderes sehen als der Firmenchef, aber es eint sie die gemeinsame Idee. Zu beachten ist: Unter Keyplayern verstehen wir natürlich immer die richtigen Mitarbeiter im Sinne des Beschleunigerkonzepts.

Die schlechte Nachricht ist: Erzwingen kann man das nicht wirklich. Man kann den Prozess beschleunigen und während der Suche danach immer besser werden. Aber der eine Tag, an dem wir uns einschließen, und dann haben wir es, den gibt es so (fast) nicht. Wenn dieser eine Tag, oder üblicherweise eher zwei oder drei Tage, in einen schlüssigen Strategieprozess gegossen wird, kann man gerne von jahrelanger auf monatelange Suche abkürzen, aber schneller geht es nicht.

Anmerkung am Rande

In allen Projekten war für Außenstehende der echte Fokus eher sichtbar als für die Insider der eigenen Firma. Das liegt in der Natur der Sache. Genau genommen ist es mein Lieblingspart, in den Projekten den Schatz zu finden, bevor ihn jemand anderes hebt.

Wenn ich einen Tipp geben darf: Es hat immer was mit der Glaubenssatz- und Persönlichkeitsstruktur des Gründers bzw. Gründerteams zu tun. Allerdings kommt es auch immer wieder dazu, dass der Schatz des gefundenen Fokus gerade nichts bringt, weil die Firma sich in einer falschen Ecke verfahren hat, sie die falschen Leute an Bord hat oder andere Dinge sie vom Wachstum abhalten. Ob das bei Dir der Fall ist, sieht man ebenfalls von außen leichter. Für Dich, der in der »Maschine« steckt, sieht es oft nach jahrelanger Seitwärtsbewegung aus. Ein anderes Anzeichen ist die Nicht-Verschriftlichung des Portfolios oder der Zielgruppe. Diese Themen berühren wir in den Bereichen Sales und Strategie noch.

1.9

ZUSAMMENFASSUNG DER WACHSTUMSBESCHLEUNIGER-PRINZIPIEN UND VORBEREITUNG AUF DIE UMSETZUNG

Wahrscheinlich raucht Dir jetzt der Kopf. Was ich gut verstehen kann. Es ist ein komplexes Thema, und mein Anspruch ist es, Das Thema für Dich so zu vereinfachen, dass es täglich anwendbar wird. Gut, die Theorie konnte ich Dir anfänglich nicht ersparen, aber dafür kommen jetzt die Anwendungskapitel. Diese sind in ihrer Reihenfolge von innen nach außen zu verstehen.
Der richtige Mindset bestimmt die Klarheit der Strategie und des Zieles. Ohne

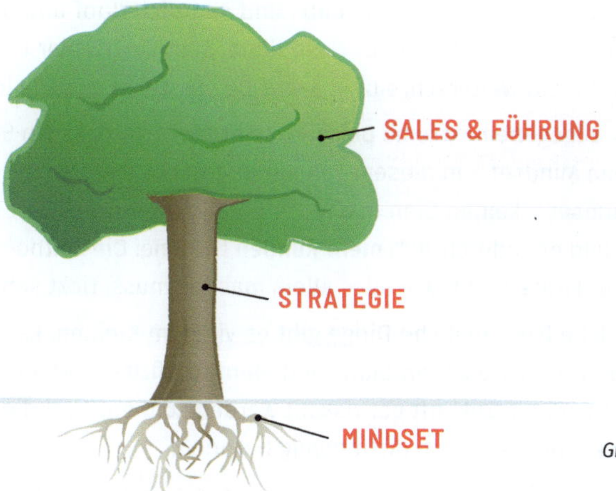

Grafik 04

Umsetzung der richtigen Strategie in Sales und Führung erzielen wir keine positiv messbaren Veränderungen. Trotzdem ist es so, dass alle Bereiche nie 100%ige Vollständigkeit erreichen. Wichtig hierbei ist, dass zum Beispiel Dein unternehmerischer Mindset so gut ist, dass Deine Strategie nicht Bugs des vorgehenden Systems, also dem Mindset, abbekommt. Wir brauchen keine Perfektion, dafür aber eine möglichst große Bug-Freiheit.

Ein Beispiel für falschen Mindset: wenn der Unternehmer eine eigene Schwäche »illegitim« umfahren will

Ein Systemhaus Unternehmer aus dem Großraum Nürnberg wollte, dass wir ihm eine Sales-Maschine für sein eigenentwickeltes Backup-Produkt bauen. Nun so etwas singulär zu verkaufen und somit einen funktionsfähigen digitalen Sales-Funnel dafür zu entwickeln, erfordert ganz spezifische Faktoren. Das hat den schlichten Hintergrund, dass es sehr selten so ist, dass ein Mittelständler einen anderen Dienstleister als sein angestammtes Systemhaus als Backup-Dienstleister beauftragt. Das hat viel mit Vertrauen und Einfachheit für den Kunden zu tun. Man kann diese Backup mit anderem Provider-Spezialfälle dann eher bei größeren Unternehmen unter gewissen Bedingungen sehen. Eine dieser Bedingungen ist eine vorgeschaltete, sorgfältige Analyse der Machbarkeit. Der entscheidende Knackpunkt, warum wir den Auftrag nicht übernommen haben, war aber, dass es wohl keinen einzigen Seniortechniker in seiner 15 Mann-Firma gab, der die notwendige Machbarkeitsanalyse für das Backup stemmen konnte.

Heraus kam dann, dass er seit Jahren gar keine ausreichend qualifizierten Mitarbeiter findet. Ok, das Problem haben viele, aber bei ihm ging das so weit, dass er zwar partout wachsen wollte – aber ohne zusätzliches Personal. Eigentlich hasst er die angestellten IT-Profis. Seine Leute sind sämtlich doof und unmotiviert, und er ist der Einzige, der weiß, wie der Hase läuft. Sein Vertriebler ist auch ein Idiot usw. ... Ich muss nicht weiterschreiben, damit Du verstehst, was da los ist.

Dieses, zugegeben extreme Beispiel, zeigt plakativ, dass ein Sales-System ohne den richtigen Mindset - in diesem Fall ein ungesteuertes Ego mit einem Alle-sind-Idioten-Mindset - keinen Sinn macht. Denn auch wenn das Sales-System dann laufen würde und er dadurch 20% mehr Kunden bekäme: Die Zeitbombe, dass er in Zukunft in seiner Firma so gut wie alles allein machen muss, tickt sehr laut im Hintergrund.

Und solche bzw. ähnliche Dinge gibt es viele im Kleinen. Es ist nicht einfach zu erkennen, was die eigenen Skill- und Mentaldefizite sind, die einen von Wachstum abhalten oder in Zukunft gar riskant werden können. Aber die Bedeutsamkeit, diese klar zu kennen, kann ich nicht genug betonen.

Erfahrungsgemäß ist in den Skalierungsprojekten ganz oft der größte Verhinderer ein Ausläufer aus dem Unternehmer-Mindset sowie die fehlende Einsicht, dass man das Problem eines falschen oder ungenügenden Mindsets nicht hat. An der Stelle mag ich auf die Wichtigkeit des Mindset-Kapitels verweisen. Darin sind auch einige Fragen enthalten, welche wir in unserem Diagnosetool, dem SMB.Unternehmercheck (Du erinnerst Dich, der Bosch-Prüfstand für Unternehmer), verwenden. Da bekommst Du eine erste gute Idee davon, wo Du Dein Potenzial noch zurückhältst.

Im Folgenden werden wir vom Mindset ausgehend alle Hauptthemen des Wachstums der Reihe nach in das Wachstumsbeschleuniger-Konzept einbringen und sehen, was die gesamte Theorie in der Praxis bedeutet.

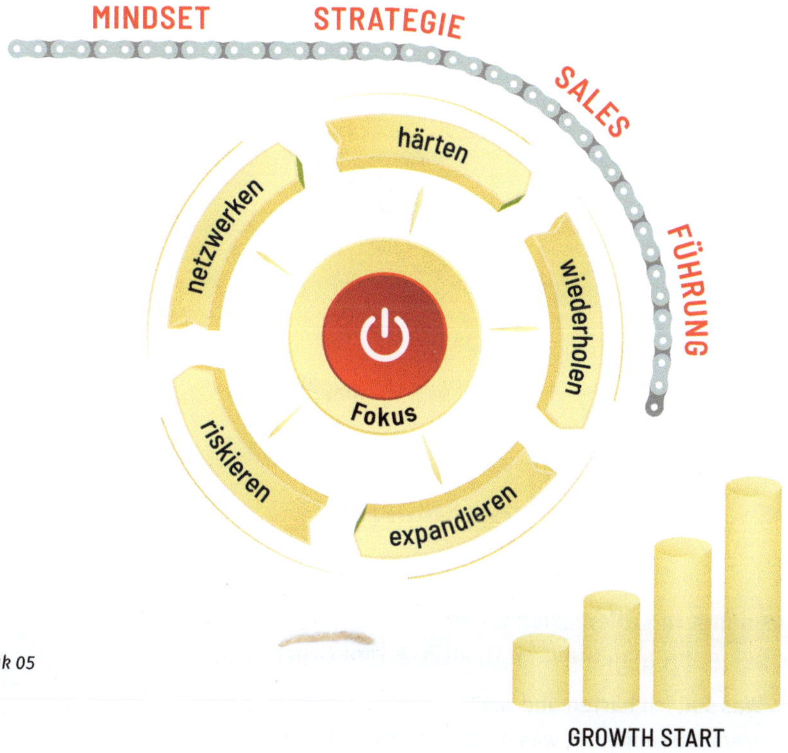

Grafik 05

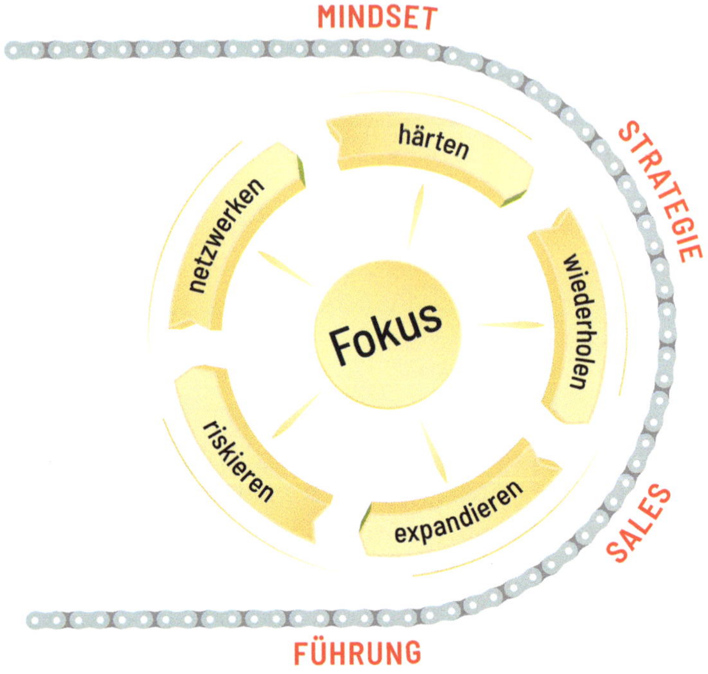

Grafik 06

Alles hängt mit allem zusammen – wie bekommt man die Komplexität in den Griff?

- Was soll ich härten und wie?
- Woran erkenne ich, was wiederholenswert ist?
- Was darf ich wann riskieren?
- Woran erkenne ich die richtigen Mitarbeiter?
- Mit wem soll ich netzwerken?
- Woher soll ich die Zeit für das ganze Zeug nehmen?
- Kann ich etwas auslassen, auf was ich null Bock habe, und geht es dann trotzdem?

Ich weiß nicht, welche Fragen Du im Kopf hast und welche Fragen das Buch aufwirft oder Dir persönlich beantwortet, aber mein Tipp ist: einfach durch alle Anwendungskapitel gehen - und sei es, sie quer zu lesen -, um Dir ein Gesamtbild zu machen. Danach kannst Du dann die Details angehen, die für Dich in der Priorität und/oder Relevanz am wichtigsten und dringlichsten sind.

Falscher Dampfer-Warnung

In keinem je gemachten Skalierungsprojekt war das, von dem der Unternehmer glaubte, dass dieses oder jenes die Lösung für seine Probleme sei, jemals die tatsächliche Lösung. Niemals. Das ist leider nur zu logisch, denn erst wenn Du das Problem wirklich erkennst, hast Du schon den Großteil der Lösung gefunden. Dann brauchst Du selten externe Unterstützung. Das Ganze hat einen Namen: Dunning Kruger-Effekt (siehe Wikipedia). Sorry, wenn ich die »scharfe Waffe« Dunning Kruger hier schwinge, aber in abgeschwächter Form wirken die Prinzipien der Selbstüberschätzung bei uns allen, und da mache ich bei mir keine Ausnahme.

Immer wenn Du glaubst: »Dieses Kapitel kann ich auslassen, das habe ich im Griff«, dann steigt die Wahrscheinlichkeit, dass genau dort Dein Problem liegt!

Ein gutes Beispiel dafür ist ein Klassiker: das Vertriebsproblem bei einer Softwareentwicklungsfirma

Als Auftragssoftwareentwickler führt die Skalierung jenseits der 20–25 Mitarbeiter (fast) immer über die Verfügbarkeit von technischen Führungskräften, die proaktiv Kundenkommunikation so betreiben, dass das richtige Maß an Aufträgen und an Auslastung für ihr Team daraus resultiert. In den meisten Fällen ist es vielmehr so, dass der Softwareentwicklungs-Unternehmer einer für das Geschäftsmodell notwendigen limbischen Dominanz im Bereich Führung und Vertrieb so negativ gegenübersteht, dass die notwendigen Maßnahmen wie die Akquise und Förderung der richtigen Mitarbeiter selten konsequent genug eingeleitet oder durchgeführt werden. Der Ansatz für die Lösung ist also der Mindset des Unternehmers, nicht die isolierte Lösung des vermeintlichen Sales-Problems. Das Problem im Sales-Bereich ist nur die Stelle, an welcher der Fehler zutage tritt.

Genau genommen könnte eine funktionsfähige Lösung so aussehen:

1. Der Unternehmer trainiert seine Führungsfähigkeiten und seine adaptive Dominanz
2. Er führt eine »Umsatz ist gut«-Kultur ein
3. Er fördert Führungskräfte, die einen zur Akquise und Expansion passenden Mindset haben
4. Er akquiriert neue, geeignete Führungskräfte für das Unternehmen
5. Er sichert Ergebnisse ab, passt das Führungssystem mit KPIs an

Diese Skizze beschreibt nur eine der möglichen Lösungen – allerdings die, die nachgewiesen am Markt die höchste Aussicht auf einen erfolgreichen Ausgang bietet.

Leider sieht die Realität so aus, dass die Punkte 1 und 2 eine schmerzhafte Hürde für den Softwareunternehmer darstellen, sodass die entsprechenden Maßnahmen ganz oft vermieden werden. Bei dem aktuell guten Markt für Softwareentwicklung kann das Unternehmen sich das leisten, ohne dass es untergeht, aber wachsen wird es aufgrund des Stillstands im Mindset nicht. Und ja, es gibt auch Workarounds, mit denen man einen anderen Weg gehen kann. Das ist aber sehr selten, bedarf eines sehr langen Atmens und sehr hoher Kreativität.

Mein Vorschlag, um nicht über die eigene Kompetenz zu stolpern

Gib das Buch einem guten Freund, der unternehmerisch erfolgreich unterwegs ist, am besten schon ein paar Jahre weiter als Du, und lass ihn die Kapitel anstreichen, von denen er glaubt, dass das Deine versteckten Verhinderer sind. Wenn Dein Freund nicht seine persönlichen Erfolgsstrategien mit Deinen Herausforderungen mixt, steigt die Wahrscheinlichkeit enorm, dass er Dich auf die richtige Fährte bringt. Wenn die Wahrheit darüber, wo Dein Engpass tatsächlich existiert, zu einem inneren Aufschrei führt, dann ist das ein gutes Zeichen. Also ein »Bitte nicht das Thema« oder ein »Oh nein«, wäre ein klares Indiz für den wahren Engpass.

Schlussendlich beginnen am Mindset alle Übel und alle Lösungen. Was uns zum ersten Anwendungskapitel Mindset führt.

2.0
ANWENDUNGSKAPITEL MINDSET

DER NEXT-LEVEL-PAIN – WIE SKALIERUNGSUNTERNEHMER EIN »AUF-DER-STELLE-TRETEN« IN EINEN LAUF VERWANDELTEN

»Probleme kann man niemals mit derselben Denkweise lösen, durch die sie entstanden sind.«

ALBERT EINSTEIN

Wie schon erwähnt ist es sinnvoll, sich von innen nach außen durchzuarbeiten, also vom Mindset über die Strategie bis hin zu Sales und Führung. Warum? Weil die Skalierungsprojekte immer wieder gezeigt haben, dass das Problem, was vermeintlich gelöst werden muss, nie das wirkliche Problem ist – was in der Natur der Sache liegt. Denn die Kunden hätten es schlussendlich selbst lösen können, wenn sie verstanden hätten, was sie bisher vom Skalieren wirklich abgehalten hat.

Konkreter gesagt: Wenn Kunden mit dem Anliegen »Ich brauche nur einen laufenden Vertrieb für XY« kommen, werde ich immer hellhörig. Gerade wenn sie noch nie strukturiert Sales gemacht haben.

Zum Beispiel:

**VERTRIEBSPROBLEM/GLAUBENSSATZ =
»EGAL WIE GROSS MEIN BAUCHLADEN IST, DIE KUNDEN MÜSSEN ZU MIR KOMMEN.«**

Grafik 07

Die oberflächliche Reflexion des Glaubenssatzes:

»Ohne Kunden/Leistungsfokus wird Akquise erschwert«

Einen Kundensog aufzubauen ist die höchste Kunst im Vertrieb und Marketing und gelingt nur sehr wenigen, und das erst nach vielen Monaten, manchmal Jahren harter Arbeit mit entsprechenden Experten und mit dem inneren, unbändigen Willen, dieses Ziel zu erreichen. Es geht nur, wenn Du einen glasklaren Kunden so adressierst, dass dieser zum Fan Deiner Marke wird.

Die schmutzige Wahrheit dahinter:

»Der Unternehmer hat ein ganzes Paket vertriebsablehnender Glaubenssätze«

Der Unternehmer hat einen nicht sehr ausgeprägten Selbstwert und tut sich schwer damit, ein oder mehrere »Nein« aushalten zu können. Was, unter uns, im Sales nicht vollständig vermeidbar ist.

Vermeidung – seine Komfortzone verlassen und »rausgehen«

Es muss nicht immer so sein, wie hier beschrieben. Aber einer der drei Verhinderer ist immer in unterschiedlicher Stärke an Bord. Ich behaupte ausdrücklich nicht, dass alle, die an den Kundensog glauben wollen, mit diesem Mindset ausgestattet sind. Aber offen gesagt als Tekkie-Unternehmer, der noch keine Skalierung hinter sich gebracht hat, ist das behindernde Regelsystem, also die schmutzigen Wahrheiten von oben, leider recht häufig.

Tatsache ist, dass der signifikante Unterschied zwischen den Skalierern und dem Rest in der tatsächlichen klaren Einsicht bezüglich der wahren Engpässe und Verhinderer begründet ist. Und das völlig unabhängig davon, ob ihr Mindset, oder ihr Strategie-, Sales- oder Führungsbereich betroffen ist. Das Hinterlistige an dem Klarheitsthema ist, dass wir nicht selten glauben, wir sähen klar, fallen aber völlig schuldlos auf ein Trugbild rein. Das ist dann einer der Fälle, bei dem wir gerne sagen »Im Nachhinein ist man immer schlauer«.

Genau deshalb ist das Kapitel Mindset so elementar. Denn nichts sorgt für mehr Irritation und für so teure Sackgassen wie die Unklarheit des Unternehmers.

Und sollte Dein Unternehmer-Mindset noch unentdeckte Bugs oder nicht aufgeräumte Baustellen haben, wird es ganz dunkel. Denn dann hast Du gar keine Chance, den richtigen Weg zu erkennen.

Beispiel gefällig?

Ein cleverer und sehr disziplinierter IT-Unternehmer aus den neuen Bundesländern hatte eine Firma mit einem Systemhausbereich und einem Softwareentwicklungsbereich. Wie so viele wollte er seinen Sales zum Laufen bringen. Seine Strategie bestand darin, dass er x Leute ins Projekt eingebunden hat. Aber den Erfolgskern der Sache, nämlich dass er selbst rausfährt und sich ein eigenes klares Bild macht, wie die Kunden ticken und was es braucht, um sie in ausreichender Menge zu gewinnen, hat er damals vermieden. Das wäre einer der zwei Schlüssel für ein erfolgreiches Projekt gewesen. Leider hatte er unter anderem große Probleme mit den Mitgesellschaftern, die teilweise aus der Familie stammten. Diese Probleme überlagerten alles, sodass das Projekt nicht fertig wurde. Natürlich war das nicht der einzige Grund dafür, aber ich will eines damit sagen: Es gibt viele versteckte Verhinderer.

Unter uns: Ein unklares Gesellschafter-Thema verhindert oft konsequentes Handeln, eine konzentrierte Strategie und saubere Führung. Genau genommen ist das Problem hinter dem Gesellschafter-Problem das entscheidende Thema: Dies ist meist ein mentaler Grund. Er ist die wahre Ursache, warum der Unternehmer hier einen Schiefstand zulässt, die Wurzel seiner vielfältigen Skalierungsverhinderer.

Die gute Nachricht lautet, es gibt für alles eine Lösung. In so einem Fall bewährt sich eine Kombination aus dem MasterClass-Format, einem versierten Mental-Coach und einer guten Standortbestimmung. Dann tut sich erfahrungsgemäß ein Weg auf. Genau um hier etwas Licht ins Dunkel zu bringen und eine Art Selbststandort-Bestimmung durchzuführen, folgt nun das Mindset-Kapitel.

Mein Tipp hier: Lasse Dir in diesem Kapitel Zeit zum Reflektieren, es lohnt sich.

2.1

WARUM ES FETTE, RAUCHENDE ÄRZTE GIBT UND WAS DAS MIT UNTERNEHMERISCHER PERFORMANCE ZU TUN HAT

Wachstumsunternehmer sind sich der hohen Anforderungen an die eigene Leistungsfähigkeit und ihres ausgeprägten Konzentrationsvermögens bewusst. Um diese dauerhaft und täglich abrufen zu können, erfordert es zu verstehen, wie Menschen ticken und was die besten Tricks sind, um uns auch bei schwankender Willenskraft auf Kurs zu halten.

Also müssen wir erst einmal mit der alten Mär aufräumen, dass wir 7 x 24 Stunden geistiger Herr über uns sind. Es gilt also, gewisse Dinge so zu verstehen, dass Du danach Deine persönlichen maximalen Fähigkeiten entwickeln kannst.

Das Geist-über-Körper-Blabla ...

Du kennst das sicher – das gute alte Spiel mit den Neujahrsvorsätzen. Da bekommen wir »normale« Menschen immer wieder gezeigt, wie wenig wir in der Lage sind, dem Idealbild – dass der Geist über den Körper regiert – folgen zu können.

Das Projekt »Geist über Körper« geht in der Realität selten gut aus. Immer wieder fängst Du an, nur um gleich wieder aufzuhören. Aber warum ist das so?

Nun, es hat mehrere Gründe, da wir Menschen eben Menschen sind und dass dieses Verhalten folglich, so leid es mir tut, ein Stück weit normal, genau genommen natürlich ist. Das heißt nicht, dass Du Opfer Deiner selbst bist, sondern nur, dass es Dinge gibt, die Dir beim Erreichen Deiner Ziele helfen und Dinge, die das Gegenteil bewirken.

Du erlaubst mir den kleinen Umweg? Lass uns einen kleinen Abstecher in die aktuellen wissenschaftlichen Erkenntnisse der menschlichen Psychologie unternehmen.

Warum es fette, rauchende Ärzte gibt?!

Vorletzten Januar war ich im (fast unvermeidlichen) 50+ Trainingslager, um ein paar Kilos von Weihnachten zu bekämpfen und etwas Grundlagenausdauer aufzubauen. Corona hatte leider auch mich etwas aus dem Tritt gebracht.

In einer Theoriegruppe, in der man lernt, positive Lebensweisen in den Alltag zu implementieren, saßen plötzlich über die Hälfte fette Ärzte. Meist frische Ex-Raucher, da sie nach einem mehr oder minder starken Infarkt die Lektion gerade klar vor Augen hatten.

Vorlaut wie ich war, fragte ich den Arzt neben mir: »Sag mal, was hat Dich denn geritten? Du musst es doch besser wissen ...«. Er zuckte nur mit den Schultern.

Die Aufklärung lieferte uns dann die Psychologin. Sehr verkürzt und auf den Punkt gebracht, geht es um schnelle Informationsverarbeitung. Unser Unterbewusstsein bzw. das emotionale System kann bis zu 80.000 Informationen pro Sekunde aufnehmen, verarbeiten und speichern und ist somit zehntausendmal schneller als unser bewusster Verstand.

Wir sind so gebaut, um in einer realen Umwelt voller Gefahren und Versuchungen schnell und richtig zu reagieren. Das sichert unser Überleben. Das Thema hat evolutionsbiologisch zwei Seiten.

Die Gefahren-/Angst-Seite

Da wir nicht mehr in der Steinzeit leben, wird nun aus dem realen, lebensgefährlichen Säbelzahntiger die gefühlte Lebensangst vor der zukünftigen Auftragslage, den Auswirkungen von dem, was schlechte Mitarbeiter mit unseren Kunden machen, was Corona mit der Firma macht ... Das alles mündet in Angst und Stress und lässt uns nicht oft genug klug und im wörtlichen Sinne überlegt handeln.

Die Versuchungen/Freude-Seite – also die Schokoladenseite

Nun, kurzfristig betrachten wir es als wichtig, jedes Stückchen Nahrung mitzunehmen, weil wir Menschen ja seit mindestens 3 Millionen Jahren permanent auf Nahrungssuche waren. Dass wir jetzt seit 70 Jahren, zumindest die meisten Menschen in den Industrieländern, im Überfluss leben, das war – und ist – in uns nicht angelegt.

Schlussendlich hat das nicht nur körperliche Folgen, sondern auch Auswirkungen auf unseren Tagesablauf. Wir schauen öfter nach den schnellen Gewinnen ohne wenig Leid und Überwindung, was uns in unserer Firma immer wieder in alte, schlechte Gewohnheiten verfallen lässt. Dann leidet Dein Unternehmen an den wenig konsequent durchgezogenen Strategieprojekten.

Und was ist jetzt die Lösung?

Die Antwort steckt größtenteils in der Formulierung: »Und dann bin ich wieder in alte Gewohnheiten verfallen«. Ob es die Chips vor dem Fernseher sind oder Dein Sales-Projekt, das mal wieder geschoben wird, weil es von den Mitarbeitern Widerstände gibt, gegen die Du auch noch anrennen musst. Somit wird Veränderung für Dich als Unternehmer eine Art Traktor-Pulling.

Aber wie gingen zum Beispiel Skalierungsfirmen damit um?

Einer der wichtigsten Tricks für Disziplin und Fokus in der Firma ist, die soziale Dimension im Griff zu haben!

Richtige Mitarbeiter wollen, dass die Firma besser wird. Du musst sie nicht dazu treiben, sondern Ihr treibt Euch gegenseitig an. Klar, es ist Deine Aufgabe, dass sie auch die Probleme klar genug erkennen können, um eine Lösung zu erarbeiten.

Die Skalierungsunternehmen hatten eine Grundhaltung, eine Kultur, die konstruktiv nach vorne gerichtet ist. Und ja, Veränderung kostet Energie, und die Überwindung kostet Mut und tut irgendwie auch oft weh, weil die eigene Komfortzone von Dir selbst und von anderen attackiert wird. Aber mit dem richtigen Mindset erlebt Ihr dann gemeinsam Erfolge - Erfolge, die süchtig nach mehr machen.

Ich bringe es mal auf den Punkt: Eine soziale Gemeinschaft mit den richtigen Werten erzeugt positiven wechselseitigen, sozialen Druck. Und das ist eine mächtige Waffe, um dauerhafte positive Veränderungen zu etablieren.

Immer wenn Du willst, dass Dein klarer Kopf, Deine Ratio, Deine klugen Ideen, sich durchsetzen und Du eben nicht das Unterbewusstsein und die kurzfristigen Emotionen regieren lassen willst, so kannst Du mit diesem Trick das »Zehntausendmal-schneller-System« in Dir austricksen.

Stelle Dir die Frage, in welchem Team Dir das Erreichen Deiner Fitnessziele leichter fällt. Bei den Freunden der amerikanischen Burger-Kultur oder beim Mountainbike-Verein Nord-Schwarzwald ...?

Eine Regel dieses Buches ist, alles was wir in den Anwendungskapiteln schreiben, mit den fünf Wachstumsbeschleuniger-Prinzipien (G 5 genannt), zu reflektieren. Im Folgenden wirkt die G 5-Reflexion etwas unangebracht. Weil die G 5 ja Prinzipien eher für das Business sind. Und obwohl unser Auftrag nicht das geistige und körperliche Training von Unternehmern beinhaltet, haben wir trotzdem die G 5 auch im sehr persönlichen Bereich Mindset angewendet. Schlussendlich geht es uns darum, das Gesamtsystem wachsen zu lassen, und das erfordert eine Mindestklarheit und eine gewisse Grundkonstitution. Also erlauben wir uns – oder Du Dir - einen kurzen Blick darauf, wie Du persönlich für den Wachstumsunternehmerjob aufgestellt bist.

UMSETZUNGS-CHECKLISTE

Wenn es nur einen Umsetzungstipp gibt, dann…

- ☐ *Prüfe, ob die nächsten 5-7 Menschen um Dich, privat wie geschäftlich, gut für Dich und Deine Ziele sind und Dir Rückenwind verleihen. Wenn nicht, ändere es.*

THE GROWING 5 REFLEXION	
WBP #1 **härten**	Was tust Du für Dich, um Deine Leistungsfähigkeit und Klarheit zu fördern? Wendest Du Techniken, wie zum Beispiel Meditation an, um Deine Konzentrationsfähigkeit zu verbessern? Wie fit fühlst Du Dich? Ist Deine Physis O.K.?
WBP #2 **wiederholen**	Willenskraft wird immer dann benötigt, wenn Du etwas tun willst, was eben nicht der Autopilot in Dir will. Willenskraft brauchst Du aber dann nicht mehr, wenn eine für Dich gute Gewohnheit etabliert ist. Welche positiven, täglich wiederholenden Gewohnheiten hast Du? Welche hättest Du gerne?
WBP #3 **riskieren**	Was und wann war das letzte Mal, als Du Deinen Trott durchbrochen hast? Und was an neuen Erkenntnissen kann nützlich für Dich sein? Hast Du eine Neues-Probieren-Liste wie zum Beispiel Bücher, die Du lesen oder Seminare, die Du besuchen willst?
WBP #4 **expandieren**	Auf einer Skala von 1 bis 10: Wie gut wird Dir von Deinen Mitarbeitern zugeliefert. Stimmen die Quantität und Qualität? Musst Du immer wieder nachfragen? Wirst Du gefühlt boykottiert? Wer in Deinem Keyplayer-Team gibt Dir Energie und zieht am selben Strang? Und wer nicht?
WBP #5 **netzwerken**	Mit wem solltest Du Dich treffen, um Ideen für den Weg zum nächsten persönlichen- und Unternehmens-Level zu gelangen. Welche Unternehmer kennst Du, von denen Du lernen kannst? Welche erfolgreichen Personen willst Du kennenlernen, um deren Erfolgsstrategien zu verstehen und sie für Dich zu adaptieren?

2.2

HEIMLICHE SKALIERUNGSBREMSE #1: DER TEKKIE-MINDSET

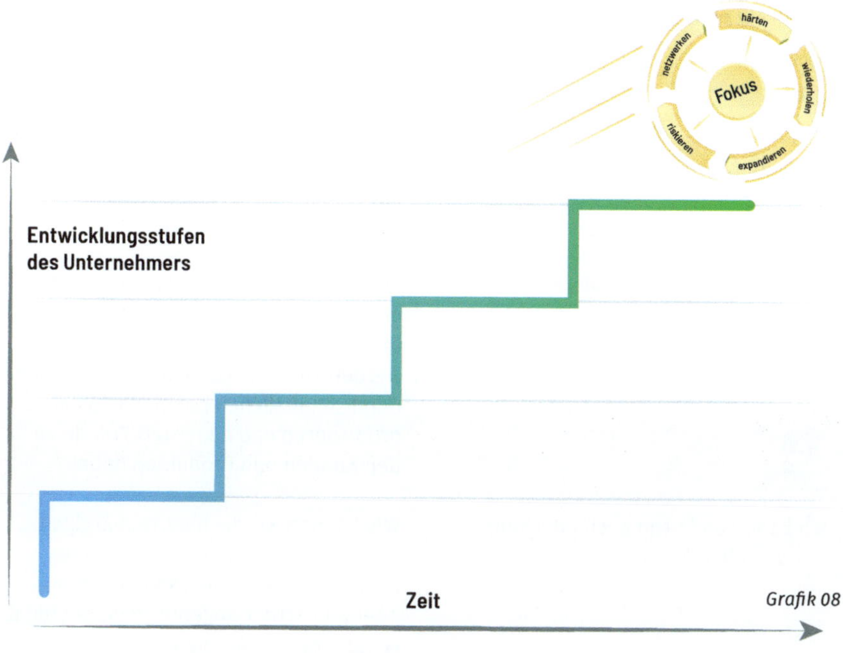

Grafik 08

Wenn Du mit Unternehmern sprichst, die ewig an den Schwellen bis 10 oder 25 verharren und im Vergleich dazu mit Unternehmern der gleichen Branche wie Softwarehersteller, Systemhäuser, technische Dienstleistungen etc., die aber 100, 500 oder mehr Mitarbeiter haben, so meinst Du, nicht mit demselben Menschenschlag zu reden. Ich spreche jetzt nicht von Kriterien wie gut oder schlecht, Gut oder Böse etc., sondern von deren Blickwinkel auf die Welt. Vom Status ihres Mindsets. Skalierungsunternehmer nehmen klar eine unterschiedliche Perspektive ein. Genau genommen ist das Inside-Denkmodell des Tekkie-Unternehmers bis +/- 17 Mitarbeiter (es gibt da große Schwankungen je nach Geschäftsmodell) einer der größten Verhinderer beim Sprung auf die 30, 50 Mitarbeiter und mehr.

Es handelt sich um etwas, was nur wenige Menschen wirklich fertig bekommen: einen Identitätswechsel. Sie erfinden sich neu, ohne ihre DNA zu verlieren. Was ich damit meine? Schauen wir uns einmal folgende Vergleichstabelle an:

Selbstständiger Unternehmer bis zur 17er-Grenze	**Skalierungsunternehmer mehr als 50 Mitarbeiter**
Wir brauchen jeden Umsatz zur Kostendeckung!	Welches sind meine ertragreichsten Produkte und Leistungen (DB1) und wie können wir diese weiter skalieren?
Meine Mitarbeiter machen da nicht mit!	Wie kann ich mein Führungsteam so ausbauen und weiterbilden, dass es die Skalierung am effizientesten voranbringt?
Keine Zeit für Strategie – ich muss arbeiten!	Ist unsere Strategie korrekt, bewirkt unser Plan die bestmögliche Weiterentwicklung für die Firma?
Mein Produkt braucht jeder!	Sind unser Angebot und die spitze Zielgruppe so gut aufgestellt, dass wir in diesem Segment einer der Besten werden können? Können wir einen überdurchschnittlichen positiven Cashflow produzieren und dauerhaft Freude an den Kunden und Produkten haben?
Ich kann den (wenn auch falschen) Kunden nicht kündigen!	Wie können wir die niedrig-margigen Kunden, die unter 20% des Gesamtumsatzes ausmachen, so bedienen oder an Partner abgeben, dass wir ideal weiterwachsen können. Wie schaffen wir es, die 20% der ertragreichsten Kunden zu verdoppeln? Was beutet es für unsere Firmenidentität? Bleiben unser Kern und unsere Werte erhalten oder gewinnen sie sogar durch diese Maßnahmen?

Wie Du sicher schnell merkst, bestimmt die Qualität der Fragen die Qualität und Quantität des Outputs. Genau aus diesem Grund ist es sinnvoll, einen kleinen Exkurs zu unternehmen.

Wie unser Denken funktioniert?!

Denken ist nichts anderes als eine Frage, die Du Dir selbst stellst, und die Du Dir selbst beantwortest. Bedeutet also, Du brauchst andere Fragen, um neue Antworten zu erhalten. Aber Deine Fragen werden üblicherweise von Deinen aktuellen Identitäten und Glaubenssätzen limitiert. Das kennen wir alle gut. Du denkst seit Monaten immer wieder über dasselbe nach und kommst einfach auf keine Antwort. Zumindest keine, die eine echte Lösung darstellt.

Also benötigen wir einen Perspektivwechsel: neuen Input, der uns neue Fragen ermöglicht. Und die Fähigkeit, seine aktuelle Identität und Limits für eine kurze Zeit offline zu nehmen.

Bevor wir das machen, sollten wir uns vorher anschauen, wie die typischen Tekkie-Limits aussehen.

Der klassische Tekkie-Mindset

Die gewöhnlichen Limits sind:

Das Inside-Out Denkmodell. Die bisherige Erfolgsstory besteht daraus, technische knifflige Probleme zu lösen. Also die geistige Betrachtung mit besonderer Detailtiefe, die mit dem Erfolgserlebnis endet, die Lösung gefunden zu haben. Das aber bewirkt gleich mehrere Probleme:

- Du machst die Jobs Deiner Techniker
- Du bist Dein bester Techniker
- Du findest es geil, der beste Techniker zu sein
- Deine Tekkies entwickeln sich in Deinem Schatten nicht so, dass sie Deinen Job machen könnten und Du dann Zeit bekämst, an der Firma statt in der Technik zu arbeiten.
- Deine Kundenansprache ist so technisch, dass das kein Kunde wirklich versteht. Aber er vertraut Dir, weil das alles so kompetent klingt. Immerhin!

Du verstehst auch so, was ich meine. Denn diese Liste ließe sich beliebig verlängern.

Wie viele großartige Unternehmer hast Du kennengelernt oder zumindest von ihnen gelesen, die mit diesem Set-up skaliert haben? Ok, zugegeben: Das ist eine rein rhetorische Frage. Aber lass uns einen Blick darauf werfen, wie ein Weg da heraus auf den nächsten Level aussehen kann.

LÖSUNGSSTEP 1

Upgrade Dein Mindset: Beschaffe Dir Zeit!

Nehmen wir an, Du bist voll im Tekkie-Mindset-Thema unterwegs, und es stört Dich schon länger, dass Du Sklave Deiner Firma bist und/oder Du mindestens 60-80 Stunden pro Woche in und keine Stunde an Deiner Firma arbeitest. Dann ist Dein wichtigster und erster Schritt, dass Du Dir Zeit beschaffst. Das geht am einfachsten, wenn Du das FMU-Konzept begreifst. Mehr dazu erfährst Du in Kurzform im entsprechenden Folgekapitel und ausführlich im Buch »The E-Myth Revisited: Warum die meisten kleinen Unternehmen nicht funktionieren und was sie dagegen tun können« von Michael E. Gerber.

Nun sagen wir, Du hast Dir vier Stunden pro Woche freigeschaufelt und was machst Du jetzt? Wie eignet man sich den richtigen Mindset an? Die Best Practice der Skalierungsunternehmer besteht typischerweise aus folgenden Schritten:

LÖSUNGSSTEP 2

Erkenne, dass Du kein Henne-Ei-Thema, sondern einen Weg vor Dir hast

Wir alle sind Menschen und wünschen uns die »blaue Pille«, die einfache und schnelle Lösung. Wir wollen X, ohne Y ertragen zu müssen. Dann sagen wir: »Ich will doch nur ...« oder »Wenn das gehen würde, wäre alles besser« etc. Du ahnst es – so einfach wird das nicht. Und unter uns: Mir geht es genauso, ich will es auch immer wieder nicht wahrhaben. »Was? Sooo einen langen Weg muss ich gehen, für so ein kleines Ergebnis, ich will doch nur ...« Lass uns kurz tief durchatmen und einen Blick auf den weiteren Weg werfen.

LÖSUNGSSTEP 3

Neuen Input organisieren

Sorge für den richtigen Input, sodass Du die richtigen Fragen und Antworten selbst produzieren kannst. Was schlussendlich richtiger Input ist (z.B. Bücher, Hörbücher, Podcasts, Seminare, Webinare etc.), muss jeder selbst entscheiden, weil jeder eine andere Ausgangslage hat. Aber die Bestandteile stammen immer aus den Bereichen Mindset, also Persönlichkeitsentwicklung, Strategie, Sales, Führung.

Ernstgemeinter Sidestep

An dieser Stelle hebe ich ganz deutlich die Hand und das aus eigener Kundenerfahrung. Der Großteil der Input-Junkies gehört der Kaste der »Infotainment-Konsumenten« an. Die sich jedes PDF herunterladen und es nie lesen, sich für x Webinare anmelden, die 1.000 YouTube-Abos haben und auf x Seminaren waren, ohne jemals etwas ernsthaft umzusetzen. Das meine ich nicht. Ich rede von gezieltem Input zu den erkennbaren Engpässen, bis man seine Lösung findet.

LÖSUNGSSTEP 4

Verbindliches, rigoroses und wohlwollendes Umfeld schaffen

Nun, das hatten wir teilweise schon im vorherigen Kapitel. Aber das Umfeld ist etwas weitreichender. Es sind nicht nur die fünf bis sieben nahestehendsten Menschen. Diese können im Privaten gerne einfach nur gute Menschen für Dich sein, mit denen Du Dich wohlfühlst. Es geht nicht immer um Performance. Aber wenn Du Dein Business und Dich auf den nächsten Level hieven willst, geht es auch um:

Regelmäßiges und schonungsloses Feedback und situativen Input

- Von Profis, also Coaches und Mentoren
- Von Menschen auf Augen- und Kompetenzhöhe sowie mit anderen Unternehmern
- Von Menschen, die das erreicht haben, wo Du gerne hinwillst

LÖSUNGSSTEP 5

Definiere und beschreibe, woran Du erkennst, dass Du Deinen nächsten Entwicklungsschritt erreicht hast

Woran erkennst Du für andere verstehbar, wann Du Deinen nächsten Level erreicht hast? Ist es Umsatz, Mitarbeiterzufriedenheit oder die bestimmte maximale Anzahl operativer Arbeitstage im Unternehmen? Ich weiß es nicht. Aber eines weiß ich sicher: Wenn man den nächsten Level in Zahlen ausdrücken kann, macht es mehr Spaß und man hat mehr »Zug auf der Kette«. Was ich damit meine? Nun hast Du schon mal Tischtennis gespielt? Einfach so – beim Einspielen oder so, Pingpong hin her ... – und dann haben Du und Dein Gegner beschlossen: Jetzt zählen wir!

Plötzlich hast Du eine andere Körperspannung. Auf einmal kommt Schwung in die Sache. Du willst plötzlich etwas. Fühlst Du es? Natürlich! Deshalb mache Dir einen messbaren Plan – einen Plan, der für andere lesbar ist. Am besten, Du stehst gefühlt auf dem Centre Court, und die Welt schaut zu. Das kann auch bei den Schüchternsten Energien frei setzten, von denen sie zuvor nichts wussten. Ich weiß, es gibt Menschen, denen das sch... egal ist. Ich meine die Veröffentlichung guter Ergebnisse. Und für Deine persönlichen intimen Fortschritte ist das völlig ok, wenn Du auch so weiterkommst. Aber Dein Team wird anders ticken, die wollen wissen, wie ihr Erfolg gemessen wird.

UMSETZUNGS-CHECKLISTE

- ☐ *Du hast das FMU-Kapitel gelesen und einen Plan, wie Du mindestens 4-8 h die Woche U-Tätigkeiten machst.*
- ☐ *Du hast einmal pro Woche neuen Lösungsinput (Bücher, Coachings, Seminare etc.) zu den echten Engpässen Deiner Person oder Unternehmung.*
- ☐ *Du hast alle 2-4 Wochen mindestens 1-2 Stunden Reflexions-Kontakt mit einem Mentor/Coach/Unternehmer-Kollegen.*

THE GROWING 5 REFLEXION	
WBP #1 härten	Hast Du mindestens einen relevanten kompetenten Menschen, der Dir egofrei reflektiert, wo Du stehst?
WBP #2 wiederholen	Hast Du ein Regelmeeting zur Reflexion?
WBP #3 riskieren	Was ist Dein neues Highlight des Monats, bei dem Du etwas machst, was Du noch nie gemacht hast?
WBP #4 expandieren	Finde einen Weg, wie Dein Keyplayer-Team selbst weiterwachsen kann.
WBP #5 netzwerken	Wen wirst Du treffen, der in einer Disziplin so gut ist, dass Du dazulernen kannst?

2.3

WIE DICH DEIN EGO BLIND FÜR DIE ECHTEN PRIORITÄTEN MACHEN KANN

Nur wer richtig sehen kann, wird den richtigen Weg erkennen. Und leider ist es so, dass der liebe Herrgott uns von Natur aus für eine lineare Wahrnehmung der eigenen Existenz gebaut hat - was uns blind macht für den größten Wachstumsverhinderer. Wenn Du da drinsteckst, fühlt sich Dein Leben nach einem Hamsterrad, einer gläsernen Wachstumsdecke oder Nebelbank an. Je länger du darin steckst, desto emotionaler wird es.

Mein Freund Daniel definierte das so: »Ich hab' die Schnauze voll, ich will nach vorne, aber ich weiß nicht wie.« Oft bekam ich am Anfang von Projekten Folgendes zu hören: »Seit zwei oder drei Jahren trete ich jetzt auf der Stelle – ich will so nicht weitermachen.« Ich könnte noch eine Weile ähnliche Aussprüche zitieren, es kommt immer dieselbe Verzweiflung heraus.

Das Gute daran ist, dass die Energie – diese positive Aggression – von den Skalierern gnadenlos zur eigenen Veränderung und Weiterentwicklung genutzt wird. Sie wissen, die Firma ist ein Spiegelbild der Fähigkeiten und Klarheit des Unternehmers. Also arbeiten sie an sich – rigoros.

Learning

Wachstumsunternehmer haben entweder diese angeborenen Fähigkeiten oder sie entwickeln diese.

- Sie wissen, dass wir alle und sie selbst an dem Lernverhinderer #1 Dunning-Kruger-Effekt (wir überschätzen uns alle, ob wir wollen oder nicht) leiden, und sie schätzen bewusst ihre Fähigkeiten lieber selektiv geringer ein.
- Sie können ihre angewandte Dominanz zu jedem Zeitpunkt frei wählen, je nachdem, was sie gerade brauchen. Das heißt, in der Lernphase parkt die Dominanz. In der Umsetzungsphase wird sie angemessen und selektiv angewendet.

Im Klartext: Skalierungsunternehmer haben ihr Ego im Griff und nicht umgekehrt. Diese Eigenschaft bringen die Unternehmer in die beste Lernposition. In dem Modus von: »Ich bin offen und glaube, dass ich hier und jetzt etwas lernen kann« kommst Du viel weiter als während einer Ego-Blockade. Das geparkte Ego ermöglicht die maximale Weiterentwicklung, und das ist schlussendlich das, was Du und Deine Firma brauchst, um auf den nächsten Level zu kommen.

Real-Story und Hintergrund

Hier führe ich nun ein Negativbeispiel an, weil dies das Problem viel plakativer erklärt als der Positivfall. Nennen wir unseren Unternehmer der Einfachheit halber Sebastian. Sebastian ist im Spezialressourcen-Handel für Konzerne unterwegs. Es geht um hochspezielle IT-Skills, die in Konzernumgebungen benötigt werden und meist im Mann-Jahre-Verfahren über Preferred-Supplier eingekauft werden. Also eine spezielle Form von High-end-Leiharbeiterschaft; oft mit vielen Verschachtelungen in Form von komplizierten Lieferketten, die häufig fünf- bis sechsstufig sind. Ich kann Dir aus eigener Erfahrung sagen: Das ist kein lustiges Business. Der Gründer hatte bis zu dem Zeitpunkt eine Zwölfmann-Firma. Das ganze Thema lebte nur aus seinem Beziehungsnetzwerk – sowohl bei der Mitarbeiter- als auch bei der Kundenakquise. Bei einem solchen Geschäftsmodell gibt es drei mögliche Wachstumswege:

- Das Unternehmensberater-Modell, was bedingt, dass man (wie bei einem Schneeball-System) die guten Berater, welche mehr Umsätze und Mitarbeiter bringen, an der Firma beteiligt und diese sich dann gegenseitig pushen. Das fiel bei Sebastian aus, weil dem Kampfsportler Kooperation fremd war. Ok, der Pfad war also wegen nicht anpassungsfähiger Dominanz, im Volksmund gerne Ego genannt, nicht gangbar. Das Dramatische dran ist, dass genau diese Dominanz seine Firma überhaupt dahin gebracht hatte, wo sie war. Aber jetzt ging es halt so nicht wirklich auf den nächsten Level. Das Sonnenkönigmodell ist schlussendlich wenig skalierbar.
- Das Hochspezialisierungs-Modell. In diesem Fall wird eine Firma zu den Top 3 oder 5-Spezialisten eines Gewerkes. Zum Beispiel Mobile-Security in Banken oder Ähnliches.
- Nun, das hat zur Folge, dass man auf die Option der Leistungsbreite verzichtet und damit den Vorteil verliert, dass man sein Beziehungsnetzwerk nicht mehr vielseitig monetarisieren kann. Der Weg dahin ist lang und riskant, und wenn man eine Firma dahin ausrichten will, braucht man einen ganz langen Atem. Es ging, wie so oft, aber eher um schnelle Erfolge. Das war dem Unternehmer zu mühsam. Was ich wegen des zeitweisen Rückschrittes und des Risikos dabei gut verstehen konnte.

- Die letzte Alternative ist, sich zur Ressourcenagentur weiterzuentwickeln, was bei ungesteuerter Dominanz eines Unternehmers die einfachste Alternative wäre. Wenn er dazu bereit ist, in die Ressourcenbreite zu gehen und die Firma sehr vertrieblich auszurichten. Das aber wollte er auch nicht; auch hier hätte er einiges neu lernen müssen. Aber da seine Grundhaltung war, dass er im Zweifelsfalle alles am besten kann, war er coaching- und beratungsresistent und nahm sich damit selbst alle Chancen zur Weiterentwicklung.

Verstehe mich bitte nicht falsch, der Mann hätte seinen rechten Arm dafür gegeben, wenn er gewusst hätte, was der nächste Step ist. Aber es ihm war alles verbaut durch seine »Ich weiß es besser«- und »Ich bin der Größte«-Einstellung. Diese Haltung ist letztendlich eher ein Schutzreflex als Prahlerei. Das Schlimme daran ist: Sebastian ist wirklich in Ordnung, und ich habe noch lange seine Versuche mit anderen externen Beratern, Vertrieblern und Seminaren verfolgt. In den drei Jahren, in denen ich es noch von außen beobachtet habe, gab es keinen entscheidenden Durchbruch. Leider.

Die großen drei Fragen sind:

- Wie bringst Du es fertig, Deine eigenen dunklen Stellen – Deinen innen versteckten Verhinderer zu erkennen?
- Wie schaffst Du es, die tatsächlichen Engpässe und Lösungswege zu finden?
- Und wie kannst Du eine konsequente Umsetzung absichern?

Das Hinterlistige ist, dass da, wo das Problem sich konkret zeigt, keine Lösung angesetzt werden kann.

Beispiel

Nehmen wir an, Du hättest ein Liquiditätsproblem. Nun, das kann man mit einem Kredit lösen. Wenn aber die wahre Ursache des Liquiditätsproblems woanders als im gesunden Kapitalbedarf in speziellen Wachstumsphasen liegt, dann müssen wir die echte Ursache finden. Also gehen wir einen Schritt zurück.

- Funktioniert die Produktion effizient?
- Kann der Sales passende Preise durchsetzen?
- Sind die Strategie und das Zielkundenkonzept tragfähig?
- Funktioniert meine Leadgenerierung effizient?

Wenn Du keine Ahnung hast, woran es wirklich liegt, gibt es eine Lösungsschere, die auf der einen Seite Bauchgefühl quantifiziert und andererseits die Kennzahl an den Schnittstellen analysiert, um das Thema »einzukreisen«. Und eines kann ich Dir verraten, das Problem hat immer auf irgendeine Weise mit Dir zu tun. Wenn Deine

Firma weniger als 100 Mitarbeiter hat, dann musst Du Dich leider mit Deinen Skills und Glaubenssätzen immer auf die Täterliste setzen.

Wenn Du keinen Key Performance Indicator (KPI)*1 pro Bereich hast, dann ist ein einfacher Schnellcheck mithilfe des qualifizierten Bauchgefühls oft ein erster guter Schritt in die richtige Richtung.

Pragmatischer Schnellcheck-Vorschlag:

- Fertige eine Liste aller Funktionsbereiche Deiner Firma an.
- Bewerte diese nach deren Zustand.
- Kreise einen als schlecht bewerteten Bereich ein, welchen Du als potenzielle Ursache siehst.
- Beschreibe, warum Du an dieser Ecke den Wachstumsverhinderer oder Engpass siehst.
- Diskutiere mit einem anderen Unternehmer Deine Analyse.

UMSETZUNGS-CHECKLISTE

- ☐ *Führe den Schnellcheck durch und erstelle eine passende Action-Point-Liste.*
- ☐ *Nimm in Deinen 2-4-wöchigen Review-Meetings mit Deinem Mentor/Coach/Unternehmer-Kollegen das Ergebnis des Schnelltests als Thema mit auf.*

*1 Das Thema Key Performance Indicator (KPI) wird in den Umsetzungskapiteln noch genauer behandelt

THE GROWING 5 REFLEXION	
WBP #1 härten	Richte ein quartalsweises Review ein. In welchem Du mit Deinem Team oder anderen Unternehmern in voller Offenheit über Deine Engpässe und vermeintliche Lösungen oder Vermutungen über Quellen diskutierst.
WBP #2 wiederholen	Siehe #1
WBP #3 riskieren	Kommentar: Es fühlt sich möglicherweise wie ein Risiko an, wenn Du Deine Probleme mit anderen Unternehmern teilst. Das ist im richtigen Umfeld kein Problem.
WBP #4 expandieren	Wenn Dein Team Dir Erfolge berichtet, wo keine sind, dann ist die Wahrscheinlichkeit groß, dass Du sie übersteuerst, dass die Führungskräfte nicht die Richtigen sind oder beides. Tipp: Checke mit externer Hilfe, wie der Level Deines Teams ist.
WBP #5 netzwerken	Finde mindestens einen erfahrenen und erfolgreicheren Unternehmer, der Dir die Wahrheit über Dich und Dein Verhalten sagt.

2.4

WORAN DU ERKENNST, DASS DU AN UNTERNEHMERISCHER SCHIZOPHRENIE LEIDEST

Best Performer-Learning

Der Skalierungsunternehmer ist sich völlig im Klaren darüber, was seine persönlichen Bedürfnisse und was die Bedürfnisse seiner Unternehmung sind.

Das ist wieder einmal etwas, was sich zwar einfach anhört, tatsächlich aber nicht so einfach ist.

Das Problem: Wir merken oft nicht, was uns in jedem Moment unterbewusst beeinflusst und auch nicht, in welcher Identität oder in welcher Rolle wir gerade mit den anderen kommunizieren.

Ein Beispiel aus dem Buch: »Die Macht der Disziplin« von Roy Baumeister: Hier geht es u.a. um eine wissenschaftliche Untersuchung im Rechtsbereich der vorzeitigen Entlassung aus der Haft. Erschreckend dort war, dass die Richter in Phasen vor der Mittagspause viel öfter mit Nein urteilten als nach Pausen oder morgens – und dass erfahrene und intelligente Menschen messbar unter so etwas trivialem wie Hunger andere (oder gegebenenfalls falsche) Entscheidungen treffen, als wenn Sie ausgeruht und nicht hungrig sind.

Daher kommt auch der gesunde Spruch »Darüber muss ich nochmal schlafen.« Aber schauen wir uns mal an, wie das im Unternehmeralltag aussehen kann.

Realstory und Hintergrund

Anfang 2015 arbeiteten wir mit einem Systemhausunternehmer, der uns beauftragte, weil er zu 50% abhängig von einem Kunden war (was oft ein Beauftragungsgrund ist) und dieser drohte abzuspringen bzw. es war schon beschlossen, und die Uhr tickte. Aber wie so oft war das nicht das einzige Problem. Genau genommen tanzten ihm die Mitarbeiter auf der Nase herum, er war seit Jahren nicht entscheidend vorwärtsgekommen, und sein Bedürfnis, endlich da herauszukommen, den nächsten Level zu erreichen, wurde durch die Panik des Umsatzverlustes von 50% verstärkt. Leider war sein persönliches Beziehungsnetzwerk leer gefischt, und er hatte nie »normale« Akquise gemacht. Also musste eine ausgefeilte Strategie her, wie man schnell an gute Kunden kommt. An dieser Stelle bekamen wir als Coaches und Berater zwei klassische Probleme:

- Der Unternehmer hat überhaupt keine Zeit, weil er in Panik und Krisenmanagement versinkt.
- Eine spitze Strategie unter dem Einfluss der Angst des Unternehmers zu entwickeln, ist erfahrungsgemäß ein denkbar schlechter Plan.

Stell Dir vor: Du versuchst, schwimmen zu lernen, indem Dein Schwimmlehrer Dich aus dem Helikopter ins Meer wirft ... Da wird es schwierig, mehr als eine Überlebenskampfstrategie zu entwickeln. In dieser Situation veranstalteten wir einen Workshop mit dem ganzen Team, und die ganze Misere seines Mindset-Zustandes und der gelebten Anarchie in seinem Laden brach durch.

Es kam, wie es kommen musste, die Bombe schlug in der Mittagspause ein, einer seiner Mitarbeiter »knechtete« ihn mal wieder, sodass wir kaum stillhalten konnten. Als der Mitarbeiter weg war, dreht er sich zu uns um und sagte: »Schaut mal da rüber, das ist das Top-Gebäude an der Autobahn – wenn ich mich dort einkaufe, dann sehen alle da draußen, dass wir da sind und es draufhaben.«

STOP - what the ..., was wird hier gespielt? Der Mann steht am Abgrund und lamentiert über neue Firmengebäude, obwohl ihm gerade die Firma um die Ohren fliegt und seine Mitarbeiter es nicht im Geringsten interessiert ...!

Von da an war uns endgültig klar, dass nicht jeder trennen kann, was er als Mensch erleben will und was seine Firma gerade braucht. In dem Fall wäre Letzteres der Fokus auf eine messerscharf zugeschnittene Guerilla Strategie zur Kundengewinnung gewesen, um an der Umsatzfront Ruhe zu haben und das schräge Führungsthema endlich aufzulösen. Aber was macht er? Er schaut nach neuen Firmengebäuden. Da er aber einfach nicht sehen konnte, an was wirklich und ernsthaft gearbeitet werden muss, fingen wir an, seine 3.400 E-Mails (Tatsache) im Postfach aufzuräumen. Dinge zu kategorisieren und zu sortieren. Und Klarheit über das Rollenkonzept in seiner Firma zu gewinnen und das Erkennen von Engpässen an/in ihm sowie von Engpässen an/in seiner Firma zu üben.

Reflexionsfähigkeit ist der Schlüssel

Es ist völlig normal, dass wir von unserem zehntausendmal schnelleren emotionalen Teil des Gehirns gesteuert werden. Die Frage ist, inwieweit jemand es im Griff hat,

- zu erkennen, woher gerade etwas aus ihm kommt und
- wie man sich durch eigenmächtige Entscheidung in den Modus des »langsamen Denkens« bringen kann?

Schlussendlich sind das Probleme, die alle Menschen haben. Bei uns Unternehmern oder anderen Führungskräften hat die Reflexionsfähigkeit Hebelwirkung. Deine Klarheit und die Qualität Deiner Entscheidungen beeinflussen maßgeblich die Performance des Gesamtsystems.

Es gibt viele Methoden, wie Meditation etc., um sich selbst zu nivellieren. An dieser Stelle möchte ich einen Tipp geben, der ohne jegliche Übung und Überwindung von Glaubenssätzen funktionieren kann.

UMSETZUNGS-CHECKLISTE

- ☐ *Schreibe an jedem Wochentag morgens 10-15 Minuten alle Gedanken auf ein Blatt, die so durch Deinen Kopf schießen. Du wirst erstaunt sein, was da alles hochkommt. Und bitte nicht aufhören, bis nichts mehr kommt.*
- ☐ *Wenn wirklich alles raus ist, schreibe das wichtigste To-do, was Du heute machen kannst, um:*

  1. einen persönlichen Engpass und

  2. einen Firmen-Engpass

  zu verbessern.

THE GROWING 5 REFLEXION	
WBP #1 härten	Sichere ab, dass Du täglich immer wieder einen geistigen Stop-Over machst. Egal, ob mit externer Hilfe, Meditation, dem Gedankenzettel oder was auch immer.
WBP #2 wiederholen	Siehe #1
WBP #3 riskieren	Es ist kein Risiko, nur eine wirklich große Chance, wenn man an seiner persönlichen Reflexion arbeitet.
WBP #4 expandieren	Versuche, vor einem Meeting mit Deinem Team eine gemeinsame 90-Sekunden-Gedankenpause zu machen. Dann frage, ob sie jetzt alles, was nicht zum jetzigen Thema passt, geistig zur Seite stellen können.
WBP #5 netzwerken	Finde einen guten Reflexionspartner für die relevanten Fachbereiche.

2.5

WIE DU MIT DEM FMU-KONZEPT ZEIT GEWINNST, UM AN DEINER FIRMA ZU ARBEITEN

Wichtige Vorabinformation

Wenn Du das Buch »The E-Myth Revisited: Why Most Small Businesses Don't Work And What To Do About It« von Michael E. Gerber gelesen und umgesetzt hast, kannst Du dieses Kapitel überspringen.

Für alle anderen der Hinweis, dass wir hier eine kurze Zusammenfassung des Buches mit einem passenden Umsetzungstipp bringen. Um das Thema in der Tiefe zu verstehen, empfehlen wir, das genannte Buch ganz zu lesen.

Der Grundsatz

Du wirst kein skalierendes System und keine skalierende Firma aufbauen, wenn Du es nicht schaffst, Zeit zu gewinnen, um an Deiner Firma zu arbeiten!

Allerdings treffen wir meistens in unseren Projekten auf Tech-Unternehmer, die schlichtweg keine Zeit haben, um ein Skalierungsprojekt wirklich supporten zu können. Oft sind das alltägliche Unternehmerhamsterrad, die operative Technik oder der normale Arbeitsalltag im Unternehmen schuld daran, dass andere, eigentlich wichtigere Aufgaben liegen bleiben. Dabei ist ein gutes Zeitmanagement eine der elementarsten Voraussetzungen für Unternehmer zur Skalierung einer Firma.

Wichtig ist zu verstehen, dass Dein Zeitmanagement als Unternehmer nicht mit dem eines Angestellten zu vergleichen ist. Im Gegensatz zu Deinen Mitarbeitern musst Du in Deinem Alltag verschiedenste Rollen in verschiedensten Situationen annehmen.

Genauer gesagt sind es drei Rollentypen:

- Fachkraft (Aufgaben wie z. B. Buchhaltung, Vertrieb)
- Manager (Aufgaben wie z. B. Dispatching, Projektleitung)
- Unternehmer (Entwickeln der Unternehmensstrategie, Positionierung, Produktionssteuerungssystem, Sales-System, A-Mitarbeiter-Gewinnungssystem etc.)

Was bedeuten diese Rollentypen für Dich?

Durchschnittlich gehen Unternehmer in kleineren Firmen bis zu über 90% Fachkraft- und Manageraufgaben nach – und leisten kaum Unternehmertätigkeiten. Was ein Stück weit völlig normal ist, denn oft entwickelt sich eine Firma aus einem Selbstständigendasein heraus. Im Selbstständigenmodus ist es im Geschäftsmodell immanent, dass einer quasi alles macht. Maximal sorgt eine Art Erfüllungsgehilfenmodell dafür: Hierbei wird die zentrale Figur, ein Wissender, durch Handlangerarbeiten anderer oder z. B. die Buchhaltung entlastet.

Aber bevor man etwas verändern kann, sich also mit dem F/M/U-Modell Zeit beschaffen, tauchen zwei große Hürden auf:

- Der zugehörige Mindset-Wechsel
- Das verstandene F/M/U-Modell in die Praxis umsetzen

Die größere Herausforderung ist erfahrungsgemäß der Mindset-Wechsel.

Bei Selbstständigen findet man häufig folgende Glaubenssätze:

- Wenn ich es nicht mache, macht es keiner
- Wenn ich es nicht mache, ist es nicht gut genug
- Meine Mitarbeiter sind unfähig
- Meine Mitarbeiter übernehmen keine Verantwortung
- Wenn ich nicht alles selber mache ...

Ein guter Skalierungs-Mindset ist zum Beispiel:

- Wer kann es tun?
- Wie bringe ich die Mitarbeiter dazu, in time und quality zu leisten?
- Wie bekomme ich genug A-Mitarbeiter, die ihre eigenen Umsetzungssysteme mit mir entwickeln?
- Wer muss wie befähigt werden, damit die operative Arbeit läuft?

Oft ist das Schwierige, dass - selbst wenn Du den Mindset-Wechsel schon vollzogen hast - immer noch die Realität das Problem darstellt. Denn da Du oft noch nicht wirklich weißt, wie man Mitarbeiter befähigt und Systeme, Strukturen und Prozesse baut, wird es eine Weile brauchen, bis die Neuerungen funktionieren. Das heißt, die

Rückschläge bei der Umsetzung lassen Dich oft in das alte Konzept der Selbstausbeutung zurückkehren.

Um nicht ins Wanken zu geraten, bedarf es einer substanziellen Entscheidung, den Preis der Skalierung auch tragen zu wollen. Denn wenn Du wirklich wachsen willst, besteht Dein Job in Deiner Firma – nämlich das omnipräsente Allround-Genie zu sein – nicht mehr.

Auch dass Deine Mitarbeiter und Kunden Dich für Deine Fähigkeiten feiern, fällt dann aus. Du bist der Mann im Hintergrund, und Deine Mitarbeiter und die Kunden sind dann die Stars. Klar kann und muss der Mann im Hintergrund oft genug noch auf die Bühne, wenn es darum geht, Pitches im Vertrieb zu präsentieren oder strategische Wendepunkte der Mannschaft darzustellen. Aber der Alltag besteht nicht mehr aus einer Form von Heldentum, sondern eher aus dem Coaching Deiner Mitarbeiter oder Entwickler der Kernprozesse im Unternehmen.

Wer unreflektiert nach Anerkennung strebt, wird hier leiden. Aber der Preis dafür ist umso lohnender. Du gewinnst Freiheit und Sicherheit, weil nicht mehr alles an Dir hängt.

UMSETZUNGS-CHECKLISTE

- ☐ *Dokumentiere über eine Woche, in einem Viertelstunden-Protokoll, welchen Tätigkeiten Du nachgegangen bist und ob sie F, M oder U-Tätigkeiten sind.*
- ☐ *Anschließend kannst Du die F- und M-Tätigkeiten, die übergebbar sind, nach und nach strukturiert an Mitarbeiter abgeben*
- ☐ *Trenne Fachkraft- und Manager-Aufgaben so weit wie es geht von Dir ab.*
- ☐ *Befähige die Mitarbeiter und schaffe Systeme mit ihnen, die sie unterstützen, ihren Job gut machen zu können.*
- ☐ *Nimm konsequent geblockte Kalenderzeit für Deine Unternehmer-Aufgaben (Empfehlung: mindestens ein halber Tag pro Woche bei 2-10 Mitarbeiter. Je nach Geschäftsmodell und Anzahl Mitarbeiter geht das dann bis zu 100%).*

THE GROWING 5 REFLEXION	
WBP #1 härten	Wenn das FMU-Konzept klar ist und umgesetzt wird, ist das quasi schon eine Härtung. Da das Gesamtsystem nicht mehr so abhängig von einer Person ist.
WBP #2 wiederholen	FMU umzusetzen bedeutet auch, dass als Abfallprodukt wiederkehrende Prozesse entstehen, die absichern, dass der Output mit gleichbleibender Qualität geleistet werden kann.
WBP #3 riskieren	Bitte nicht zu viel auf einmal ändern. Am besten, Du nimmst Dir erst mal den größten Zeitfresser in Deinem Alltag vor. So hast Du schnelle, spürbare Effekte und fängst nicht an x Stellen gleichzeitig an.
WBP #4 expandieren	Die FMU-Umsetzung ist genau genommen der erste Schritt für die innere Expansion. Da alle inklusive Dir massiv dazulernen werden.
WBP #5 netzwerken	Unterhalte Dich mit anderen Unternehmern, wie die das umgesetzt haben. Du wirst für Dich dazulernen und sehen, dass da jeder seinen eigenen Weg findet.

2.6

BEWUSSTSEIN ÜBER DEN STRATEGISCHEN REGELKREIS

Auch wenn Du es nicht bewusst merkst, aber jeder Unternehmer durchläuft einen unsichtbaren, strategischen Regelkreis - sogar sehr kleine Unternehmen/bzw. Unternehmer, die noch nicht lange dabei sind. Sie nennen es nur nicht so. Aber irgendwie stellen sich Unternehmer immer wieder die gleichen Fragen. Manche öfter, manche seltener. Erst in Phasen mit einem Führungsteam gibt es Prozesse, wie ein Regelmeeting zum Abgleich des Jahres-, Quartals- oder Monatsplans. Wo sollten wir hin? Wie bewegen wir uns auf das Ziel zu? In kleinen Firmen ohne Führungsmannschaft ist das eher ein Regelkreis, der sich mehr oder minder im Kopf des Unternehmers über einzelne wiederkehrende Fragen abspielt. Unvollständige Beispiele für strategische Fragen, die immer wieder aufkommen und die sich der Unternehmer leise oder laut selbst stellt:

- Ist der Kunde gut für uns?
- Wie kann ich uns einzigartig machen, damit es im Vertrieb einfacher wird?
- Gibt es diesen Kundenbedarf öfter da draußen?
- Ist der Kundenbedarf gut, um Geld zu verdienen?
- Wie können wir den Trend XY für uns nutzen oder ist es besser, dort wegzubleiben?
- Im zweiten Halbjahr verdienen wir mehr Geld als im ersten – woher kommt das?
- Wie bekommen wir den meist nicht so guten Jahresstart ertragreicher hin?
- Haben wir die richtigen Mitarbeiter für das Thema XY?

ROLLE	AUFGABE	
General/Unternehmer	Ziele definieren	**Unternehmer springen unbewusst zwischen den Rollen, was nicht zur strategischen Klarheit beiträgt.**
Offizier/Manager	Weg dahin ausarbeiten und steuern	
Soldat/operatives Personal	Durchführen	

Genau genommen sind wir alle mehr oder minder starke Strategen. Es ist nur die Frage, wie strukturiert und in welchem Kreis wir die Strategie durchspielen. Folgendes Bild stellt ein bisschen die Gedanken dar, die sich im Unternehmerkopf bei kleineren Firmen abspielen.

Während die Tabelle den Gedankenkreisel des Unternehmers in zu trennende Schichten einteilt, zeigt die nächste Grafik den steuernden Veränderungsprozess einer üblicherweise teilweise geplanten und trotzdem agilen Strategie.

Der strategische Regelkreis

Ein weiterer Skalierungsunternehmer erklärte mir sein Bild von seiner Firma und welche Dinge er immer wieder durchleuchtet, um besser zu verstehen, auf welche Weise die durchgeführten Änderungen die Organisation verbessert haben. Ich gebe zu: Dieses Bild ist eher ab 25 Mitarbeitern sichtbar. Aber dennoch solltest Du wissen, dass es da ist. Und genau genommen machst Du das auch schon in kleinen Unternehmen, ohne es bewusst zu merken.

Betrachte Dein Unternehmen als Veränderungsregelkreis. Wir gehen immer vom Markt und den Bedürfnissen aus und implementieren die Erkenntnisse aus diesem Bereich in der Firma. Selbst wenn Deine Firma nur drei Mann hat, diese Prinzipien wirken immer. Vielleicht hast Du kein dokumentiertes Zielkundenprofil, kein Standard-Offering, keine dokumentierten Werte, hast die Ziele nur grob in Deinem Kopf und die Idee, wie Du da hinkommst und was Du dafür brauchst. Aber dennoch wirkt dieses Regelsystem.

Fazit

Strategisch denken kann jeder und tut es auch. Der Unterschied liegt bei Wachstumsunternehmern in dem disziplinierten und strukturierten Umgang mit dem Modell des strategischen Regelkreises. Das sieht dann so aus:

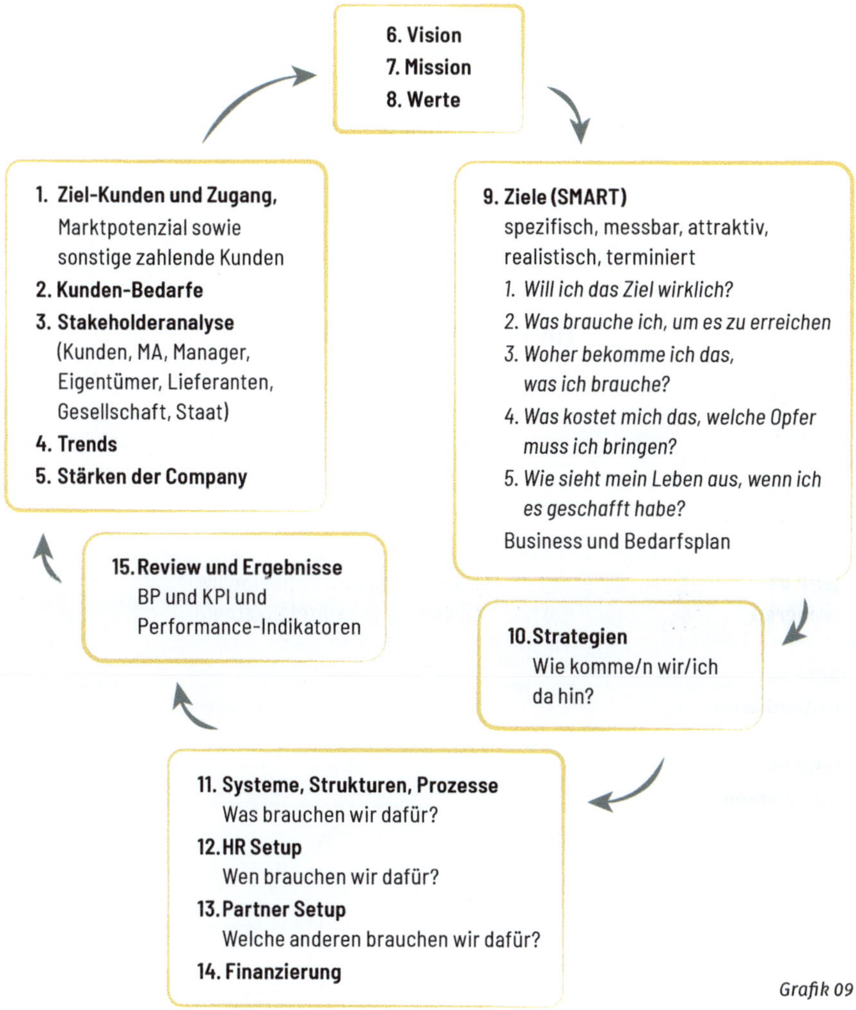

Grafik 09

Das Entwickeln, Weiterentwickeln und Aussteuern der Unternehmensstrategie wird über gut vorbereitete monatliche oder quartalsweise Regelmeetings mit passenden KPIs zur Reflexion abgebildet.

UMSETZUNGS-CHECKLISTE

- ☐ *Erst einmal keine Aktion – lasse nur die grundlegenden Bilder sacken.*
- ☐ *In den folgenden Strategiekapiteln kommen dann noch Step by Step Umsetzungstipps.*

THE GROWING 5 REFLEXION	
WBP #1 härten	Umsetzung und Reflexion im Anwendungskapitel Strategie
WBP #2 wiederholen	
WBP #3 riskieren	
WBP #4 expandieren	
WBP #5 netzwerken	

2.7

WELCHE ANSPRÜCHE HAT DEIN UNTERNEHMEN IN WELCHER WACHSTUMSPHASE AN DEN UNTERNEHMER?

Es ist immer gut zu wissen, wo man wirklich steht und ob der nächste Konflikt notwendig oder hilfreich ist. Allerdings ist es auch wichtig zu verstehen, was Dein Gesamtsystem wann benötigt. Deine Firma und Du durchlaufen – bewusst oder unbewusst – immer wieder einen strategischen Veränderungskreislauf.

Das Kapitel mutet vielleicht etwas theoretisch an, und wir haben es so kurz wie möglich gehalten. Aber Du solltest diese zwei Dinge daraus mitnehmen:

- Deine Firma hat je nach Wachstumsphasen unterschiedliche Anforderungen an Dich
- Konflikte und das gute Konfliktmanagement gehören zum Unternehmerjob

Learning

Skalierungsunternehmer wissen immer exakt, was der aktuelle organisatorische Engpass ist und was der darauffolgende Engpass sein wird. Sie arbeiten immer und unablässig daran – unabhängig davon, wie viel Konfliktpotenzial an dem Thema hängt. Sie schaffen eine konstruktive, bedingungslose Kultur, sodass keine sachliche Bremse akzeptabel ist. Hart in der Sache, weich »am Mann« – so sagte einer der Vorbildunternehmer dazu.

Reale Geschichte zu einem typischen Konflikt in einem Tech-Unternehmen mit mindestens einer Führungsebene

Hintergrund ist eine Softwarefirma, die ein Produkt für technische Anwender erstellt. Die gute Akzeptanz der Software und somit der Umsatz, nachdem ein Kunde erst gewonnen worden war, hing von der Exzellenz der Einführung und der Schulung der Anwender ab. Je besser das erledigt wurde, desto besser war die Akzeptanz. Das hatte direkten Einfluss auf das Mehrgeschäft beim Kunden.

Nun waren die Schulungen dank der guten Mitarbeiter auf hohem Niveau, aber die Schulungsunterlagen konnten diesem Standard nicht folgen. Der Schulungsleiter war ein beliebter, gut vernetzter Mann mittleren Alters. Ein Urgestein, und keiner wagte es, ihn wegen seiner Seniorität und Kompetenz zu kritisieren. Allen war allerdings klar, dass die so wesentlichen Unterlagen, die Bestandteil des Produktes waren und von vielen Anwendern lange benutzt wurden, zwei Nummern schlechter waren, als es notwendig gewesen wäre. Jegliche Versuche, es ihm indirekt, sanft oder direkt mitzuteilen, prallten ab. Er hatte schlichtweg keine Lust, das Thema anzugehen, da er wusste, was für einen Berg von Arbeit es bedeutete.

Hätte der Unternehmer ihn »auf offenem Feld angegriffen« und die nächste Release erzwungen, hätte der Mann sein Gesicht verloren, und das Ergebnis und die dauerhafte Motivation hätten an dieser zentralen Stelle gelitten. Auch die beidseitig unangenehmen 1:1-Gespräche verliefen nicht erfolgversprechend. Das Ganze endete in einer strukturierten Kundenumfrage, wie zufrieden die Kunden mit den einzelnen Komponenten des Produkterlebnisses waren. Dabei kamen die Schulungsunterlagen nicht gut weg. Und von da an kam Bewegung in die Sache. Diesen Trick, unangenehme Dinge über die Bande zu lösen, was ein wirklich großer Aufwand ist, konnten wir noch öfter beobachten. Alle Top-Unternehmer ließen keine Mühen aus, die Organisation schonungslos permanent zu verbessern.

Engpass bei Anzahl der Mitarbeiter, wenn nicht rechtzeitig etwas unternommen wird			Anzahl der Mitarbeiter			
Ebene	**Bestand-teile**	**Relevanz, diesen Level bei welchen Umständen gut zu beherrschen**	**1-5**	**6-15**	**16-25**	**26-100**
7	Sales	Grundlegend hängt das stark am Geschäftsmodell - bei IT-Dienstleistung kommt man über Empfehlungen und Unternehmernetzwerk sehr weit, ohne das Thema wirklich zu lösen.				
6	Strategie	Nun, eine spitze Strategie bzw. ein klarer Zielkunde ist für jedes Sales-System Grundvoraussetzung und kann deshalb nicht getrennt von Sales gesehen werden.				
5	Systeme und Prozesse	Auch hier ist das Geschäftsmodell relevant. Bei dem Verkauf (von Manntagen/Mannjahren) reichen wenige einfache Prozesse. Wird eine Teamleistung erbracht oder Fix-Preis-Projekte, dann bedarf es sehr früh eines guten Systems.				
4	Führungs-system	Das kann je nach GF/Partner-Struktur/ Team bis 50 gut gehen. Klassisch wird es ab 17 Mitarbeitern sehr schwierig.				
3	Mitarbeiter	Wer nicht live erlebt hat, was es bedeutet A-Mitarbeiter zu haben, legt sich ein dickes Fell zu und wird als Unternehmer viel Nerven, Zeit und Qualität opfern.				
2	Fokus	Eigentlich ein direkter Mitspieler von Sales und Strategie, aber auch viel mehr, gerade wenn es gilt, den Fokus in der Delivery zu halten. Grundlegend ist die richtige Balance hier wichtig.				
1	Das Warum Die Idee	Am Anfang hat einer oder mehrere eine Idee ... Bis zu einer gewissen Phase fühlt diese Idee jeder. Irgendwann muss diese aber aktiv implementiert werden, sodass sie nie in Vergessenheit gerät.				

Je nachdem wie viele Mitarbeiter Dein Unternehmen hat, kannst Du in der Tabelle die grundlegenden Standardengpässe Deines Geschäftsmodells sehen. Wir haben das in eine Art ISO-OSI-Unternehmensmodell zerlegt und in Entwicklungsphasen eingeteilt. Das gibt eine erste Orientierung .

- Hellgelb = Das Thema fängt an, ein Problem zu werden
- Orange = Das Thema eskaliert mehr oder minder still vor sich hin
- Rot = Wenn am Thema nicht gearbeitet wird, geht es schnell an existenzielle Dinge

Soweit die statische Sicht auf das, was Deine Firma wann von Dir braucht. Schlussendlich sind es die individuellen, aktuellen bzw. in einer zeitlichen Reichweite von drei, sechs, zwölf Monaten relevanten Engpässe, die Euer Handeln bestimmen. Zum Erkennen dieser Engpässe und dem Handling kommen wir in allen restlichen Kapiteln immer wieder.

UMSETZUNGS-CHECKLISTE

- ☐ *In welcher Ebene befinden sich Deine Strukturengpässe?*
- ☐ *Wie zufrieden bist Du mit den zugehörigen laufenden Maßnahmen?*
- ☐ *Was wäre eine einfache, gute Maßnahme, mit der Du innerhalb von wenigen Wochen oder Monaten, einen spürbaren Fortschritt erreichen kannst?*

THE GROWING 5 REFLEXION	
WBP #1 härten	An was für Themen musst Du herangehen, um die Stabilität in den Bereichen Top-Mitarbeitergewinnung und Liquidität/Ertrag zu verbessern.
WBP #2 wiederholen	Ist die Struktur der Regelmeetings außerhalb von daily und weekly passend zur Unternehmenssteuerung?
WBP #3 riskieren	Wo ist das Thema, bei dem Du Risiken eingehst und es gar nicht willst?
WBP #4 expandieren	Was können Du und Deine Leute an Skill gebrauchen, um den Führungsjob eine Nummer besser zu machen?
WBP #5 netzwerken	Mit welchem Unternehmer, der den nächsten Wachstumslevel oberhalb Deiner eigenen Company hat, kannst Du Dich austauschen?

3.0

ANWENDUNGSKAPITEL STRATEGIE

RAUS AUS DEM STRATEGIE-WALD

Bevor wir damit starten und sehen können, wie die besten Unternehmer den direktesten Weg zum nächsten Level gefunden haben, müssen wir uns erst um eine einheitliche Begriffswelt kümmern.

Ein kurzer Überblick was in welcher Reihenfolge bearbeitet wird

- Klärung der Begriffe im Kapitel
- Das große und ganze Strategie-Bild
- Die zwei elementaren Probleme bei der Findung der richtigen Strategie
- Grundlagen zum Strategie-Prozess und zum Umgang mit Engpässen in diesem Zusammenhang

Begriffe, die mit Strategie zu tun haben und einer einheitlichen Definition bedürfen:

Ziel

Ist ein messbarer Zustand, welcher bis zu einem definierten Zeitpunkt entstehen soll.

Strategie

Ist das fertige Produkt aus der Entwicklung des Weges hin zum Ziel. Dieses Produkt bedarf immer wieder Updates, um angemessen auf die realen Gegebenheiten zu reagieren.

Engpass

Ist die Stelle in einem Gesamtsystem, welche das weitere Wachstum am meisten limitiert. Es gibt zu einem Zeitpunkt immer nur einen echten Engpass. Dieser zeichnet sich dadurch aus, dass die Lösung oder Verbesserung dieses Engpasses in dem Moment die höchste Wirkung auf den Output des Gesamtsystems hat.

Ein eindeutiges Beispiel: Du läufst seit zwei Tagen ohne Wasser durch die Wüste Gobi. Der Engpass ist Wasser. Ein nicht so einfaches Beispiel: Die Liquidität Deiner Firma ist schlecht. Der Engpass hat viele Gründe. Was ich mit den Beispielen noch ausdrücken will: Das Finden des wahren Engpasses ist eine der wichtigsten Künste, die es zu erwerben gilt.

Cash

Geld, das durch die Unternehmung fließt. Ganz am Anfang ist das Geld Umsatz, dann wird es über den Abzug von Aufwänden für Vertrieb, Produktion und Verwaltung immer weniger. Schlussendlich landet der Rest auf Konten und kann Ebit oder Liquidität darstellen.

Deckungsbeitrag 1

Der Betrag in Geld, der bei der Produktion eines Produktes/einer Leistung entsteht. Formel: Umsatz - variable Kosten der Herstellung = DB1. Der Deckungsbeitrag in Prozent ist der prozentuale Umsatzanteil, der zur Fixkostendeckung beiträgt.

Deckungsbeitrag 2

Wie DB1, aber abzüglich der anteiligen Sales-Kosten.

Zielkunde

Ist der Kunde oder Kundentypus, der im Fokus der Firma steht.

Offering

Sind die Produkte und Leistungen, die dem Zielkunden angeboten werden

Portfolio

Ist die Summe aller Produkte und Leistungen, die vom Zielkunden bezogen werden.

Definition von Vision und Mission nach dem Eltviller-Modell

Kriterium	Mission	Vision
Definition	Eine Mission ist das Wirkungsversprechen, das ein Unternehmen für seine Kunden dauerhaft erfüllt.	Die Vision ist ein konkretes Bild einer faszinierenden, gemeinsam erstrebten und realisierbaren Zukunft.
Zweck	Aufgabe klären: Wozu sind wir da?	Richtung geben: Wo wollen wir hin? Was wollen wir erreichen?
Inhalt	Zweck, Aufgabe, Tätigkeit, Wirkung des Unternehmens.	Erstrebte zukünftige Situation als Ergebnis der Erfüllung der Mission.
Wirkung	Treiben und leiten.	Ziehen und leiten.
Zeithorizont	Heute und für immer, bis zur Änderung.	Ein Zeitpunkt in der Zukunft.
Änderungs-häufigkeit	Selten.	Periodisch.

Sidestep zum Thema Begriffe und Definitionen und zu den »einzigartigen Wahrheiten«, die jeder für sich in Anspruch nimmt

Mir ist an dieser Stelle klar, dass jetzt genügend Leser an den Punkt kommen werden, dass ich hier möglicherweise die Begriffe anders definiere, als sie es gewohnt sind. Eines solltest Du an der Stelle bedenken, es gibt für viele Themen nicht DIE Wahrheit, sondern nur die Wahrheit einer Gruppe von Menschen, die gewisse Werte, Erfahrungen und (Aus-)Bildungen teilen. Dass es nicht »DIE« einzigartige Wahrheit gibt, aber viele glauben, dass sie »ES« wissen, erfahre ich immer wieder aufs Neue.

Die folgenden Begriffsdefinitionen können also anders sein, als Du die Begriffe bisher belegt hast. Allerdings ist es für die Zusammenhänge wichtig, dass Du diese erst einmal so akzeptierst.

Als nächstes kommen wir zum »Bigger Picture« der Unternehmensstrategie.

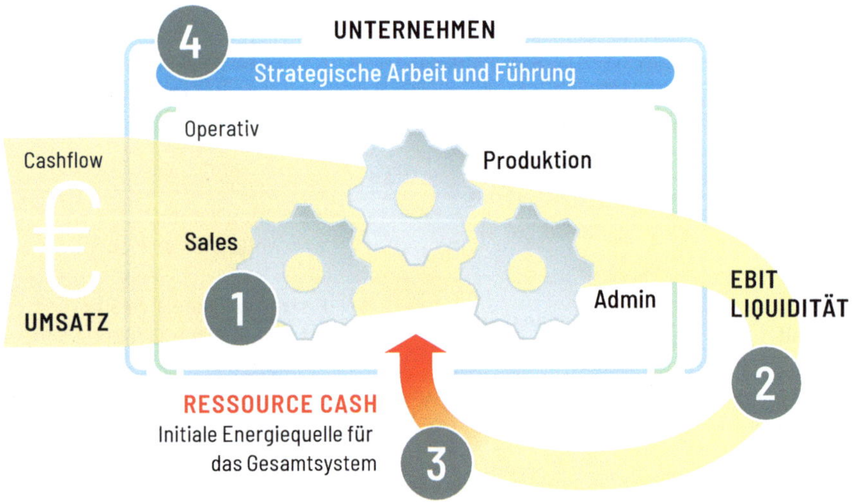

Grafik 10

Das grundlegende Bild – was eine Strategie leisten muss

1. Die Quelle des Gesamtsystems – Sales, die Kunden-/Auftragsgewinnung – ohne Kunden keine Produktion, keine Ausgangs-Rechnungen, kein Cash. Somit existiert das ganze System nur, weil Kunden da sind, weil sie gewonnen wurden und weiter gewonnen werden.
2. Cash fließt ins System zurück und ist quasi die Energiequelle des Gesamtsystems. Kein Cash = Kein Geld für Mitarbeiter und Systeme = kein Geld für die Existenz und Weiterentwicklung der Firma.
3. Cash wird in die operativen und strategischen Bereiche so gelenkt, dass jeder Bereich im Gesamtsystem die Energie bekommt, um bestmöglich seine Ausgaben wahrnehmen zu können.
4. Das Management und der Unternehmer arbeiten an der Firma, an den Systemen, Strukturen und Prozessen und bilden damit das Betriebssystem der Firma. Des Weiteren werden hier die strategischen Entscheidungen entwickelt und getroffen.

Diese zwei Punkte muss die Unternehmensstrategie zuverlässig liefern, sonst ist es keine Strategie:

1. Den Energiefluss, also den internen Cashflow so zu gestalten, dass stets genug Rückfluss in die strategische Weiterentwicklung und den operativen Betrieb möglich ist.
2. Dass immer genug Cash-Reserven für alle möglichen externen und internen unvorhersehbaren, negativen Ereignisse (Mitarbeiterabgänge, Finanzkrisen, Marktumbrüche etc.) vorhanden sind.

Warum sich das Finden des richtigen Weges – der richtigen Strategie – immer etwas trickreicher gestaltet, als man denkt, hat einfache Gründe

Es ist ein Naturgesetz (siehe Wikipedia: Dunning-Kruger-Effekt), dass Du gerne größere oder kleinere Projekte mit einer ordentlichen Portion Optimismus angehst. Das ist gut, weil es Schwung in die Sache bringt. Der Optimismus kann Dich allerdings auch etwas blind für die einfachen Hindernisse machen. In unserem Fall geht es um die Bugs in einer Wachstumsstrategie. Auch wenn Dir die folgenden Verhinderer trivial vorkommen, so ist es nicht unwahrscheinlich, dass sich Dir genau da ein Thema auftut.

Das Orientierungsproblem

Oft wissen Unternehmer und Führungsteams nicht, wo sie in »ihrem« Wald stehen und was somit der wirklich kürzeste Weg zur nächsten Lichtung, also zum angestrebten Ziel ist. Bei wenig oder keinem Wachstum geht man da meistens von falschen Annahmen aus. Oft ist die Folge, dass an falschen Engpässen gearbeitet wird und man daher nur sehr langsam vorankommt.

Meistens ist es so, dass man Dinge so handelt, als ob man alles im Griff hätte, obwohl man keine reproduzierbare Lösung installiert hat. Ein gutes Beispiel ist das Thema Recruiting. Nur weil man relativ einfach die ersten 10 - 12 Tekkies aus dem Netzwerk und normale Office-Jobs über Inserate besetzt hat, hat man dennoch keine echte Lösung. Gerade dann, wenn z. B. zwei Techniker spontan die Firma verlassen - was genau genommen das tägliche Geschäft ist.

Das Richtige-Ziel-Problem

Selbst wenn man seine echte Position und seine offenen Flanken kennt, besteht immer noch die Frage, welche Lichtung und somit welches Ziel eigentlich gut für die Firma ist? Auch verhält es sich so, dass Wachstumsunternehmer einfach deutlich mehr innere Sicherheit und Klarheit darüber gewonnen haben, welche die richtige Richtung ist.

Eine gute Strategie liefert Antworten auf die Fragen

- Wo stehen wir?
- Wohin gehen wir?

Im besten Fall sind die Antworten so gut, dass durch Deine Wachstumsstrategie mehr Stabilität und Klarheit entstehen.

Der strategische Wegfindungsprozess und seine Beeinflusser

Ganz reduziert ausgedrückt sieht er so aus:

- Finde heraus, wo Du wirklich stehst – löse das Orientierungsproblem
- Finde heraus, was Deine wirklichen Engpässe sind
- Finde heraus, was ein tatsächlich gutes Wachstumsziel ist
- Dann musst Du ihn »nur« noch umsetzen

Genau diese Punkte arbeiten wir im folgenden Kapitel ab. Bei dem nachfolgenden Bild erkennst Du gut, dass jede gute Strategie immer wieder von der Realität eingeholt wird. Und auch darum werden wir uns in diesem Kapitel kümmern.

Deine Firma, die auf dem strategischen Weg unterwegs ist …

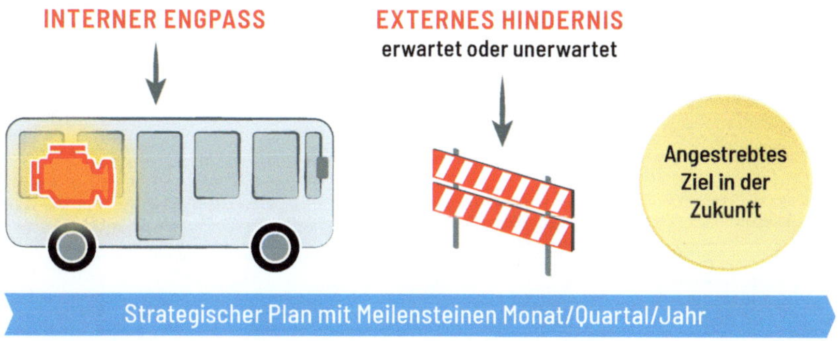

Grafik 11

Wenn wir davon ausgehen, dass Du im Bereich Mindset zu über 80% gut sortiert bist, dann ist genau genommen die Realität bzw. die Unvorhersehbarkeit der Zukunft in komplexen Systemen immer das, was uns von Zielen abhält.

In Kapitel 3.1 schauen wir uns an, wie man die internen Engpässe findet. In den restlichen Strategiekapiteln beschäftigen wir uns mit den relevanten Komponenten für die richtige Zielfindung.

Wenn das sitzt und Du das Thema Härtung gut im Auge hast, wirft Dich danach nichts mehr so schnell um.

3.1

WIE DU DIE ECHTEN ENGPÄSSE DEINER FIRMA FINDEST

Um zu wissen, wo die wahren Engpässe Deiner Firma liegen, müssen wir einen kleinen, aber notwendigen Schritt in das vorstehende Kapitel machen. Denn die Ursache aller Engpässe findet ihren Ursprung im Bereich Mindset und danach in den Bereichen Kompetenz, Organisation und Zustand der Führung.

Hier gibt es zwei wichtige Blickwinkel:

- Die Firma als durchlaufendes Prozesssystem
- Das Einflusssystem, das auf die Weiterentwicklung der Firma einwirkt

Liest sich erst einmal etwas trocken, ist aber relativ einfach zu verstehen, wenn man das Energiefluss-System der Unternehmung betrachtet.

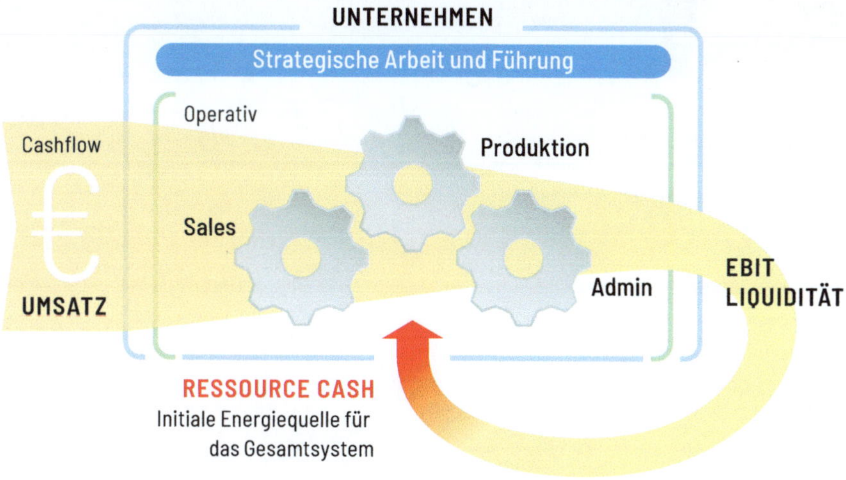

Grafik 10

Was bringt uns das bei der Erkennung der Engpässe?

In Firmen ab 20 - 30 Mitarbeitern fängt es langsam an, dass man Key Performance Indicators (KPI) pro Organisatorischer Einheit (die Zahnrädchen) hat. Somit kann man im Durchflusssystem erkennen, wo der Fehler zum ersten Mal auftritt. Von dort aus kann man innerhalb des Systems nach vorne schauen, wo die Ursache liegt.

Beispiel: Entdeckter Engpass: Zu wenig Technikerumsätze

Nehmen wir an, die Kennzahl wäre das 2,5-fache des Bruttogehaltes. Somit ergibt sich ein Deckungsbeitrag von 40–50% bei Vollauslastung. Dein KPI-Umsatz pro Techniker und/oder Technikerteam wird unterschritten.

Dann ergibt sich Folgendes:

(Unvollständige) Liste der theoretisch möglichen Ursachen

Mögliche Engpass-Ursache	**Eindeutige KPI zur Erkennung**	**Mögliche Quelle - wer oder was hat den Engpass initial ermöglicht** Das Thema: »immer wiederkehrender Fehler«
Techniker kommunizieren nicht so, dass sie die Kunden-wünsche erkennen oder sie vermeiden sie sogar latent	Kann man nur erkennen, wenn man pro Techniker die Produktivität misst und sich dann gezielt die Fakten anschaut	Unternehmer und/oder Produktions-leiter wollen fälschlicherweise die Techniker nicht mit so etwas Profanem wie Produktivität »quälen« Noch tiefere Glaubenssätze und mangelnde Führungsfähigkeit des Unternehmers bzw. der Führungskraft
Es werden zu wenige Stunden erfasst aber genug geleistet	Zeiterfassung und Abgleich Zielumsatz der Abteilung	Produktionsverantwortlicher hat kein Auge auf die Produktivität
Ticketsystem liefert nicht genug Transparenz	Dto.	Verantwortlicher für Betrieb des Ticketsystems
Vertrieb verkauft nicht umsetzbare Dinge	Auftragsbestand getrennt nach Leistungsarten	Kommunikation zw. Sales und Technik zu schlecht – oft eine GF/Unternehmer-aufgabe
Es gibt prinzipiell zu wenige Kunden und Aufträge	Auftragsbestand	Kein funktionierendes Sales-System Grund: Weil es bisher nicht gebraucht wurde oder Tekkie-Unternehmer Sales negiert etc.

An dieser Stelle möchte ich auf die Pfützenmechanik hinweisen. Wenn Du immer wiederkehrend Schmutz im Haus feststellst, also ein Problem immer wieder auftaucht, dann hast Du wahrscheinlich eine Pfütze vor dem Haus – also eine Quelle, die das Problem immer wieder aufkommen lässt. Übertragen betrachtet gibt es genau eine Ursache dafür, dass immer wieder das gleiche Problem (Schmutz im Haus) auftaucht. In gewissen Fällen kannst Du die Ursache/Pfütze sogar selbst sein. Aber auch ein Mitarbeiter oder ein schlechter Prozess sind möglich.

Wie kannst Du die wahren Ursachen erkennen, wenn Du keine oder zu wenige KPIs hast?

Wenn eine Firma noch keine KPIs pro Leistungseinheit hat, ist es schon etwas schwerer, die echten Engpässe und deren Ursachen zu erkennen. Schlussendlich hilft uns hier das Bild mit den Zahnrädchen wieder. Nehmen wir an, Du entdeckst einen Engpass. Dann besteht eine 50:50-Chance, dass die Quelle des Problems auch dort liegt, wo der Engpass selbst besteht. In dem Fall stellst Du das schnell und einfach fest.

Beispiel: Kunden beschweren sich immer wieder über die unvollständige Arbeit eines Mitarbeiters. Ok, der vermeintliche Engpass ist der Mitarbeiter. Nun kann es an mangelnder Ausbildung liegen, an der Motivation oder daran, dass der Mitarbeiter schlichtweg der Falsche ist. Wenn Du die Ausbildungslücke schließt und das Problem immer noch existiert, ist der Mann am falschen Ort oder in der falschen Firma. Solltest Du diese Art von Problemen öfters haben, wäre es gut zu schauen, wie Du mit dem Thema Personalauswahl und Recruiting umgehst.

Was das Ganze zeigt, ist dass Du immer unendlich ins Detail gehen kannst, und das kleinste Problem kann x Ursachen an y Stellen haben. Genau genommen kommst Du mit dem guten alten gesunden Menschenverstand sehr weit. Solltest Du aber immer wieder auf die gleichen Probleme treffen und wenn Du dir das einfach nicht erklären kannst, hilft es nur, einen neutralen Externen hinzuzuziehen. Dieser sollte über gewisse Kompetenzen verfügen und Dir, solltest Du Teil des Problems sein, auch die konstruktive Stirn bieten können.

UMSETZUNGS-CHECKLISTE

- ☐ *Führe so früh wie möglich einfache, aussagekräftige KPIs für die für den positiven Cashflow wichtigsten Bereiche (Sales und Produktion) ein.*
- ☐ *Wenn das noch nicht geht, reviewe Deine Engpässe mit externer Hilfe, damit Du nicht von falschen Annahmen geleitet wirst.*

THE GROWING 5 REFLEXION	
WBP #1 härten	Regelmäßige Reviews der Engpässe und Einführung guter, einfacher KPIs sind ein wichtiger Bestandteil für die Härtung.
WBP #2 wiederholen	–
WBP #3 riskieren	Wenn Du etwas veränderst und Neues ausprobierst, überlege Dir vorher gut, wie es Dein laufendes System kontaminieren wird.
WBP #4 expandieren	Erkannte und gelöste Engpässe müssen in der Firma strukturiert kommuniziert werden, damit der Lerneffekt sich gut verbreiten kann.
WBP #5 netzwerken	Mit welchem Unternehmer kannst Du Dich zu Deinen Engpässen gut austauschen?

3.2

VISION, MISSION »ALLES FÜR DIE TONNE« – ODER DOCH NICHT?! DIE ANTWORT...

Immer dann, wenn SMB.Academy-Kunden »durch die Decke« wachsen, überkommt mich der Reflex, die entscheidenden Erfolgsfaktoren – gerade im Vergleich zu den normalen Performern – präzise zu untersuchen und die zeitlosen Erfolgsgesetze der deutschen Hidden-IT-Champions zu analysieren und zu dokumentieren.

Am Beispiel des IT-Unternehmer-Interviews mit Volker will ich Dir ein erstaunliches Muster zeigen, das alle unsere Top-Skalierer an den Tag legten:

Vergiss die Mär von Vision und Mission, konzentriere Dich auf den nächsten Fokuspunkt, denn Deine Vision wird beim Gehen entstehen.

Oft, sehr oft, finde ich Unternehmer in einem Zustand vor, in dem sie nach dem Sinn und Zweck ihrer selbst und/oder ihrer Firma suchen. In manchen Fällen ist es schlicht eine Ablenkung, weil sie an die echten Engpässe nicht herangehen wollen. In anderen Fällen ist es eine fast paranoide »Suche nach dem heiligen Gral«, weil man nicht wirklich versteht, was der eigene oder der Engpass der Firma ist – die Suche nach dem Weg auf den nächsten Level.

Wenn es gut läuft, ist das so eine Nebenbeschäftigung, die der Unternehmer im stillen Kämmerlein durchführt.

Kritisch wird es dann, wenn »Mann« versucht, sich mit oder ohne Guru auf die Suche nach der Vision zu machen.

Das Bild, das alles erklärt, das alles einfach macht und Dich und Dein Team unaufhaltsam wie die Avengers dem großen Sieg entgegenstreben lässt ... STOP, Hilfe! Lass uns bitte auf der Erde (des messbaren) Erfolges bleiben. Tatsache ist, dass die großen Visionen und Taten immer beim Laufen entstanden.

Selbst wahrhafte Größen in unserer Geschichte – wie Ghandi zum Beispiel – kamen nicht auf die Welt mit der Idee, Indien zu befreien

Nein, das kam erst sehr spät, als viele Erfolge, Misserfolge, genau genommen sein Leben den Charakter des Mannes so geschliffen hatten, dass es irgendwann einmal unausweichlich für ihn war, die Vision der Befreiung zu erleben und zu artikulieren, die in diesem Fall von Millionen von Menschen geteilt wurde.

Aber was passiert denn jetzt in den Wachstumsunternehmen/mit den Unternehmern, die skalieren? Haben die wirklich keine Vision?

Nun: Das, was alle Menschen auszeichnet, die großartige und einzigartige Dinge vollbringen, besteht darin: Sie haben immer den nächsten Fokuspunkt im Auge, bis sie an dem Punkt stehen, wo Sie »es« sehen können: ihr potenzielles Werk, das wie die traumhaft schöne italienische Poebene vor ihnen liegt. Und dann sieht es so aus, als wäre die Vision schon immer da gewesen.

Und wie war das nun bei Volker?

Volker hatte die Vision seines Hauses – residierend in einem 5,5 Millionen IT-Hightech-Gebäude am Ortseingang von Bellheim. Heute kann jeder sehen, welch großartige Innovationen hier entstehen, und er ist die treibende Kraft. Ohne ihn wäre es nicht da. Dieses große Werk forderte alles, was er kann, und viel mehr. Er musste jede innere Grenze überwinden. Er musste Glaubenssätze eliminieren. Seine Produktion, Vertrieb, Führung und Mitarbeitergewinnung auf einen am Anfang unvorstellbaren Level bringen. Nur so war diese Phase erreichbar gewesen. Das »Abfallprodukt« seines Wirkens: Er produziert nun Hunderte von Bewerbungen. Volker kennt keinen Fachkräftemangel. Er bekommt organisch mehr Neukundenleads, als er abarbeiten kann, und seine Produktion läuft nach klaren KPIs mit wirklich motivierten Mitarbeitern.

Als Volker und ich 2017 miteinander zu arbeiten begannen, war das alles so noch nicht absehbar. Er schlug sich mit den typischen Standardproblemen eines IT-Unternehmers auf dem Land herum. Und das ist so lange nicht her – wir haben anfänglich nichts anderes gemacht, als die wirklichen Engpässe aufzudecken und sie Step by Step zu lösen. Parallel war die Idee seines Hauses schon geboren. Das trieb ihn an. Aber der entscheidende Schritt, sich selbst ein Stück weit selbst neu zu erfinden (was als Unternehmer Jobbestandteil ist), um auf den nächsten Level zu kommen, ist ganz einfach: Steh morgens auf und gehe die echten Engpässe an.

Fazit

Arbeite an den Dingen, die Dir im Weg stehen – dort ist das größte Potenzial. Finde Deinen Weg, Deinen nächsten Fokuspunkt. So einfach ist das.

Nach meiner Erfahrung erkennen die Unternehmer, die ein bis zwei Jahre gefühlt oder real nicht vom Fleck kommen, nicht die wirklichen Engpässe bei sich selbst und ihrer Firma.

UMSETZUNGS-CHECKLISTE

- ☐ *Mache Dir klar, was ein energiefreisetzender, nächster Meilenstein in Deinem Unternehmen sein kann. Prüfe, ob er zu Deinem großen nächsten Ziel als Baustein passen kann.*
  Wenn das konsistent ist, dann:
- ☐ *Schreibe einen Umsetzungsplan. Was muss wer bis wann liefern, damit Du den energetisierenden attraktiven Meilenstein erreichst?*
- ☐ *(By the way, der Meilenstein darf auch gerne mal eine Ego-Nummer wie ein Vortrag bei Versammlung X sein. Es muss nur zum großen Ziel passen).*

THE GROWING 5 REFLEXION	
WBP #1 härten	Mission, Vision, Ziele oder Meilensteine sollten auf ihre Marktfähigkeit und reale Umsetzungsfähigkeit mit Dritten gegengeprüft sein.
WBP #2 wiederholen	Das, wo Du hinstrebst, sollte kein Dauerabenteuer werden, sondern immer in einem ertragreichen, wiederholbaren Business enden.
WBP #3 riskieren	Bitte vor einer Aktion immer nochmal Punkt Nummer #1 härten anschauen.
WBP #4 expandieren	Das Ziel oder der Meilenstein müssen von den Keyplayern positiv und motivierend angesehen werden. Dann macht gemeinsames Wachstum stark und robust.
WBP #5 netzwerken	Mit welchem Unternehmer kannst Du Deine Ziele und Meilensteine gegenchecken?

3.3

WO GENAU DER PROFIT ENTSTEHT UND WIE DIE SKALIERER 10% MEHR UMSATZ UND 50% MEHR PROFIT GENERIERTEN – OHNE JEGLICHE NEUKUNDENGEWINNUNG

Um zu verstehen, was Deine Firma wirklich antreibt, ist wieder das Energiefluss-Bild (interner Cashflow) hilfreich.

Das Geldfluss-Modell

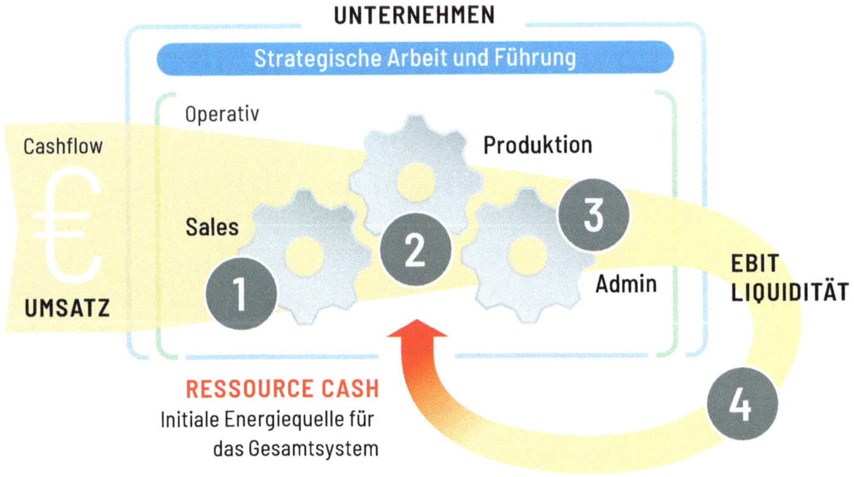

Grafik 10

Das Geldfluss-Modell

Von links nach rechts fließt Geld durch die Firma.

1. Links außen beginnt es mit dem Umsatz, der in Step 1 von den Marketing- und Vertriebskosten gemindert wird.
2. Dann wird üblicherweise durch die Produktion, der größte Cash-Minderer abgebildet. Alle variablen Produkt-/Leistungskosten zur Herstellung aller Produkte und Leistungen tragen nun mit unterschiedlichen Anteilen zum Deckungsbeitrag 1 (DB1) bei. Hier entstehen üblicherweise die höchsten Kosten des Gesamtsystem. Diese Kosten sind direkt an den operativen Betrieb gekoppelt und somit nicht so einfach veränderbar wie Vertriebs oder Admin-Kosten
3. Admin-Kosten die üblicherweise als Gemeinkosten da stehen. Leider oft ein recht fixer Block mit Abteilungen wie Rechnungsschreibung, Geschäftsführung, Finanzen etc.
4. Und nach allen Abzügen bleibt das Vor-Steuerergebnis übrig. Das, ja nach Gesellschaftsform, nochmal um bis zu 50 % vom Finanzamt gekappt wird.

Was übrig bleibt wird ganz oder teilweise ausgeschüttet und/oder als Liquidität in der Firma belassen. Was nun übrig bleibt, fließt entweder zurück ins System oder wird teilweise oder zur Gänze ausgeschüttet.

Was genau bedeutet das für den Unternehmensgewinn in einer Dienstleistungsfirma mit ca. 25 Mitarbeitern und von denen 20 produktiv sind?

Siehe dazu die Tabelle auf den folgenden Seiten ...

SZENARIEN		A	B	C	D	E
Jahresproduktion Dienstleistung	STANDARD	45 Minuten weniger Produktion pro Tag	4 MA 3 Monate ohne Produktion (Krankheit od. kein Projekt)	1 Woche Schulung extra für die Produktiven	5 % mehr Gehalt	3 Euro mehr Stundensatz
Anzahl Produktions Mitarbeiter	20	20	20	20	20	20
Durchschnittliche Produktionsstunden im Jahresschnitt	140	123	140	140	140	140
Fix-Kosten des Produktions-Personals	1.920.000 €	1.920.000 €	1.920.000 €	1.920.000 €	2.016.000 €	1.920.000 €
Durchschnittlicher EK pro Produktionsstunde	60 €	60 €	60 €	60 €	60 €	60 €
Durchschnittlicher VK pro Produktions-stunde	85 €	85 €	85 €	85 €	85 €	88 €
Jahres-Umsatz	2.856.000 €	2.509.200 €	2.704.800 €	2.734.800 €	2.856.000 €	2.956.800 €
DB1 im Jahr	936.000 €	589.200 €	784.800 €	814.800 €	840.000 €	1.036.800 €
DB1 %	32,77 %	23,48 %	29,02 %	29,79 %	29,41 %	35,06 %
abzgl. 8% Vertriebskosten	228.480 €	228.480 €	228.4800 €	228.480 €	228.480 €	228.480 €
abzgl. 12% Admin u. GF Kosten	342.720 €	342.720 €	342.720 €	342.720 €	342.720 €	342.720 €
operativer Gewinn €	364.800 €	18.000 €	213.600 €	243.600 €	268.800 €	465.600 €
DIFFERENZ DES GEWINNS		**-346.800 €**	**-151.200 €**	**-121.200 €**	**-96.000 €**	**100.800 €**
Gewinn in %	12,77 %	0,72 %	7,90 %	8,91 %	9,41 %	15,75 %

Szenarien und Konsequenzen

A. Wenn pro Tag 45 Minuten weniger abgerechnet werden, sind das 123 Arbeitsstunden pro Monat Auslastung anstatt 140. Das mindert den Gewinn um 346.000 Euro und somit den kompletten Ertrag. Übrigens wurde die Produktion in 66 von 70 Skalierungs-Projekten nicht richtig gesteuert, und es wurde im Durchschnitt pro Kunde im ersten Jahr zwischen 100-200.000 Euro mehr Cash erwirtschaftet. Ohne Neukunden, ohne höhere Stundensätze, ohne bessere Mitarbeiter – einfach so, weil man angefangen hat, den DB1 zu messen und zur Produktionssteuerung heranzuziehen. Daher auch die provokante Überschrift dieses Kapitels.

B. Produktions-Leerlauf lässt sich nicht immer vermeiden, und genau genommen sind in den 140 Arbeitsstunden im Schnitt auch zehn Tage Produktions-Leerlauf/Krankheitsausfälle schon einkalkuliert. Aber Du siehst, wie schnell solche Fälle sechsstellige Beträge kosten können.

C. Schulungen - das Lieblings-Thema der Tekkies. Wir haben bei den 140 Arbeitsstunden nun fünf bis sieben Schulungstage einkalkuliert. Wenn Du mehr machst, sollte das sehr gezielt kalkuliert werden.

D. 5% mehr Gehalt - nur bei den Produktiven gewährt, kostet knapp 100.000 Euro. Wusstest Du das?

E. 3 Euro mehr Stundensatz bringen Dir allerdings auch ein Plus von 100.000 Euro.

In den Skalierungsprojekten haben wir, je nach Ausgangslage, durch bessere Produktionsteuerungen und Stundensatzanpassung oft eine Verdopplung bis Verdreifachung des Gewinns gesehen. Das generierte dann das Kapital, um den nächsten Schritt zu gehen.

UMSETZUNGS-CHECKLISTE

- ☐ *Berechne pro Mitarbeiter, Kunde und Auftragsart einen DB1.*
- ☐ *Stelle fest, welche Hebel Du hast, um Deinen Gewinn durch bessere Produktionsteuerung und Stundensätze zu verbessern.*
- ☐ *Checke, welche die besten Kunden, Leistungen, Produkte und Mitarbeiter sind und überlege Dir, wie Du mit der Erkenntnis umgehst.*

THE GROWING 5 REFLEXION	
WBP #1 härten	Cash ist das Wichtigste, also die #1 und Verfügbarkeit von A-Mitarbeitern die #2 bei den Härtungsfaktoren. Wenn Du keine DB1-Rechnung hast, kannst Du am #1-Faktor nicht wirklich arbeiten.
WBP #2 wiederholen	Wie kannst Du die Aufträge und Mitarbeiter mit den besten Erträgen am besten multiplizieren?
WBP #3 riskieren	Es gibt hier kein Risiko – nur die Chance, Deine Klarheit und Cash zu verbessern.
WBP #4 expandieren	Je besser Deine Keyplayer bei dem Projekt Produktionssteuerung und Stundenpreisverbesserung mitmachen, umso besser für das Gesamtsystem.
WBP #5 netzwerken	Am besten Du schaust Dich um, wie die anderen Unternehmer mit den DB, mit Produktionssteuerung und Preisen umgehen. Es gibt viele Umsetzungswege, die zum Ziel führen. Schlussendlich gibt es etablierte Methoden pro Branche.

3.4

DIE WIRKLICH PASSENDEN WACHSTUMSKUNDEN FINDEN

Wenn mich ein Unternehmer fragen würde, was ich ihm raten würde - wobei ihm ich nur einen einzigen Tipp geben dürfte - dann würde ich ihm empfehlen, einen einzigen echten Top-Zielkunden als Profil mit allen weichen und harten Aspekten zu beschreiben und dieses Profil in der ganzen Firma auszuhängen. Das ist unser A-Kunde, so sieht unser idealer Kunde aus. Die firmenweite Kenntnis, wer der ideale Zielkunde ist, beantwortet unendliche viele Fragen. Vor allem Fragen, die sich Deine Mitarbeiter stellen. Deine Organisation wird somit plötzlich viel schneller und klarer. Das ist für Firmen mit Produkten weitaus einfacher, weil üblicherweise ein Produkt ursprünglich immer für einen Kunden entwickelt wurde.

Learning

Alle Wachstumsunternehmer haben ihre Methode gefunden, ihren idealen Kunden in den Köpfen der Mitarbeiter zu verankern. Das hat einen ganz einfachen pragmatischen Grund. Wenn sich die Mitarbeiter die Frage stellen, wie es der Chef haben will, kommen oft abstruse Stilblüten heraus. Wenn sie sich aber fragen: »Wie würde unser Kunde (dann darf es auch nur einen Kundentyp geben) das haben wollen?«, entsteht eine Art Autofokus auf die Kundenbedürfnisse.

Verstehe mich bitte nicht falsch, das heißt dann nicht, dass die Tekkies kostenfreie Dienstleistungsstunden erbringen sollen/wollen. Sondern dass der Kunde eine Leistung bekommt, an der er Spaß hat und aus der er Nutzen zieht. Und ja, es war für alle Tekkie-Unternehmer eine Herausforderung, den oft sehr non profit-geprägten Mindset ihrer Mitarbeiter in ein gesundes »Wir brauchen Geld für Dein Gehalt und die Weiterentwicklung der Firma« zu drehen. Ansonsten nimmt die Kundenorientierung gerne eine gefährliche Richtung. Wobei hier eine Führungsaufgabe entsteht, auf die wir im Führungskapitel noch eingehen werden.

Realstory und Hintergrund

Ausgangssituation

Die Robos GmbH & Co. KG, Kornwestheim war ein aus mehreren Firmen bestehendes Unternehmen für den Spezialetiketten-Druck. Das, über die verschiedenen Firmen und Jahre gewachsen, einen völlig heterogenen Kundenstamm, mit unhandelbaren Varianten von Etiketten aus hunderten von Materialien aufgebaut hatte. Die Besitzer und Geschäftsführer waren verständlicherweise völlig am Anschlag mit dem Management dieses »Baukastens«. Zumal nach der Zusammenlegung der Firmenstandorte an einem einzigen Sitz auch einige Führungsherausforderungen entstanden. Bevor wir uns hier in irgendwelchen Details zur Führung verstrickten, wollten wir erst einmal Klarheit schaffen. Was ist eigentlich ein guter Kunde für Robos? Es stand sogar in unserer Beauftragung, dass das oberste erste Ziel ist, Klarheit zu schaffen. Das konnte ich gut verstehen, denn die außerordentlich fleißigen und disziplinierten Geschäftsführer waren völlig schuldlos in einer Nebelbank verirrt. Jetzt hätten wir uns alles Mögliche zum Projektstart anschauen können, aber die Erfahrung sagt, dass die größte Verwirrung immer von den Kunden selbst kommt. Also war Step 1: Wer sind die Kunden, und woran erkennen wir, was ein guter Kunde und was ein schlechter ist?

Zielkunden-Findungsmethode

Also musste ein Fokus her, der das Problem beseitigt oder zumindest abmildert. Wir wendeten eine Methode an, die ich 2007 aus einem Teil des Strategiebuches »Der Weg zu den Besten« von Jim Collins entwickelt hatte. Unsere Methode ist nun schon 15 Jahre alt und wurde immer wieder benutzt und weiterentwickelt.

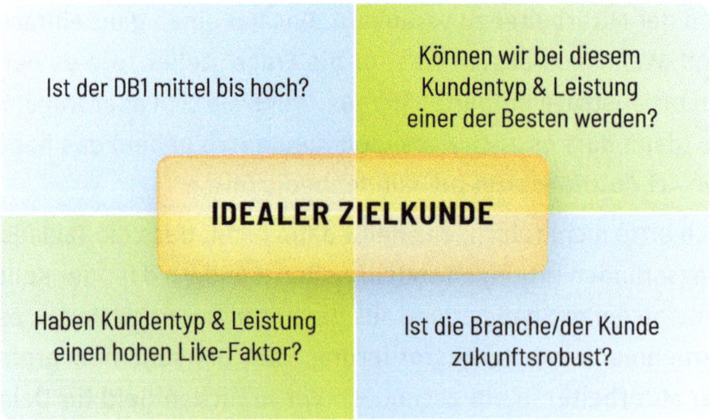

Grafik 12

Der Trick bei der SMB.Jim-Collins-Analyse ist, Kunden in einem Vierergleichgewicht zu finden. Einerseits müssen diese sich rechnen, andererseits sollte man ein qualifiziertes Gefühl dafür haben, dass man einer der Besten für diesen Kundentyp werden kann. Des Weiteren sollten diese Kunden und Leistungen ihre Leidenschaft erwecken. Zu guter Letzt sollten die definierten Zielkunden eine gute Zukunftsfähigkeit aufweisen.

Was in diesem Fall raus kam war, dass Robos ein heimlicher »Hightech-, Materialien- und Beratungsfan« war. Gerade komplexe Produkte, die keiner bieten konnte, waren seine Leidenschaft. Und das Unternehmen entwickelte einen enormen Eifer und erstaunliche Fähigkeiten im Lösen »unlösbarer« Probleme. Also wurden als Fokus Etiketten definiert, die nur über sehr aufwendige innovative Verfahren herstellbar sind. Gleichzeitig war klar, dass das reine Handelsgeschäft oder Deko-Etiketten nicht voll in den Fokus passten. Das Ganze endete damit, dass wir ein Kunden-Scoring-System einführten und nun jeder in der Firma sehen konnte, was ein 88 Punkte-Lead ist, wer ein guter Kunde ist und wo die extra Meile gegangen wird. Das Ganze wurde mit dem Keyplayer-Team so erarbeitet, dass sich alle in der neuen Strategie wiederfanden. Diese Klarheit erschuf den erwünschten GF-Entlastungseffekt. Die Führung, die Prozesse und die Auftragsabwicklung, alles wurde klarer, einfacher und schlussendlich ertragreicher.

UMSETZUNGS-CHECKLISTE

- ☐ *Erstelle eine Kundenliste mit den Kriterien DB1, Kunden-Like-Faktor, ob Deine Firma darin eine der Besten werden kann und wie zukunftsrobust diese Branche ist.*
- ☐ *Bewerte die Liste nach diesen Kriterien mit +2 bis -2 Punkte. Finde heraus, welches die besten Kunden sind und warum das so ist, bzw. welche ähnlichen Muster sie aufweisen.*
- ☐ *Reviewe die Liste extern.*
- ☐ *Das Ganze lebt dann davon, wie Du es in die Firma implementierst (siehe Führungskapitel).*

THE GROWING 5 REFLEXION	
WBP #1 härten	Bei dieser Methode kommen immer auch die ertragreichen Kunden hoch. Wenn Du Deine Firma wirklich robust machen willst, muss Du die unteren 20% schlechten Kunden an passende, andere Dienstleister abgeben. Sie werden euch sonst nur am Boden halten und instabil machen.
WBP #2 wiederholen	Wie schaffst Du es, dass Du die Anzahl der Top-Kunden innerhalb von einem Jahr verdoppelst?
WBP #3 riskieren	Siehe härten – obwohl es, gut gemacht, kein Risiko, sondern eine Stärkung ist.
WBP #4 expandieren	Binde Deine Keyplayer in Projekte ein. Nichts ist stärker, als wenn jeder Deiner Keyplayer exakt weiß, was für euch ein Top-Kunde ist.
WBP #5 netzwerken	Gehe raus und rede mit Deinen Top-Kunden, verstehe besser, wie Du mehr von ihnen gewinnen kannst und was sie noch brauchen können.

3.5

DAS UNTERNEHMERISCHE ZIELBILD – UNGEAHNTE ENERGIE UND LEICHTIGKEIT DURCH EIN VÖLLIG PRAGMATISCHES KONZEPT

Mich hat das Thema seit Ende der 90er-Jahre immer wieder beschäftigt. Warum konnten manche Unternehmer unaufhaltsam nach vorne schreiten, augenscheinlich ohne zu zweifeln, ohne große Mühen oder ins Stocken zu geraten, und andere hingen fest oder waren irgendwie permanent auf der Suche nach dem heiligen Gral.

Ich verstand lange nicht, dass ich in der Zeit, als meine Firma um den Faktor zwei bis drei pro Jahr wuchs, genau genommen einem ganz einfachen Konzept folgte. Erst als ich das Muster bei anderem Skalierern sah, begriff ich den Zusammenhang.

Learning

Skalierungsunternehmer folgen einem einfachen Zielbild mit zwei Hälften. Manche wissen, dass sie es tun, manche nicht. Sie folgen dem Bild oft auch instinktiv. Die eine Hälfte bestand aus einer klaren Wahrnehmung, wer der ideale Kunde ist und wie sie davon ausgehend Hunderte gewinnen konnten. Auf der anderen Seite hatten sie klar vor Augen, was das richtige Angebot ist, das sie skalierbar und ertragreich entwickeln konnten.

Realstory und Hintergrund

In diesem Falle bin ich so frei, eine Hintergrundstory aus meiner eigenen Historie zu verwenden. Nun, mir geht es nicht um eine Selbstbeweihräucherung, sondern um die Tatsache, dass ich mir das damals bewusst gemacht, aber erst viel später die tatsächliche Reichweite des Konzepts begriffen habe.

Es war 2002, wir waren gerade am Anfang und hatten nicht viel mehr als eine halbe Million Dienstleistungs-Jahresumsatz. Aber schon in jenem Jahr hatte ich das Gefühl, dass ich mich fast zerreiße. Irgendwie war alles ein bisschen zu viel, und ich wusste, wenn wir den Umsatz verdoppeln, würde ich mir nur ein Burnout einfangen (das hieß damals noch nicht so) und das Wachstum nicht genießen können.

Wie immer setzte ich mich zwischen den Jahren, wenn es in der Firma ruhig war, hin und kalkulierte alle Kunden und Aufträge nach. Das hatte etwas Meditatives und Klärendes für mich. Es war meine Methode, Klarheit zu gewinnen, was wir im nächsten Jahr tun würden und was nicht.

Ich durchsuchte die Ergebnisse nach Mustern. Was ist gut, und was ist schlecht, und woran erkenne ich das? Was ist gut, was wiederholen wir? Allerdings war das Endergebnis erschreckend einfach:

- KMU-Kunden = 19 % DB1
- Mittelstand = 39 % DB1
- Konzerne = 51% DB1

Genau genommen machten wir mit 20% unserer Kunden (Konzerne) 80% des Ebits (keine Überraschung, oder?). Nach Abzug aller Gemeinkosten waren die KMU-Kunden sogar defizitär. Gefühlt hatte ich es schon länger gewusst, aber die Zahlen waren dramatisch. Vor allem, wenn man daran dachte, dass die Minus-Kunden auch 80% der »Problem hier, Problem dort«-Diskussionen ausmachten. In der Wahrnehmung der Mitarbeiter gab es quasi nur diese 20 Kleinkunden. Die anderen liefen so leise ab, dass keiner zu bemerken schien, wo das Geld wirklich verdient wurde.

Die Entscheidung war für mich klar. 2003 geben wir die KMU-Kunden an andere Dienstleister ab – an solche, die dankbar für diese Kunden waren; das war mir sehr wichtig. Ich gab die Entscheidung Anfang Januar bekannt.

Lustigerweise bekam ich dann von Wolfgang, einem Mitarbeiter, der bei Daimler im Großkundenprojekt war, eine offene Mail (und an alle Mitarbeiter gerichtet!) – mit der Frage: »Kann unsere Firma diese Entscheidung überleben?« Wow, das war der Hammer. Verstehen die Mitarbeiter denn nicht, wo es »warm« rauskommt?

Was ich damals begriff: Angestellte haben einen ganz anderen Blickwinkel auf die Dinge. Und den kann man sich als Unternehmer sehr selten wirklich vorstellen.

Die Wogen konnte ich durch das Versenden einer vereinfachten Nachkalkulation und viel Mundpropaganda glätten. Es war nun für alle ersichtlich: 80% des Ärgers ist NICHT gleich 80% des Gewinns. Im Gegenteil: Die 80% des Ärgers waren messbar defizitär.

Meine Entscheidung war klar: Wir konzentrieren uns auf Konzerne, die Mannjahre Leistung am Stück abnahmen. Wir folgten der DB1-Spur!

Wichtige Randbemerkung: Nur dem DB1 hinterherzurennen kann mittelfristig andere Löcher reißen. Allein dem Geld zu folgen, ohne zu bedenken, wer Du und Deine Firma bist beziehungsweise seid und warum ihr existiert, führt erfahrungsgemäß in eine Sackgasse. Dein Team kann sich möglicherweise dagegen wenden, weil es nicht seiner Richtung entspricht. Im obigen Fall war es aber über viele Jahre hinaus genau die richtige Entscheidung.

Aus dieser Bewegung entstand mein damaliges unternehmerisches Zielbild

Grafik 13

Dem konsequenten Einhalten dieses Fokus beziehungsweise dieses Zielbildes verdanke ich:

- Zwei Jahre lang jedes Jahr eine Umsatzverdopplung
- Ungeahnte Einfachheit in allen Details wie zum Beispiel:
  - Welche Mitarbeiter brauchen wir?
  - Wie sieht der Sales-Prozess aus?
  - Wie rechnen wir ab?
  - Welche Verträge brauchen wir?
  - Etc.

Dieses Zielbild erleichterte mir die Arbeit über viele Jahre so deutlich, dass ich mir das vorher gar nicht hatte vorstellen können.

Wer konsequent seinem Bild folgt und auch so konsequent ist und den falschen Kunden kündigt, der erzielt erstaunliche Ergebnisse. Allerdings musst Du vorher Deine Ist-Kundenanalyse wirklich gut durchgeführt haben. Schaue da gerne nochmal in die vorhergehenden Strategiekapitel hinein und lasse Dir die angemessene Zeit bei Deinen Entscheidungen. Aber wenn Du sie triffst, dann gibt es kein Hadern!

Bei der folgenden Sieben-Schritt-Methode, um das Zielbild eine Nummer besser zu sehen, ist die Reihenfolge wichtig. Erst, wenn Du einen Zielkundentypus identifizierst (Gruppe von Kunden mit gleichen Mustern), dann bekommst Du das Offering in der Folge recht einfach heraus.

UMSETZUNGS-CHECKLISTE

- ☐ Erzeuge eine Liste mit allen Lieblingskunden Personen/Firmen und deren DB 1-Zahlen.
- ☐ Beantworte die Frage, warum exakt der jeweilige Kunde Dein Lieblingskunde ist.
- ☐ Finde heraus, was die Gemeinsamkeiten dieser Entscheider-Zielpersonen sind.
- ☐ Schreibe das gefundene Muster als Kunden-Profil nieder.
- ☐ Visualisiere die Zielperson (Zeichnung oder Bilder)
- ☐ Mache Dir klar: Was wäre eine einfache Methode, so viele wie möglich zu finden (Xing, LinkedIn, Social-Media, Adressen, Foren, Gruppen, etc.)
- ☐ Wenn Du ein gutes Gefühl hast, wer der richtige Zielkunde ist und Du eine qualifizierte Idee hast, wie Du ihn findest, dann stelle Dir vor, wie Deine Firma sich anfühlen würde, wenn es nur noch diese Kunden gäbe:

  a) Welche Mitarbeiter hättest Du – und fändest Du sie gut?

  b) Welche unnötigen, ärgerlichen und komplizierten Sachen fielen weg?

  c) Wenn auf einer Zeitachse von 24 Monaten die ganze Firma auf diese Kunden fokussiert wäre und alle wüssten, was wann, wo, wie zu tun ist, hättest Du das Gefühl, Du könntest dann 3 Monate ohne Handy entspannt in den Urlaub fahren?

THE GROWING 5 REFLEXION	
WBP #1 härten	Fokussierung auf die richtigen und ertragreichen Kunden stellt eine Härtung in sich selbst dar.
WBP #2 wiederholen	Du wiederholst die guten Kunden in der Gewinnung und der Produktion – das ist eine Cash-Maschine!
WBP #3 riskieren	Da ist kein wirkliches Risiko, solange die Analyse und die Durchführung sauber sind.
WBP #4 expandieren	Ja, alle Mitarbeiter werden von dem klareren Bild profitieren. Genau genommen werden dadurch Kapazitäten frei.
WBP #5 netzwerken	Finde heraus, wer in Deinem Umfeld ein Zielbild hat und frage ihn, wie das entstanden ist.

4.0

ANWENDUNGSKAPITEL SALES

WIE DIE SKALIERER VON ZUFÄLLIG GEWONNENEN KUNDEN ZU EINEM STEUERBAREN A-KUNDENSOG KAMEN

Grundlegend werden wir uns auch in diesem Kapitel wieder von innen nach außen bewegen. Das heißt, dass wir uns erst die versteckten Verhinderer im Bereich Sales anschauen, um dann den individuellen Standort zu bestimmen und darauf aufbauend einen Blick auf die Lösungswege legen. Fangen wir mit den ersten inneren Aspekten und einem Überblick an.

Tech-Unternehmer und ihr »technisches« Gehirn im Sales-Prozess – zwei Welten begegnen sich ...

An dieser Stelle gibt es eine gute und eine schlechte Nachricht: Die Gute ist, dass es wirklich möglich ist, einen steuerbaren A-Kundensog zu erschaffen. Die Schlechte ist, es bedeutet meist einen kompletten Mindset-Wechsel, und der Weg bis zum funktionierenden Sog ist gemeinhin viel länger, als es der Tekkie-Unternehmer wahrhaben will. Viele haben die Vorstellung, dass die Einführung eines Vertriebssystems wie ein »normales« Projekt abläuft. Leider muss ich Dir den Zahn gleich am Anfang ziehen. Das tut mir auch außerordentlich leid, ist aber notwendig. Denn in über 90% der Skalierungsprojekte hat es tief sitzende Gründe

- warum der Vertrieb nicht läuft,
- warum er noch nie richtig aufgebaut wurde und
- warum man bisher das Thema Sales wie der Teufel das Weihwasser gemieden hat.

Das Schöne an rein technischen Projekten ist: Man kann sie, die Technik, schlussendlich beherrschen. Man kann »sie« in den Griff bekommen. Beim Vertrieb und bei der Führung kommt aber unvermeidlich die menschliche und emotionale Komponente ins Spiel und das, liebe Tekkie-Unternehmer, ist bekanntermaßen nicht unser Lieblingsspielplatz.

Das mit dem Vertrieb und der Führung ist oft wie der gute alte Gag mit dem Frauenversteher-Buch, das zwei Meter dick und trotzdem unvollständig ist und wobei man einfach nicht versteht, wie das geht. Wir mögen einfach keine »Sachen«, die wir nicht »beherrschen« können, die ein Eigenleben führen. Das macht alles irgendwie viel schwerer. Unter uns gesagt: Das Thema »soziale Akquise« hat viele Basis-Skills mit Vertrieb und Führung gemeinsam. Nein, um Himmels willen, das wird jetzt keine Dating-Bibel. Ich verspreche Dir sogar, dass wir viel mit Technik und etablierten Methoden lösen können. Aber ja, wir betreten in den Projekten oft Neuland mit den Unternehmern.

Was Du noch vorab wissen solltest:

Klassischer Sales ist auf Tech-Unternehmen nicht 1:1 übertragbar

- Das Tekkie-Mindset-Thema hat im Sales noch mehr Auswirkungen als »Hilfe, es ist kein technisches Projekt«.

  Wir haben das im Mindset-Kapitel und gerade zuvor schon betrachtet. Allerdings möchte ich in den folgenden Unterkapiteln nochmal auf die spezifischen Themen eingehen, die in der Umsetzung eines Sales-Systems auftauchen.

- Hoch erklärungsbedürftige Produkte werden anders als Waschmaschinen oder Bügeleisen verkauft.

  Hier geht es um Grundlagen und warum die Methoden von Gebrauchtwagen- und Versicherungsverkäufern hier a) nur bedingt weiterhelfen und b) im Kern trotzdem zählen.

- Der Vertrieb für technische Leistungen wird am Ende vom Techniker abgeschlossen, auch wenn der Vertriebler gegebenenfalls im Prozess die finale Unterschrift holt. Das wusstest Du in Deinem Herzen schon immer, doch wahrhaben wollen es die Wenigsten. Die Frage ist, wie kannst Du es nutzen?

Mehr zu diesen Themen beantworten die weiteren Sales-Unterkapitel. Bevor wir da einsteigen, möchte ich noch die Frage klären, warum Sales so wichtig ist. Kann man Sales nicht irgendwie auslassen?

Warum eigentlich Sales?

Die Antwort ist einfach – Sales ist das Wasser! Bitte was soll das sein?

Nun, wenn wir uns den menschlichen Körper anschauen, dann sind Sauerstoff und die Fähigkeit zum Atmen die Überlebensnotwendigkeiten Nr. 1. Denn wir kommen maximal eine bis zwei Minuten ohne Sauerstoff aus. Somit ist Cash, in dem Fall Liquidität, Nr. 1.

Die medizinische Notfall-ABC-Regel ist wie folgt definiert:

- **A** for Airway
- **B** for Breathing
- **C** for Circulation

Bei A und B sehen wir ganz klar: Sind die Atemwege frei und kann der Patienten atmen? Also - bei uns ist Geld auf dem Konto, können wir folglich die Gehälter zahlen?

Wenn Cash mithin der Sauerstoff ist, so ist die Fähigkeit, Kunden und Aufträge zu gewinnen, das Wasser. Denn das ist gleich hinter Sauerstoff die Nummer 2: Ohne Wasser kommen wir auch nur ein paar Tage aus. Das ist zwar besser als das Sauerstoff-/Cash-Minutendilemma aber immer noch sehr gefährlich.

Merke: ohne Aufträge/Kunden keine existierende Firma!

Aber Sales hat nicht nur bedrohliche Seiten, sondern ist auch die Chance für Dein Wachstum. Sales ist also nicht nur das Wasser, sondern DER Wachstums-Hebel überhaupt. Schauen wir uns folgendes Bild an:

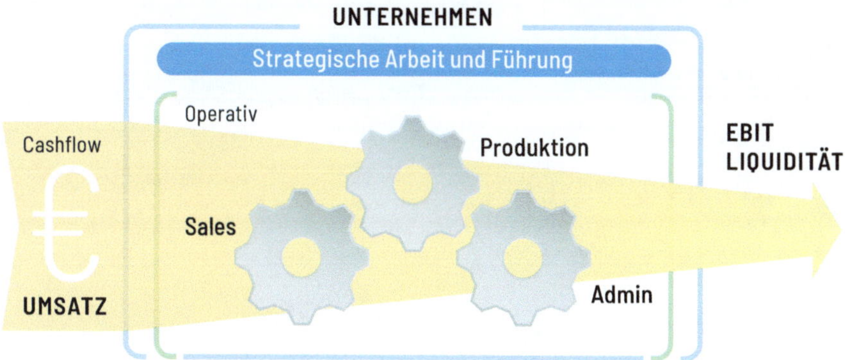

Grafik 14

Das erste und entscheidende Zahnrad in Deinem Unternehmensgetriebe ist Sales. Das Drehmoment und die Drehzahl dieses Zahnrads bestimmen über alles, was dahinter passiert. Keine Aufträge = keine Firma. Aber Du willst ja nicht »nur überleben« sondern wachsen. Was bedeutet, dass Sales auch der Hebel Nr. 1 beim Skalieren ist. Ob Du es wahrhaben willst oder nicht, Sales ist so wahrhaft unvermeidbar, wie 0 und 1 im Binären System.

Anmerkung: Wir haben bewusst Marketing aus der Grafik herausgenommen, da das klassische Marketing eher unterstützender und verstärkender Natur ist. Es kann z. B. helfen, höhere Preise durch besseres Image zu ermöglichen. Die Leadgenerierung im Bereich Onlinemarketing mal ausgenommen – weil diese zu Sales zählt – ist Marketing nicht so entscheidend, wie die Generierung von neuen Kunden und Aufträgen.

Sales ist mit Führung der größte »Pain« bei Tech-Unternehmern. Wie Du aus dem Kapitel Mindset weißt, gehört das allerdings zum Spiel. Wie kann aber ein Tech-Unternehmer gerade das Anti-Thema Sales nun angehen? Die Antwort ist: auf seine eigene Art. Den Weg dahin schauen wir uns im Folgenden an.

4.1

DIE UNTERNEHMERTYPEN, IHRE AUSWIRKUNG AUF DEN SALES-PROZESS UND DER BAU DES SALES-SYSTEMS

Du kannst Dir das wie beim Rennfahren vorstellen. Jeder hat seinen Stil, der eine ist eher aggressiv, der andere agiert rund, der Nächste besitzt ein ganz spezielles Gefühl für den Grip (Reifenhaftung). Und so hat auch jeder seine Art, wie er seine Erfolge produziert. Alain Prost, der Rennfahrer, wurde »der Professor« genannt, weil er alles durchdachte, analysierte und klare Pläne machte. Nigel Mansell wurde »der Löwe« genannt. Er war einfach ein »Vollgas-Tier« mit großem Kämpferherz – also kein Taktiker wie Prost. Aber beide wurden Formel 1-Weltmeister. Und deshalb ist es wichtig, hier etwas zu reflektieren und Dich zu fragen: Welcher Typ bist Du? Als kleine Hilfe listen wir ein paar Grundtypen auf.

Wir haben in den Projekten folgende grundlegende Tech-Unternehmertypen kennengelernt:

Der Dominante

Meist eher in einem Unternehmen, in dessen Geschäftsmodell Hardware relevant ist. Also tendenziell aus der Ecke IT-Systemhäuser, Brandmeldung, Videoanlagen oder Ähnlichem.

Hauptproblem:

Der Unternehmer ist sein bester Verkäufer und kann seinen Job nur sehr schwer weitergeben oder den Vertrieb skalieren.

Der Hochinnovative

Gerne treibt sich dieser Typ eher im Softwareentwicklungs-Umfeld herum oder seine Firma weist einen sehr hohen Softwareentwicklungsanteil auf und ist kein Produkthersteller. Meist sprüht er nur so vor Ideen, sodass ihm nur noch wenige folgen können.

Hauptproblem:

Die Führung, da der Verkauf »eigentlich« über Team Leads und Führungskräfte läuft, der Unternehmer aber eher kumpelhaft, teilweise überzogen freundschaftlich mit seinen Leuten umgeht. Auch oft bei diesem Typus zu beobachten: Jeder Tag bringt eine neue Idee ... Das hat zur Folge: Fokussiertes Vorgehen ist fast unmöglich umsetzbar.

Der Feuerwehrmann

Grundlegend ist er eher ein Heldentyp, der gerne den lieben, langen Tag seine Mitarbeiter und Kunden rettet, anstatt für eine klare Führung, für ein System, für Strukturen und Prozesse zu sorgen.

Hauptproblem:

Der Feuerwehrmann hat zu viel Spaß am Retten und Held sein, um Dinge zu systematisieren und/oder abzugeben.

Gerne genommen eine Kombination aus zwei oder im schlimmsten Falle aus allen Unternehmertypen. Und es gibt noch weitere Varianten – aber die genannten sind für uns hier am relevantesten.

Da die potenziellen Vertriebsprobleme stark vom Unternehmens- oder Unternehmertyp abhängen, werden wir in den folgenden Kapiteln immer wieder darauf reflektieren. Wichtig ist an dieser Stelle nur, dass Du Dir bewusst bist, was Deine Grundprägung ist – sprich: welcher Typ Du bist.

UMSETZUNGS-CHECKLISTE

- [ ] Frage Deine Unternehmerfreunde, welches Tier, Auto oder Land Du wärst und warum sie diese Wahl getroffen haben.

  Du wirst sehen, vom Unterhaltungswert der Übung abgesehen, wird Dich die eine oder andere Wahl erstaunen.

- [ ] Checke, ob Deine Ideen in den Bereichen Skalierung und Sales zu Dir passen.

  Der Hintergrund dabei ist, zu verstehen, dass wir oft ein anderes Bild von uns selbst haben als das, gemäß welchem wir dann in Wirklichkeit da draußen agieren. Um klar zu sein, wie Du das Thema Skalierung und Sales am besten angehst, solltest Du verstehen, was zu Dir und Deiner Firma wirklich passt.

  Was ich damit meine?

  Dass zum Beispiel ein introvertierter Typ keine Wolf-of-Wallstreet-Sales-Maschine bauen sollte.

  Das wird so nicht funktionieren.

THE GROWING 5 REFLEXION	
WBP #1 härten	In dem Fall bringt mehr Selbsterkenntnis immer mehr Klarheit und somit Stabilität.
WBP #2 wiederholen	Wenn Du die Übung machst, dann bitte mit mindestens 5 anderen, sonst wird das Bild zu einseitig.
WBP #3 riskieren	Da ist null Risiko aber viel Erkenntnis und Spaß drin.
WBP #4 expandieren	Wenn Du ein Führungsteam hast, könnt Ihr das gerne in der Gruppe machen. Ich garantiere einen sehr erkenntnisreichen Nachmittag.
WBP #5 netzwerken	Wenn Du niemand für die Übung hast, ist Dein Umfeld leider nicht wirklich gut, und Du solltest daran arbeiten.

4.2

DER TEKKIE ALS HEIMLICHER VERTRIEBSCHAMPION

Dass Tekkies im Sales oft die entscheidende Rolle spielen, ist die Stelle, die mir persönlich im Vertriebsprozess am besten gefällt. Versteht mich nicht falsch: Ohne Vertriebler, Sales-Prozess und/oder Onlinemarketing bekommt niemand das Thema auf die Dauer hin und wird nicht stetig wachsen können. Dennoch solltest Du die folgenden Zusammenhänge verstehen.

Das der Tekkie heimlicher Vertriebschampion ist – habe ich 1988 zum ersten Mal live erlebt

Als ich Netzwerkadmin bei der Ristow Alarmanlagen GmbH & Co.KG war, wurde ich von unserem EDV-Leiter (so hieß das damals) in die Geheimnisse des effizienten EDV-, also IT-Einkaufs eingeweiht. Der wirklich sehr liebe Herr Fischle war Einkaufs- und EDV-Chef in Personalunion, und er war auch für seinen, im badischen sehr auffälligen, schwäbischen Akzent bekannt. Das lief damals folgendermaßen ab:

»Sie, Herr Geißinger, i muss da Ihnen jetzt was erkläre: Wenn wir EDV-Zeugs brauchet, dann warte wir schö ab, bis der IBM-Techniker kommt. Den fraget mir dann älles was wir wisset müsse – dann kann uns der Vertriebler keinen teuren Schei... verkaufet. Verstehet se?«

Ich hoffe Du verzeihst mir den kleinen Dialektausflug, aber die Story war so einprägsam, dass ich sie so weit wie möglich in der Originalsprache erzählen wollte. Kern der Sache ist jedenfalls: Der Tekkie hat mehr Einfluss auf den Umsatz, als ihm oft klar ist.

Schlussendlich macht der Tekkie im Vertrieb von erklärungsbedürftigen Leistungen sehr oft das entscheidende Tor.

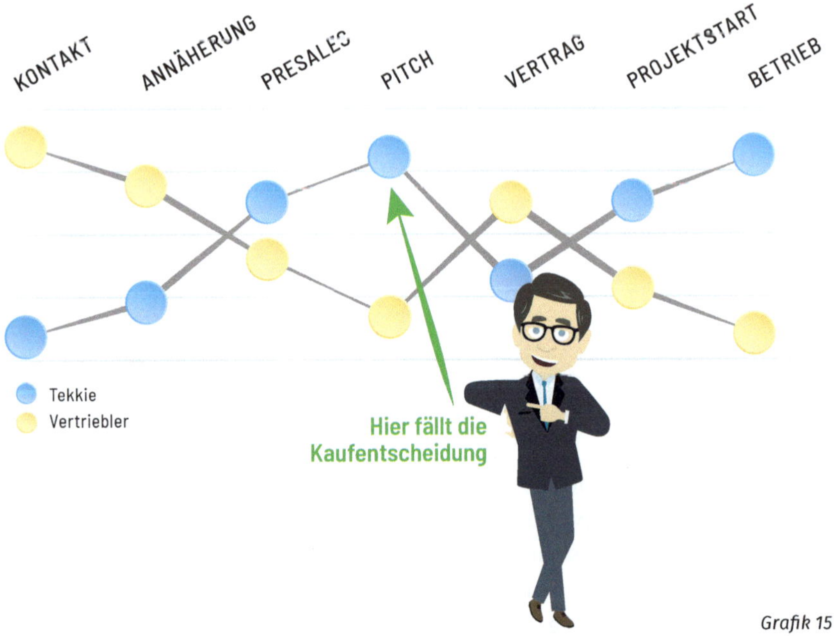

Grafik 15

Das hast Du selbst schon oft erlebt. »Eigentlich« brauchst Du als Tech-Unternehmer nur einen guten Neukundentermin, und der Abschluss ist sicher. Dann läuft es so wie hier im Bild ab.

Wenn Deine Firma beispielsweise ca. 15 Mitarbeiter hat, sieht das so aus, dass Du den Vertriebler »emulierst« und in Tateinheit den Techniker spielst. Erst wenn es um das Umsetzen geht, kommen Deine Mitarbeiter wirklich ins Spiel. Der Prozess ist im Prinzip bei 3, 30 oder 300 Mitarbeitern gleich. Bei mehr Mitarbeitern werden die Rollen dann nur anders auf Personen verteilt, und es gibt in den Aktionen mehr Details, aber der Grundprozess bleibt trotzdem gleich.

Kontakt

Wenn Du keinen Vertriebler hast, stellst zuerst Du den Kontakt her. Meist über Dein persönliches Netzwerk oder über Weiterempfehlungen.

Annäherung

Dein Kontakt interessiert sich für Dich und was Du/Deine Firma kann/st.

PreSales

Du erklärst ihm, wie Du seine Probleme lösen willst, was dann automatisch zum

Pitch

führt. Und das ist der Moment, wo der Kunden innerlich und/oder äußerlich »Ja« sagt

Vertrag

Ihr regelt das Formale.

Projektstart

Ihr legt los. Du baust, je nach Firmengröße, jetzt Deine Umsetzungsmitarbeiter ein.

Die unbequeme Wahrheit, die daraus resultiert

Du als Tekkie-Unternehmer wirst sehr lange mehr oder minder stark im Vertrieb eingebunden sein. Nein, ich rede nicht vom Klinkenputzen, sondern davon, dass der Vertrieb von komplexen Themen, von denen viel abhängt, eine außerordentliche Vertrauenssache ist. Somit ist je nach Unternehmensgröße immer das Management, die Geschäftsführung oder der Unternehmer irgendwo Teil des Prozesses. Am besten, Du findest Dich jetzt schon damit ab, dass Du je nach Geschäftsmodell vor einer Firmengröße von 50–100 Mitarbeitern nicht aus allen Teilen des Vertriebsprozesses herauskommst. Einiges lässt sich zwar arbeitsteilig organisieren, sodass Du nur in wenigen entscheidenden Momenten präsent sein musst, aber wie gesagt: Das hat Grenzen. Und weil wir gerade bei unbequemen Wahrheiten sind, hätte ich gleich noch eine:

Kein reiner Vertriebler wird je Deine Effizienz und Abschlussquote aufweisen, die Du als Tech-Unternehmer hast

Das ist auch der Hauptgrund, warum viele Unternehmer mit ihren Vertrieblern so unzufrieden sind. Du hast schlichtweg die falsche Erwartungshaltung. Folgende Limitierungen hat ein Vertriebler gegenüber dem Unternehmer:

1. Er hat nicht Dein Ansehen

Meist wollen die Beteiligten mit dem Chef oder Techniker reden. Oder härter ausgedrückt: Vertriebler sind meist nicht so beliebt, gerade in Deutschland. Ich empfehle dann gerne, auf keinen Fall Vertrieb auf die Visitenkarte zu schreiben. Das senkt ein paar Hürden bei speziellen Kunden, die gegebenenfalls eher mit einen »Projektleiter« reden würden ...

2. Er hat nicht die dynamische Entscheidungskompetenz im Sales-Prozess

Während Du als Unternehmer alles weißt, wann, wo, wie, was möglich ist, muss der Vertriebler immer wieder rückfragen und kann nicht einfach aus dem Stand Zusagen machen, die für Dich als Unternehmer selbstverständlich sind.

3. Wenn der Vertriebler kommt, ist klar, er will nur eines ...

Dir als Unternehmer »unterstellt« man nicht so einfach, dass Du Dich nur für Aufträge und Geld interessierst. Du bist

- in einer anderen Position gegenüber dem Gesprächspartner. Und wenn Dein Gegenüber selbst Geschäftsführer ist, agiert Ihr auf Augenhöhe. Falls er Manager ist, wertest Du ihn auf.
- Dir unterstellt man eher Beratungswillen und Kundenpflege als Motivation – nicht den harten Abschlussgedanken wie er dem Vertriebler unterstellt wird.

Ein persönliches Wort von mir

Ich mag an dieser Stelle eine Lanze für die Vertriebler brechen. Denn die werden oft, mangels passender Arbeitsumgebung und mangels passenden Supports, unter Wert gehandelt.

Also bitte kümmere Dich nur ansatzweise mit so viel Liebe um Deinen Vertriebler wie um Deine Techniker, und Du wirst wahre Wunder erleben.

Ja, wirklich: Sehr gute Vertriebler sind selten, und es gibt auch welche, die ohne jede Pflege und System verkaufen. Aber wenn Du einen dieser Heldenvertriebler hast, dann bist Du extrem abhängig davon, was er tut und welche Entscheidungen er trifft. Derartige Mitarbeiter wissen um ihren Wert. Genau solche Konstellationen habe ich oft mit hohem Schaden enden sehen.

Wenn Du Deine Unternehmerhausaufgaben sorgfältig machst, mit Deinem Vertrieb zusammen ein gutes Sales-System baust und Du Deine möglichen negativen Glaubenssätze zum Thema Vertrieb (was bei Technikern und gerade in Deutschland weit verbreitet ist) ablegst, bekommst Du als Belohnung dafür viel unternehmerische Freiheit und Sicherheit geschenkt. Denn wenn Dein Sales-System gut ist und Du ein bisschen Gefühl hast, wen Du da einstellen musst, leistet Du einen elementaren Beitrag zur Härtung und Skalierung Deiner Firma.

UMSETZUNGS-CHECKLISTE

- ☐ *Es gibt an der Stelle nicht viel zu tun.*

  Einfach mal sacken lassen und sich Gedanken machen. Wie stehst Du eigentlich mit Deiner inneren Haltung zum Thema Vertrieb und Vertriebler?

THE GROWING 5 REFLEXION	
WBP #1 härten	Wie schon erwähnt. Das Sales-System ist entscheidend für die Robustheit Deiner Firma. Nur wenn ein Vertriebler ohne großen Schaden zu verursachen gehen kann, hast Du ein gutes System.
WBP #2 wiederholen	Das System muss Dir wiederholbar hochwertige Pitch-Termine liefern, dann ist es gut.
WBP #3 riskieren	Über 90% unserer Kunden haben 100.000 € und deutlich mehr im Sales versenkt – ohne jeden positiven Effekt. Meist wird erst mal ein VB eingestellt, der soll das dann richten. Das funktioniert nie. Warum? Weil ein VB Anwender eines Vertriebssystems ist und nicht der Erbauer. Also bitte erst das System, dann das Personal.
WBP #4 expandieren	Die größte Expansion geschieht meist, wenn im Kreise des technischen Managements und der Geschäftsführung die Zusammenhänge und Notwendigkeiten klar gesehen werden.
WBP #5 netzwerken	Rede mit Unternehmern die doppelt oder dreimal so viele Mitarbeiter haben und im absolut gleichen Geschäftsmodell unterwegs sind. Tauscht euch aus, wie haben sie es gemacht? Wie haben sie die Technik Sales-kompatibel gemacht?

4.3

WAS DICH BISHER VON DEM BAU EINES (GUTEN) VERTRIEBSSYSTEMS ABGEHALTEN HAT – DIE VERSTECKTEN VERHINDERER

Die gute Nachricht an dieser Stelle ist: Die Anzahl der Verhinderer ist überschaubar. Die schlechte Nachricht lautet: Der eine oder andere ist gar nicht so einfach zu überwinden.

Die fünf häufigsten Verhinderer für den Aufbau eines guten Sales-Systems

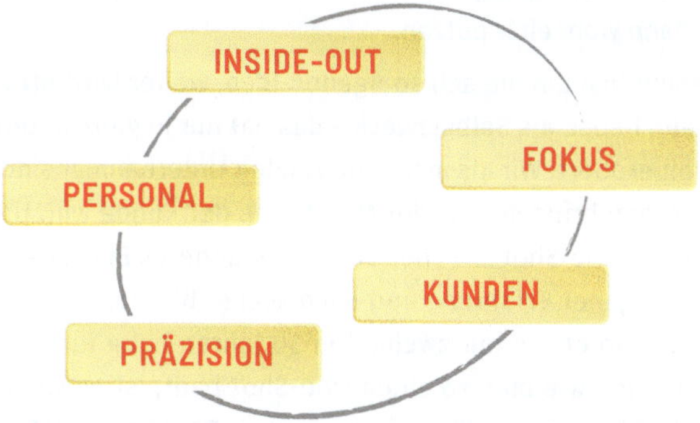

Grafik 16

INSIDE-OUT-DENKMODELL – der wohl schwierigste Part für Tech-Unternehmer

Tech-Gehirne sind gewohnt, in Lösungen zu denken. Und zwar in ihren Lösungen. Wie sie ein Thema mit Methoden und Technik lösen können sowie der kreative Lösungsprozess: Das bewegt die meisten Techniker.

Dieses Denkmodell in Kombination mit dem Tekkie-Mindset aus Kapitel 2.2. sind wohl die wirksamsten Bremsen bei Tech-Unternehmen in den Wachstumsphasen bis ca. 50 Mitarbeiter.

Aspekt 1 – Produktentwicklung als Selbstzweck

Inside-Out meint das Denken von innen nach außen. Das heißt, von in der Firma – also dem, was Ihr wie macht – auszugehen, um dann später zu schauen, ob es da draußen jemanden gibt, der das so haben will. Und diese Haltung kann gerne einmal solche abstrusen Dinge wie einen Segway-Vacuum-Cleaner hervorbringen. Die Idee klingt zwar lustig, und man kann sich gut vorstellen, wie ein deutscher Schulhausmeister der Putzkolonne den Job wegnimmt und mit breitem Grinsen im Gesicht über die Flure saust.

Das ist aber ein typischer Tekkie-Unternehmer Ansatz – die Idee ist cool, es gibt jedoch keinerlei konkrete Vorstellung bzw. Analyse, ob es Käufer dafür geben könnte. Ich schätze den Weltmarkt für Segway-Vacuum-Cleaner auf 20 – 30 Stück. Warum? Weil so ein Gerät min. 20 – 25.000 Euro kosten würde und eher wenige Menschen das Budget für solch einen Produktgag ausgeben würden. Profi-Putzfirmen werden das Gerät nicht kaufen, und diejenigen Zielkunden, die solch lange Flure und das Budget haben, lassen dann wohl eher putzen.

Es geht schlussendlich um die ach so »geile« Idee, weiter wird oft nicht gedacht. Erfinden, basteln, bauen als Selbstzweck – das hat nur in ganz seltenen Fällen tatsächlich die Welt erobert. Wir als meist »normale« Unternehmer sind besser damit aufgehoben hervorzubringen, was der Markt bzw. der Kunde will. Und ja, ich weiß – Du denkst an den One-Shot … – aber das ist ein anderes Buch. Genau genommen kann ich Dir aus eigener Erfahrung und nach sechs- bis siebenstelligem Lehrgeld verraten, dass ich so etwas nur zweimal in 30 Jahren habe funktionieren sehen. Ohne weitere Ahnung wie man so einen One-Shot baut, ist es so, als würdest Du versuchen, als Hobbymusiker Millionär zu werden. Die Chance dafür ist 1:280.000. Dann lieber doch Lotto oder Roulette.

Dennoch habe ich in den letzten Jahren immer wieder die bekannten Skalierer, Bücher und Artikel durchforstet, wie man so ein One-Shot-Produkt entwickeln kann. Heraus kam, dass es bei den meisten viele teure, missglückte Versuche gab, bis sich dann das eine positive Beispiel herausschälte, welches es schließlich schaffte und in der Folge durch die Presse ging. Die stillen Investmentleichen werden jedoch nicht dort thematisiert, und folglich nehmen wir die Welt einfach nicht realistisch wahr. Mir geht es immer um ein stabiles, kalkulierbares Wachstum und nicht um Einzelfälle, die von Startups mit Venture-Capital gebaut werden.

Ein Tipp an dieser Stelle: Wer trotzdem mehr über den hochinteressanten Sonderfall des Hyperwachstums lesen will, dem empfehle ich hier als Lektüre »Crossing the Chasm« von Geoffrey A. Moore.

Übrigens halten sich zähe Gerüchte, dass ein australischer Bastler den Segway-Vacuum-Cleaner tatsächlich gebaut haben soll ...

Aspekt 2 – Kundenansprache – Das Outside-In-Denkmodell

So, lieber Tech-Unternehmer, jetzt wird es ganz hart, und wenn ich Dir das ersparen könnte, würde ich es tun.

Im Ernst – wir müssen über Emotionen reden, und zwar Emotionen von Anderen. Ich sehe Dich schon zusammenzucken, aber erfolgreicher Vertrieb beginnt nun mal mit der Umkehr eines Denkmodells. Du musst vom Kunden rückwärts verstehen, was ihn in welcher Phase emotional bewegt. Also nicht tief in die Technik und dann kurz auftauchen und den Kunden überzeugen (wenn das funktioniert, liegt es an etwas anderem), sondern erst verstehen, was ihn wirklich bewegt.

Am Ende geht es immer um das Verständnis rund um den Kunden: Es geht um seine Pains, Wünsche, Glaubenssätze und sein Limbic wie auch um seine Frage: Was nutzt es mir bzw. wie glaubwürdig seid ihr?

Ich möchte an dieser Stelle nicht zu tief in das Thema Ansprache einsteigen, da wir diesen Bereich dezidierter in Kapitel 4.6. und teilweise in 4.7. aufgreifen werden.

FOKUS – Warum dieser so schwer zu finden und zu halten ist

Wie Du aus dem Kapitel 1.8 Wachstums-Drehachse Fokus weißt, sind folgende Dinge hier wichtig:

- Für wen leisten wir
- Was leisten wir
- Erwirtschaften wir damit einen sinnvollen DB1
- Warum machen wir das? Was ist unser Antrieb dahinter

Das Thema ist: wenn Du die Punkte 1. bis 3. wirklich präzise beantwortest, werden Deine Zielgruppe und die Leistung für diese plötzlich erschreckend schmal. Warum erschreckend? Weil Du und Deine Mitarbeiter immer Argumente gefunden habt, warum dieser B- oder C-Kunde oder die B- oder C-Leistung doch so wichtig für die Firma war. Oft werden persönliche Befindlichkeiten und falsche Glaubenssätze zu einer unüberwindbaren Mauer für den entscheiden Schritt in Richtung Wachstum.

Beispiele aus der täglichen Praxis zum Thema persönliche Befindlichkeiten als Fokus-Verhinderer

Der Unternehmer

Du findest zum Beispiel einen Kunden super, der hoch innovativ ist und dauernd neue Projekte als Dienstleister mit Dir realisieren will. Schlussendlich können nur noch ein Seniortechniker und Du selbst ihn bedienen, da sonst keiner die Fähigkeiten für diese wechselnden individuellen Projekte hat. Somit ist das weder reproduzierbar noch skalierbar, weil die Menge der Kunden, die Du bedienen kannst, 1:1 durch die Verfügbarkeit Deiner Ressource limitiert wird. Du willst ihn behalten oder schlimmer: noch mehr davon, weil Dir dieser Kunde Spaß macht. Die Folgen kannst Du Dir hier selbst ausdenken.

Der Mitarbeiter

Dein Security-Spezialist ist zufälligerweise ein hoch kommunikativer Typ, der hausintern ein echter Meinungsmacher ist. Natürlich will er die Kunden, die ihm huldigen, was in der Folge zu noch mehr Security-Kunden führt, die gut mit ihm können und auch das Thema (Security) inhaltlich machen wollen.

Dein Mitarbeiter wird nicht wie Du die Fähigkeit haben, das Ganze aus der Vogelperspektive zu betrachten. Denn von dort aus könnte er gegebenenfalls sehen, dass Ihr möglicherweise mit Kleinunternehmen und einem selbst gebauten Office 365-Prozessprodukt 80 % des Ertrages erzielt.

Selbst wenn er es wüsste, hieße das noch lange nicht, dass er für diese – für Dich richtigen – Wachstumskunden auch die Fahne schwenken würde. Das macht der Mitarbeiter nicht aus bösem Willen, aber in seiner Welt will er verständlicherweise, dass diese so schön wie möglich für ihn ist. Und das, lieber Unternehmer, stellt einer Deiner zu lösenden Punkte auf der Wachstumscheckliste als Führungskraft dar. Tipp am Rande: Achte drauf, dass Deine Führungskräfte diesen Blickwinkel einnehmen können. Mehr davon im nächsten Hauptkapitel.

Beispiele aus der täglichen Praxis zum Thema Glaubenssätze als Fokus-Verhinderung

Ich zähle hier nur ein paar klassische Beispiele auf. Es gibt viel mehr von dieser Sorte. Das spannende daran und was sie gemeinsam haben ist: Dir erwächst aus diesen und ähnlichen Glaubenssätzen schnell eine unterbewusste Existenzangst, was deren Überwindung definitiv nicht einfacher macht:

- Wir haben noch nie Kunden gekündigt; das macht man nicht.
- Wir brauchen jeden Umsatz zur Kostendeckung.
- Die Mitarbeiter machen da nicht mit.
- Der XY hat so was mal probiert und ist gescheitert.
- Schmaler Fokus bedeutet weniger Möglichkeiten.

Die Glaubenssätze und die persönlichen Befindlichkeiten stellen für uns und die Unternehmer in den Skalierungsprojekten wirklich schwierige Hindernisse dar. Denn die Erfolge einer richtigen Sales-Strategie zeigen sich nicht unmittelbar, sondern meist mit Monaten Versatz. Außerdem ist es völlig natürlich, dass, wenn der Unternehmer beginnt, neue Dinge entgegen seinen alten Glaubenssätzen zu probieren, die Ungeduld schnell ansteigt und »man« dann doch wieder in die alten Muster verfallen will.

KUNDEN – Warum Dich die falschen Kunden unsichtbar am Boden halten

Ich möchte hier kurz über eine – für einen Wachstumsunternehmer notwendige – Kunden-»Arroganz« reden. Das mag sich zunächst etwas negativ anhören, ist es aber in keiner Weise.

Erklärung:

Aus meiner Sicht gibt es drei Evolutionsstufen eines Wachstumsunternehmers:

Level 1: Der Gründer, der jede Chance und Möglichkeit mitnimmt

Level 2: Der Konsequente, der aus den ersten Interferenzen mit falschen Kunden gelernt hat und auch schon einmal einen davon gekündigt hat

Level 3: Der Klare. Er weiß aus mehreren Blickwinkeln, wer der ideale Kunde ist und geht einen entscheiden Schritt weiter – er weiß teilweise besser, was gut für den Kunden ist. Ich meine hier nicht, die für Techniker manchmal typische Art, den Kunden mit einer Lösung zu überfahren, die er so gar nicht braucht. Sondern dass der Unternehmer auf diesem Level einen echten Kundennutzen vorhersehen kann. Einen Nutzen, den der Kunde noch nicht einmal aussprechen kann. Das meine ich mit Kunden-»Arroganz«: wenn man es wirklich besser weiß und nicht nur glaubt, es zu wissen.

Übrigens – ich treffe immer wieder Unternehmer, die glauben, den Kunden zu verstehen, wenn sie wissen, welche Technik (Server, Software etc.) er braucht. Wer das meint, soll bitte das Thema Mindset nochmals lesen.

Wenn Du nicht genug Klarheit über die richtigen Kunden und deren Bedürfnisse hast, fehlt Dir der entscheidende Hebel für das Wachstum. Genau genommen fehlt Dir dann das Wissen über das Herzstück Deines skalierenden Sales-Systems.

Dieser Zustand lässt Dich dann in Deiner aktuellen Position verharren. Das Festhalten an B/C-Kunden, die 80% der Arbeit und 20% des Ertrages produzieren, ist das, was bremst. Was Dich am Boden hält, ist die Ressourcenverschwendung! Dass Deine besten Leute und Du für Kunden und Themen, die nicht wachstumsfähig sind, unterwegs seid. Deine Firma ist genau genommen eine Verwaltungsorganisation für immer knapper werdende Ressourcen, und Du produzierst kein Wachstum, da Du den Fokus auf falsche Kunden und Themen gelenkt hast.

Bei den Verhinderern II. FOKUS und III. KUNDEN handelt es sich um sehr verwandte Themen. Für uns gehört das alles in das elementare Thema der Wachstumsdrehachse Dass es sich lohnt, einen Fokus und die richtigen Kunden zu finden, haben wir in Kapitel 3.5. zum unternehmerischen Zielbild gesehen. Kannst Du Dich noch dran erinnern, dass diese Fokus-/Kundenmaßnahme über mehrere Jahre zur jeweiligen Umsatzverdoppelung geführt hat? Wir werden darauf wieder zurückkommen.

PRÄZISION – Vertrieb ist doch einfach: Die Technik musst Du beherrschen, der Rest wird dann schon ...

Es sind die Glaubenssätze, die Du hunderte Male hörst und immer wieder neu überwinden musst. Es ist auch der Glaubenssatz, warum oft die Präzision und Sorgfalt in den Sales-System-Projekten fehlen. Tekkies haben die Einstellung, dass der Technik-Skill, den sie unter vielen Mühen erworben haben, viel wertvoller ist als Unternehmer- oder Sales-Skills. Es geht aber noch weiter: Die oft hemmungslos ausgelebte grundsätzliche Ablehnung von Sales führt oft dazu, dass man etwas widerwillig an ein Sales-Projekt herangeht. Genau genommen gehört es für einige zum »guten Ton«, Sales abzuwerten.

So sieht das dann aus ...

Der Widerstand, die Abwertung des Themas und die negative Grundeinstellung zu der »Notwendigkeit« Sales (es muss ja sein – wollen ist anders ...) hemmen die Umsetzungen. Es wird schnell und hastig irgendetwas gemacht, und so läuft es dann auch. Etwas mehr Zeit und Muße für das Thema, und viele Euro Vertriebsgräber von Sales-Projekten wären nicht nötig gewesen. Genau genommen werden da wachstumsverhindernde und selbsterfüllende Prophezeiungen produziert. Mein Hinweis an dieser Stelle: Wenn Du Sales für schlecht hältst, stelle keine Vertriebler ein und versuche nicht, ein Sales-System zu bauen. Es wird Dir nicht gelingen.

PERSONAL – Warum Vertriebler einfach nicht die Ergebnisse liefern (können), die Du als Tech-Unternehmer willst

Es gibt schon sehr viel Content von uns auf YouTube, in Newslettern, Schulungsunterlagen und Vorträgen zu diesem Thema – und das Interesse an dieser Frage ebbt nie ab, weil immer und immer wieder der identische Fehler gemacht wird. Ganz offen gesagt habe ich schon überlegt, ein Wettportal aufzumachen, in dem Tech-Unternehmer wetten können, wie sehr sie daran glauben, dass der Vertrieb endlich laufen wird, wenn sie nur einen Vertriebler einstellen. Unter uns, ich habe es noch NIE – wirklich überhaupt noch NIE, also GAR NIE – auch nur ansatzweise laufen sehen. War das eindeutig ausgedrückt?

Übrigens – lange Zeit war unser meist geliketes YouTube-Video »Hast Du auch schon 100.000 Euro im Sales versenkt?«

Kommen wir zum Thema – in der Sache stecken gleich drei elementare Denkfehler:

1. » Wenn ich einen Vertriebler einstelle, dann bekomme ich mehr Umsatz und/ oder muss nicht mehr selbst den Vertrieb machen «

Nun, ein Vertriebler ist Anwender einen Sales-Systems. Wenn Du keine spitze Zielgruppe, kein spezifisches Angebot und möglicherweise obendrauf keinen Sales-Prozess hast – so wird er nicht verkaufen können. Warum das so ist?

Das hat den schlichten Grund, dass er (nicht so wie Du) das Produkt oder die Leistung, die Ihr herstellt, quasi nicht selbst produzieren könnte. Ihm fehlen alle inhaltlichen Skills. Er ist darauf angewiesen, von Dir zu erfahren bzw. gebrieft zu werden, wer das exakt braucht! Warum benötigt ein Unternehmen das, und was genau wird eigentlich inhaltlich verkauft? In der Realität ist das meist so, dass der Vertriebler raten muss, wer die Zielgruppe ist und sich aus dem unüberblickbaren Dienstleistungsbauchladen dann auch noch die schlecht oder gar nicht beschrieben Produkte oder Leistungen selbst heraussuchen muss. Das kann nicht funktionieren. Der Vertriebler wird »lost« sein, und seine Ergebnisse bleiben somit entsprechend aus.

Zurück zur harten Realität – es gibt einen weiteren Grund, warum ein angestellter Vertriebler nicht den Hauch einer Chance hat, Deine Vertriebs-Performance, auch wenn Du Dich selbst nur für einen Tekkie hältst, zu schlagen:

2. Keiner im KMU Tech-Sales-Prozess will wirklich mit dem Vertriebler reden ...

Ok, ich gebe zu: sehr provokant, was ich jetzt behaupte. Aber es gibt hier klare Abhängigkeiten. Je dienstleistungslastiger und kleiner Deine Firma ist, desto mehr wollen die Kunden mit dem Techniker und nicht mit dem Vertriebler reden. Und natürlich ist der Tech-Unternehmer als Ansprechpartner immer die Wunschnummer 1. Wenn Du echte Produkte hast, sieht das wieder anders aus – aber im Dienstleistungsumfeld ist das ein Naturgesetz. Der Weg zur Lösung liegt oft darin gute, für Vertriebler verkaufbare Vorprodukte zu schaffen. Das ist je nach Branche mehr oder minder einfach – geht aber immer und hilft dem potenziellen Vertriebsmitarbeiter enorm.

3. Last but not least – Der Vertriebler ist ein besserer Verkäufer – weil ich als Tech-Unternehmer Amateur bin und er der Verkaufsprofi

Wie sage ich es, ohne jemandem weh zu tun ...??? Ich probiere es einmal mit: Das ist Bullshit! Denn egal, wie sehr Du mit Anti-Sales-Glaubenssätzen bestückt bist, Deine Firma - Deine Idee - Deine Kundenorientierung, niemand auf dieser Welt kann sie so leidenschaftlich vertreten wie Du. Keiner wird jemals so wie Du an Deine Firma glauben – ein angestellter Vertriebler hat keine Chance, so ein Feuer zu entfachen wie Du. Und Du weißt das und kokettierst unverhohlen damit, dass Du ja kein guter

Vertriebler bist – aber schlussendlich generierst Du doch selbst mehr als 80% der Umsätze. Hör auf damit. Es mag nett für Dein Ego sein. Gut für Dein Skalierungsunternehmen ist das nicht. Kein skalierender Tech-Unternehmer kommt umhin, ein gutes und tragfähiges Sales-System zu bauen.

UMSETZUNGS-CHECKLISTE

- ☐ *Stelle fest, welche der 5 Hauptverhinderer bei Dir in der Firma am stärksten sind.*
- ☐ *Da Du nicht alles wirklich selbst klar sehen kannst – frage als Gegencheck Deine Key-Player in der Firma danach.*
- ☐ *Streiche alle Aussagen, die Deinen Keyplayern persönliche Vorteile bringen.*
- ☐ *Bei allem was übrig bleibt – stelle fest, was Dir bei einer Veränderung am meisten weh tun würde – so gewinnst Du bei einem bis zwei Gründen Klarheit bezüglich Deiner echten Engpässe zum Thema Sales.*

THE GROWING 5 REFLEXION	
WBP #1 **härten**	Mache eine Liste, was bisher im Sales irgendwie positiv war und funktioniert hat. Behalte das, egal was Du machst bezüglich Deines Sales-Systems bei, bis das Neue »zieht« oder vielleicht die Komponenten beinhaltet.
WBP #2 **wiederholen**	Wiederhole alle Dinge, die bisher Neukunden/Aufträge gebracht haben – bis Du ein besseres oder effizienteres System hast.
WBP #3 **riskieren**	Die Metamorphose vom reinen Tech-Laden zu einer »richtigen Firma« mit strukturiertem Sales kostet Geld. Finde Dich damit ab und spare Dir das Geld für Vertriebsmitarbeiter. Investiere zuerst in das Sales-System.
WBP #4 **expandieren**	Der Sales-Skill geht alle an. Schaffe eine Expansions/Sales-Kultur, die zu Deinen Unternehmen und Key-Playern passt.
WBP #5 **netzwerken**	Wen kennst Du, der in Deinem Geschäftsmodell diesen Evolutionsschritt schon hinter sich gebracht hat. Schau Dir an, wie er das gemacht hat.

4.4

ERFOLGREICHER TECHNICAL SALES – DIE FÜNF UNABDINGBAREN BASICS

Ich weiß, lieber Tech-Unternehmer – die Ungeduld ist groß, und Du willst sofort das Ergebnis. Mehr Umsatz – mehr Freiheit – mehr Sicherheit – mehr Skalierung ...

Nun, wenn ich eines gelernt habe, dann ist es folgende Tatsache: Wenn man eine Weile in einem Thema steckenbleibt und irgendwie nach x Versuchen nicht weitergekommen ist, ist es so, weil man die Grundlagen für den nächsten Level nicht hat. Das will keiner (ich auch nicht) hören, es ist aber so. Plötzlich muss man wieder dahin zurück, obwohl man glaubte, dass man dieses Stadium schon längst hinter sich gelassen hat. Ich gelobe, es so kurz und schmerzlos wie möglich zu machen, aber ein paar Grundlagen sollten wir jetzt klären:

- Dein Sales-Modell (Prozess) muss Deinem Geschäftsmodell (Branche/Sub-Branche) entsprechen
- Was sind die Bestandteile einer Umsatzrakete
- Was sind die wahren Kaufgründe Deiner Zielgruppe und warum interessiert sich kein Interessent/Kunde für Deine Kompetenz und Dein Angebot
- Wo Herr Bartl den (Umsatz-)Most holt
- Wie ein funktionierendes Zielkundenprofil aussieht – das Profiling

Dein Sales-Modell (Prozess) muss Deinem Geschäftsmodell (Branche/Sub-Branche) entsprechen

Wir fangen mit den Grundlagen an, und ich hoffe, Du bleibst am Ball, denn genau diese einfachen Dinge machen den Erfolg im Sales aus. Es geht darum, dass Dein Geschäftsmodell entscheidet, wie der Vertrieb gestaltet ist. Nehmen wir zwei plakative, fast gegensätzliche Modelle:

Der Friseur

Beim Friseur ist das Vertriebsmodell wie bei vielen Anbietern von Produkten und Leistungen im B2C-Bereich erst einmal die Kundenempfehlung. Das geht analog – also von Mund zu Mund – und heute auch gerne digital via Google-Fünfsterne-Empfehlung. Aber das Vertriebsmodell bleibt schlussendlich lokal und eher passiv. Also: Aktiver Verkauf findet erst statt, wenn die Dame im Salon unschlüssig darüber ist, ob sie das unendlich teure Zusatzprodukt von Goldwell wirklich braucht oder nicht.

VS

Unternehmensberatung

Hier ist das Vertriebsmodell das B2B-Beziehungsnetzwerk und die Manager bzw. GFs, die Faktura-Tage verkaufen. Je besser das Netzwerk ist, desto besser der Unternehmensberatungs-Umsatz. Ein wichtiger Kern hierbei: die Anzahl von Top-Beratern und Managern, die für sich und ihre Junior-Berater immer mehr Mannjahre pro Großkunde verkaufen können. Idealerweise während der bezahlten Beraterzeit. Das ergibt dann die Cash-Performance einer Unternehmensberatung. Sie müssen immer neu zu lösende Probleme finden und die Kunden-Umsatz-Entscheider müssen durch das Wirken der Berater persönliche Vorteile im Unternehmen haben. Zum Beispiel: Ruhm und Ehre als Konzernmanager und somit den möglichen Aufstieg in die nächste Managerkaste oder zumindest die Verteidigung der aktuellen Position.

Du siehst also: Das sind verschiedene Welten. Die folgende Tabelle zeigt die etablierten Methoden für die Neukundengewinnung, ungeachtet dessen, dass Kunden-Empfehlung und Onlinemarketing – sowieso heute Standard sind.

Die Tabelle dient eher der Orientierung, und aus unserer Sicht ist diese weder vollständig noch in Stein gemeißelt.

Das Wesentliche daran ist:

- Techniker und Management sind im technischen Sales immer involviert und wichtig für den Erfolg.
- Außerdem gibt es einen Zusammenhang zwischen der Anzahl Neukunden pro Jahr und der Entscheidung, ob und wie viel Vertriebspersonal notwendig ist. Es gibt Dienstleister mit über 400 Mitarbeitern, die ohne einen Vertriebler auskommen! Andererseits gibt es Produkte, die einen überdurchschnittlich hohen Personalbedarf im Sales haben, der bis zu 80% der Mitarbeiteranzahl Deiner Firma betragen kann.
- Final ist ein reiner »Produkter« ohne Dienstleistungsanteil immer viel stärker von einer nativen Sales-Performance abhängig als ein reiner Dienstleister. Letzterer kann gerne über lange Kundenbeziehungen und seine Netzwerke gut leben und wachsen.

Randbemerkung: Für eine Sorte Tech-Unternehmer kommt an dieser Stelle eine schlechte Nachricht. Es geht um die größeren Softwareentwickler und ähnliche, sehr technische Konzerndienstleister. Die wachsen gerne mal, auch völlig ohne Vertrieb, auf 50 und mehr Mitarbeiter. Weil ihre ein oder zwei Konzernkunden über die Jahre immer mehr Leistung von ihnen brauchten. Wenn diese Tech-Dienstleister dann aufwachen, weil ihnen ihr »Wirt« nicht mehr so viel abnimmt, wird es oft sehr schnell sehr schwierig. Ein Auftrags-Softwareentwickler zum Beispiel ist dann oft 10-20 Jahre und mehr die ganze Zeit völlig ohne Sales ausgekommen. Der Mindset im Management (außer möglicherweise beim Unternehmer) ist oft klar sales-feindlich oder zumindest sales-ablehnend und total »tekkieistisch«. Hier bestehen wegen des festgefahrenen Management-Mindsets oft nur geringe Chancen, das Thema in der Firma zu drehen. Manchmal kann in diesem Fall der Verkauf der Firma die eine Option sein. Alternativ kann man einen groß angelegten Tausch beim Management-Personal durchstehen. Das ist zwar riskant aber unter gewissen Umständen mit großer Sorgfalt möglich.

Bsp. Branche/Art der Company	Bereich/Ziel-kunden-größe	Leistungs-Fokus	Leistungsart
Restaurant, Friseur, Nagelstudio	B2C	Dienstleistung	Lokal
Tech. Dienstleister wie Brandmelde, Video etc. IT-Systemhaus	B2B Mittelstand	Dienstleistung mit Produkt-Fokus	Lokal bis regional
IT-Personal-Dienstleister SW-Entwicklung, Unternehmensberatung	B2B Mittelstand	Schwerpunkt Dienstleistung	Regional bis internat.
Projektdienstleister SW-Hersteller mit Integration Anlagen-/Maschinenbau	B2B Mittelstand	Dienstleistung und Produkt Mix	Regional bis internat.
IT-Projekt-Dienstleister Anlagen-/Maschinenbau	B2B Großkunden	Dienstleistung und passende Produkte	DACH internat.
IT-/Personal-Dienstleister Unternehmensberatung	B2B Großkunden	Dienstleistung	DACH internat.

	Dealsize Neukunde	Verkäufer	Anzahl Neukunden im Jahr	Umsetzung/Erfolgsfaktor (außer Empfehlung und Onlinemarketing)
	low	Inhaber/in	100+	Lokales Marketing offline/online und Events
	mid	GF Vertrieb Techniker Management	5-50+	Outbound-Schlagzahl Networking
	mid high	Management GF Tekkies	5-12+	Networking
	high	Vertrieb Management GF	5-50+	Outbound-Schlagzahl Networking
	high	Management Vertrieb GF Tekkies	5-50+	Networking
	high	Vertrieb (bei Pers. DL) Management Tekkies GF	3-50+	Networking

Was sind die Bestandteile Deiner Umsatzrakete

Nun wissen wir welche Vertriebs-Umsetzungsmethoden und -Rollen wir zur Neukundengewinnung brauchen. Damit die besten Methoden wirksam sind, braucht es aber gewisse Voraussetzungen. Das heißt, einerseits sollte Dir und Deinen Keyplayern völlig bewusst sein, wer Ihr als Firma seid; andererseits muss aber auch klar sein, wer Eure idealen Kunden sind und wie man diese erreichen kann. Fangen wir wie immer innen an.

Part 1 der Umsatzrakete - Die Sicht von Innen nach Außen

Am besten hat das Thema wohl Jim Collins in seinem Buch »From Good to Great« getroffen. Er untersuchte mit seinem Universitätsteam die Gesetzmäßigkeiten für überdurchschnittliche Firmenwachstums-Performance. Warum exemplarische 11 der Top 500 am Aktienmarkt notierten Unternehmen über 15 Jahre in Folge mehrfach messbar gegenüber dem Vergleichsmarkt gewachsen sind. Eines seiner Erkenntnisse und aus meiner Sicht das Wichtigste: das Igel-Prinzip! Das Igel-Prinzip ist die Erkenntnis dessen, welches Selbstverständnis man von seiner Firma haben muss, damit man 15 Jahre in Folge über dem Markt performen kann. Es geht im Kern darum, eine Schnittmenge zwischen Cashflow und den Kunden und Themen, die man liebt, zu adressieren. Denn unter diesen Umständen geht man die entscheidenden Extra-Meter, die solches Wachstum immer mal wieder erfordert. Des Weiteren geht es um das gesunde, reale Selbstbewusstsein, um in den Themen, die man bei den Kunden adressiert, einer der Besten werden zu können. Wir reden hier nicht immer zwanghaft von der potenziellen Weltherrschaft. Vielmehr geht es um das selbst definierte Segment, das das berechtigte Potenzial zur Erreichung der Nummer 1 verspricht. Das könnte zum Beispiel auch das beste Systemhaus für Ärzte in Nord-Baden sein. Was auch immer – es sollte anspruchsvoll und erreichbar sein.

Grafik 17

Part 2 der Umsatzrakete – Die Sicht von außen nach innen

Genau genommen geht es hier um technische, notwendige Faktoren für den effizienten Vertrieb. Um Dinge, die es braucht, um überhaupt gut verkaufen und kontakten zu können.

Angemessene »Spitzheit« der Zielgruppe

Deine Zielgruppe sollte sowohl technisch als auch inhaltlich, so spitz wie möglich sein. Was z. B. bedeutet, dass Du in drei/fünf/sieben Jahren mehr als 10 % dieses Marktes erobern kannst und dabei das gewünschte Wachstum erzielst. Die Definition der richtigen Wachstumszielgruppe ist ein enorm trickreiches Thema, auf das wir im Weiteren noch eingehen werden. Für das Bild des »Raketenstarts« reicht das im Moment.

Qualität und Image

Ok, ich verstehe, wenn Du jetzt denkst: »Klar doch, haben wir. Das ist doch eine Binsenweisheit.« Ich mag hier auf die 72,4% (gemäß Selbsteinschätzung) überdurchschnittlichen Autofahrer in Deutschland verweisen. Leider besitzen wir genug konkrete Auswertungen aus unseren Skalierungsprojekten, die klar aufgezeigt haben, dass Image und Qualität nie da waren, wo sich der Unternehmer und seine Keyplayer selbst gesehen haben. Die Kunden haben stets anders geurteilt. Und ja, es gab sie auch, die positiven Überraschungen. Ich kürze es an der Stelle ab: Es gibt hier einen messbaren Job zu erledigen, bevor man den Skalierungshebel betätigt.

Nähe zum Haupt-Pain des Kunden

Je mehr Du mit Deiner Firma direkt die Schmerzen des Kundenentscheiders positiv beeinflussen kannst, desto besser wird Dein Vertrieb funktionieren.

Beispiel: Wenn Du IT-Dienstleister bist und Deine Zielgruppe aus kleinen Firmen bis 40 Mitarbeiter (also ohne IT-Leiter) besteht, so sind Ängste Deiner Hauptentscheider:

- Angst vor Cyberangriffen und somit vor einer Arbeitsunfähigkeit der Firma
- Angst vor Intransparenz und Geldverschwendung. Also zu viel Leistung zu bekommen, die nicht notwendig wäre
- Genervtheit bezüglich des »Gemotzes« der Mitarbeiter über die IT

Das sind echte Punkte, die Du lösen musst. Und zwar so, dass der verantwortliche Geschäftsführer tatsächlich ein gutes Gefühlt hat und vollkommen sicher durch euch ist. Dass ihr die besten Techniker seid und die Themen XYZ beherrscht, wie kein anderer, interessiert keinen Kunden.

Der Kunde interessiert sich für seine persönlichen Bedürfnisse in seiner Rolle, und das sind die oben genannten Themen. Nicht mehr und nicht weniger.

Dem Kunden erzählt eh jeder Tech-Dienstleister, dass seine Firma die beste ist. Euer Entscheider hat keine Ahnung, ob das stimmt. Er macht seine Entscheidung an anderen Dingen fest.

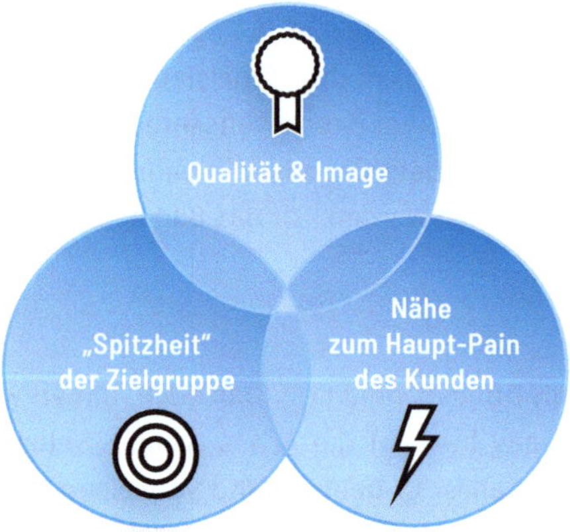

Grafik 18

Und so steigt Deine Umsatz-Rakete

Das nachfolgende Bild zeigt, wie sich die Umsatzrakete nun zusammensetzt.

Wenn der marktorientierte und der interne Teil zusammenpassen und vollständig sind, dann steigt auch Deine Umsatzrakete.

Um es mit einfachen Worten zu wiederholen: Wenn Du weißt, wer Ihr seid und was Ihr wollt und Du die technischen Parameter (wie spitze Zielgruppe, Qualität und Pain des Kunden) beherrschst, dann steht dem Countdown nichts mehr im Wege.

Grafik 19

Warum sich kein Kunde für Deine Kompetenz oder Dein Angebot interessiert und was die wahren und emotionalen Kaufgründe sind

Das ist der Part des Buches, welcher sich am wenigsten theoretisch erklären lässt und der bei fast allen Tech-Kunden am schwierigsten zu verstehen bzw. umzusetzen ist. Es geht um die emotionalen Kaufgründe.

Es geht um den Skill, der am meisten Einfluss auf die vertriebliche Performance hat – neben Fleiß und Disziplin. Genau genommen kommt kein Abschluss ohne emotionale Kaufgründe zu Stande. Die einzige Ausnahme, die ich persönlich kenne, sind Börsenroboter, die nach programmierten Algorithmen kaufen und verkaufen. Wobei die Auslöser für die Algorithmen auch von Menschen kommen und somit doch wieder mehr oder minder emotional bestimmt sind. Ich hoffe, Dir sind die Grundlagen aus dem Mindset-Kapitel noch präsent. Dass unser Unterbewusstsein, unsere emotionalen Gehirnareale zehntausendmal schneller sind als die Ratio. Das Großartige daran ist: Wenn Du als Tech-Unternehmer das einmal wirklich verstanden hast, bist Du allen anderen deutlich überlegen. Allein dieses Wissen bringt Dich schon nach vorne, ohne dass Du bereits anfängst, aktiv danach zu handeln.

Unter uns: Eigentlich (und hier ist das Wort super untergebracht) weißt Du alles, was ich Dir jetzt erklären werde, und ein großer Teil Deines bisherigen Erfolges fußt darauf, dass Du schon unterbewusst oder bestenfalls bewusst entsprechend gehandelt hast.

Lass uns einen kleinen Sprung zu Daniel Goeudevert und seinem Buch »Wie ein Vogel im Aquarium« machen. Du kennst ihn nicht? Er war das größte Verkaufstalent bei Citroën und 28 Jahre lang im Citroën Vertrieb tätig – also der beste Verkäufer französischer Autos, bevor er über Umwege in den VW-Vorstand fand. Wie auch immer, er erkannte eine einzige Tatsache, die ihn 10.000 Citroëns pro Jahr verkaufen ließ: Einen Citroën verkauft man an die Frau! Bis dahin hatte jeder geglaubt, dass der Mann entscheidet, weil er der Budget-Owner wäre und somit der Entscheider. Dem war aber nicht so. So ein Citroën war für die arme Familie auf dem französischen Land eine elementare, fast existenzielle Entscheidung. Ich male es jetzt schwarz auf weiß: Der französische Mann war eher ein Filou, während die Frau die Aufgabe hatte, das Geld und die Familie zusammenzuhalten. Somit war für Goeudevert klar, wie und auf wen der Verkaufsprozess auszurichten war: nämlich die Frau. Und das war dann auch die Basis für ein Wachstum des Unternehmens Citroën, wie man es zuvor noch nicht gesehen hatte. Denn die Frau entschied nicht nach PS-Zahl und Stundenkilometern in der Spitze, sondern vielmehr danach, ob und wie sehr das Auto familientauglich war.

Kommen wir in die Gegenwart. Wenn Du als Tech-Unternehmer einen Porsche, BMW oder Daimler etc. kaufst, dann ist das auch keine Sachentscheidung. Genau genommen würde ein Golf TDI Variant 98,67% aller Anwendungsfälle abdecken. Wie Du siehst, ist also auch Deine Entscheidung in diesem Fall hochgradig emotional und eben nicht sachlich.

Unser Beispiel besteht aus zwei Teilen. Zum einen, mit wem wir es zu tun haben zum anderen, wie ein beispielhafter Sales-Prozess mit diesem Entscheider-Typ aussieht.

1. Der beispielhafte Entscheider im emotionalen Entscheidungsprozess

   Wir haben einen IT-Leiter aus dem Mittelstand vor uns. Dieser war zuvor als Teamlead in der IT-Consultingbranche angestellt. Weil dieser Job ihm zu „stressig“ war, hat er ein Job-Angebot aus dem Endkunden-Umfeld im Mittelstand angenommen. Was er nicht in der Klarheit erkannt hatte, dass es bei seinem neuen Arbeitgeber doch einige Herausforderungen mehr gibt, als er absehen konnte.

2. Der beispielhafte Entscheidungsprozess sachlich und emotional

Schauen wir uns den Entscheidungsprozess im Tech-Business in der emotionalen Realität an:

PAINS	DESIRES	LIMBIC
Ich habe extra zum Endkunden gewechselt, um vor dem Druck in der IT-Branche meine Ruhe zu haben	Ich will doch nur mit Technologie spielen und meine ruhe haben. Und Sicherheit ohne Faktura-Druck, dann habe ich endlich Zeit für meine Familie. Die weitere Wahrheit dahinter ist: › Die (unzufriedene) Frau durch Anwesenheit zufriedenstellen. › Das schlechte Gewissen den Kindern gegenüber beruhigen. › Immer noch mit Technik spielen.	Abenteuer (Hobby Mountainbike) und Kreativer/Innovativer, will sich immer mit den neusten Gadgets ablenken/unterhalten.

PROZESSBEISPIELE DES ENTSCHEIDUNGSABLAUFS				
Zeitachse – Phasen der Kaufentscheidung →				
»Gedanken-kreisel«	**Suche/ Eskalation**	**Annäherung**	**Innere Ent-scheidung**	**Entscheidung**
Problem-Oberfläche Der Pain der Organisation: Die interne IT-Abteilung bringt es nicht auf die Reihe für das Development-Team immer die passende Umgebung hin zu stellen	Er wird nach **billigen DevOp-Anbietern** suchen oder wie er die **IT-Abteilung dort trotzdem zum Laufen** bringt	**Aussortieren welcher Lösungstyp** wohl eher geht. Nehmen wir an, das wg. Budget nur eine interne Lösung geht.	Normalerweise 2-8 Wochen vor der Unter-schrift fällt die **»innere« Ent-scheidung.**	Hier kannst Du nur noch mit schwerem Formfehler den Deal in den Sand setzen.
Pain des Kunden (Entscheiders) GF macht Druck und er hat fast kein Budget	**Empfänglich für Ideen:** Günstige/ Effiziente DevOp-Lösung exakt für Thema x/v und warum die so gut geht. In 30 Tage der Umbau deiner old School IT-Abteilung zum DevOp	Welcher Anbieter liegt dann vorne? Der, der die beste Methode hat, dass die interne IT wirk-lich danach das tut, was er braucht – er will seine RUHE!	**Welcher Schalter wird das sein? Was ist der EMOTIONALE KAUFGRUND? Anbieter X ver-steht meinen Schmerz und wird sicher so leisten, das ich meine Ruhe habe ...**	

So oder vergleichbar laufen die Entscheidungsprozesse ab. Und ja, ich habe hier hundert Gegenbeispiele im Ohr, die mir dann erzählt werden:

»Nein, das stimmt so nicht ... Es ist wegen der Kompetenz oder weil wir ...«

Schlussendlich gibt es genau eine Wahrheit. Hör in Dich rein – überlege Dir: Wie lief es tatsächlich beim letzten Mal ab? Dein Gefühl sagt Dir, es gibt viele Varianten, aber schlussendlich werden die Entscheidungen viel eher unter dem Einfluss von Emotionen als durch rationale Überlegung entschieden.

Ich mag es auch im Rahmen dieses Buches nicht unendlich ausbreiten. Es ist eine Tatsache, die man glaubt oder eben nicht, aber wenn Du Deinen Sales-Prozess basierend auf emotionalen Kaufentscheidungen ausrichtest, wird Dein Vertrieb messbar bessere Ergebnisse liefern. Wer das für Humbug hält, solle das Buch bitte an uns zurückschicken – wir werden das Geld gerne erstatten.

Wo Herr BARTL den (Umsatz-)Most holt

Im Folgenden wird es deutlich einfacher, weil es um normale, sachliche Tatsachen geht - nämlich darum: Wer ist eigentlich der wahre Entscheider? Wir haben am Beispiel von Goeudevert/Citroën schon gesehen: Da kann es möglicherweise eher im Sinne von »trickreicher« oder zumindest anders zugehen, als man es so auf den ersten Blick vermutet. Genauso ist es in der Realität auch. Das Schöne daran ist: Am Ende gibt es immer nur einen finalen Entscheider. In komplexeren Fällen musst Du die voranstehenden Dominosteine für die Entscheidung in der richtigen Reihenfolge umwerfen, aber am Ende steht der eine wichtige Stein für die Umsatzentscheidung. Und den musst Du kennen. Das kann derjenige sein, der den Hauptnutzen durch Eure Dienstleistung oder Euer Produkt hat, es kann aber auch eine hierarchische Ebene darüber oder darunter sein. Lass uns einen Blick auf folgendes Bild werfen:

Grafik 20

Die wesentliche Nachricht ist: Der Umsatzträger – also die Person, die den letzten Dominostein darstellt – ist für Dich von zentraler Bedeutung. Hast Du nur einen Geschäftsführer vor Dir oder einen Kleinunternehmer oder Arzt, dann freue Dich, weil es das Leben einfacher macht. Aber freue Dich nicht zu früh, denn die Arzthelferin des Arztes, dem Du z. B. IT-Dienstleistungen verkaufen willst, hat vielleicht mehr zu sagen, als Du Dir vorstellen kannst. Final weißt Du gefühlt relativ schnell, auf wen es wirklich ankommt. Richte auf ihn oder sie Deinen Sales-Prozess aus, und Dein Vertrieb wird erstaunlich gut laufen.

Wie ein funktionierendes Zielkundenprofil aussieht – Das Profiling

Fangen wir mit den Standardfehlern an, warum das mit den Zielkundenprofilen so oft nicht funktioniert. Es gibt drei einfache Gründe:

› Es wird irgendein Wunschkunde aus der Luft gegriffen

Der soll dann Basis für das Sales-System sein. Der »Befehl« lautet: »Genau davon wollen wir 100 Stück.« Obendrein wird dazu noch festlegt, was dieser Wunschkunde dann genau zu kaufen hat.

Wir sind immer wieder aufs Neue verwundert, wie hartnäckig sich diese Vorgehensweise bei Tech-Unternehmern hält. Fakt ist, dass man so etwas in wenigen Sonderfällen machen kann. Diese Sonderfälle lohnen nicht einmal eine Aufzählung, weil schlussendlich der Weg in 99,9% der Fälle immer umgekehrt läuft. Als erstes wird erkundet, wer bisher was aus welchen Gründen gekauft hat. Also eine Art Reverse-Engineering bezüglich des Zielkunden. Wir kommen im weiteren Verlauf noch dazu, was wir damit genau meinen und wie das funktioniert.

› Es werden nur technische Daten festgehalten

Nun haben wir uns im oberen Punkt schon mit den emotionalen Kaufgründen auseinandergesetzt. Genau diese sind für einen funktionierenden Sales-Funnel (on- oder offline) unabdingbar. Warum das so ist? Weil wir diese Kerninformationen unabdingbar für die Ansprache des Interessenten und den zugrunde liegenden Vertriebsprozess unabdingbar benötigen, um zu einem positiven Abschluss zu kommen.

Fakten wie zum Beispiel Rolle, Alter, Geschlecht und wo der Zielkunde sitzen soll, sind wichtig, aber nur die Pflicht. Die Kür sind die weichen Daten.

› Das »gefühlt wissen wir es« reicht doch?!

Da ist er wieder, der Punkt, den wir im Thema Verhinderungsgründe für Sales gesehen haben: mangelnde Präzision. In über 95% unserer Fälle treffen wir am Anfang auf die Situation: Zielkundenprofil haben wir – ist doch klar. Konkret sieht das dann so aus, dass der Geschäftsführer eine oft unausgegorene Idee im Kopf hat, und jeder Keyplayer hat eine andere Vorstellung, was damit gemeint ist. Ich kürze es ab:

Entweder, es liegt ein Profil mit den unten dargestellten Mindestkriterien vor, und es ist schriftlich dokumentiert sowie von allen relevanten Personen in der Firma akzeptiert – oder Du hast KEIN Kundenprofil.

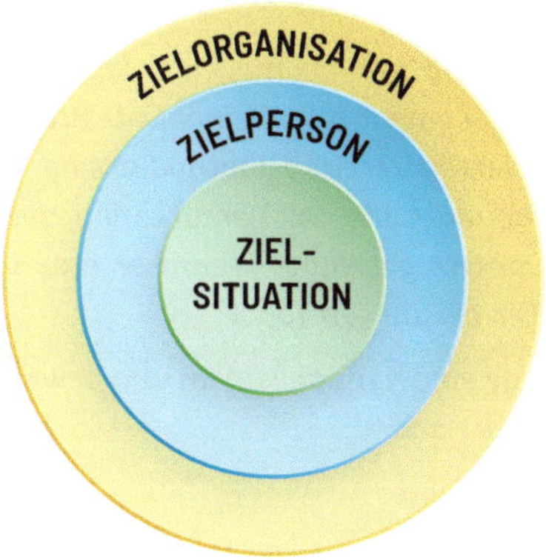

Grafik 21

Ein gutes Zielkundenprofil umfasst die Zielorganisation, Zielperson und die Kaufgründe. Allerdings nicht solche wie »der Kunde kauft, weil wir so kompetent sind ...«, sondern enthält die Auslösesituation - warum er angefangen hat, nach einer Lösung zu suchen und was der technische Bedarfsauslöser war bzw. welche Pains und Wünsche von ihm durch die Lösung befriedigt werden. Idealerweise werden die Auslöser der Organisation getrennt von der Entscheiderperson dokumentiert. Wer 100% leisten will, sollte die limbische Ausprägung, die Pains und Wünsche der Zielkunden-Entscheider ins Profil mit aufnehmen.

Somit hätten wir die wichtigsten Bestandteile der Grundlagen gestreift und wenden uns im nächsten Kapitel dem meistgeklickten Tech-Sales-Thema, dem Kundenansprache-Hack zu.

UMSETZUNGS-CHECKLISTE

- ☐ *Beschreibe auf maximal einer Seite, welche in einem Segment bzw. Deiner Sub-Branche die etablierten Vertriebsmethoden sind. Outbound-Calls, Onlinemarketing, Vertriebler vor Ort, geschulte Techniker, etc., was sind die Dir bekannten Top 3?*
- ☐ *Fertige eine Kundenliste an und bewerte die Kunden nach*

  a) Like-Faktor

  b) % DB der letzten 12 Monate und

  c) ob ihr in dieser Sorte Kunden/Leistungen einer der Besten werden könnt.
- ☐ *Beschreibe Deine spitze Zielgruppe und quantifiziere den Markt, in dem Du Dich in diesem Segment bewegst.*
- ☐ *Führe eine Kundenumfrage durch.*
  Wie sehen Eure Kunden Eure Qualität und Euer Image?
- ☐ *Führe mit mindestens 5 Kunden aus Deiner Wunschzielkunden-Gruppe Interviews, um festzustellen, was ihre emotionalen Kaufgründe sind.*

THE GROWING 5 REFLEXION	
WBP #1 **härten**	Stelle fest, mit welchen Kunden Du den größten messbaren Ertrag generierst Stelle Dir die Frage: Wie zukunftsfähig ist jeder Kunde für Dich? (Stichwort sterbende Branchen) Nimm die Top 3-5 der ertragreichen und zukunftsfähigen Kunden und überlege Dir mit Deinem Team, was ihr an monatlich bezahlbaren skalierungsfähigen Abo-Produkten für diese Gruppe bauen könnt.
WBP #2 **wiederholen**	Wie genau bist Du an Deine Top-Kunden gekommen? Kannst Du das wiederholen und in ein Neukunden-System/Prozess bauen? Kann das dann auch von Mitarbeitern Deiner Firma bedient werden?
WBP #3 **riskieren**	Investiere eine max. 4-5-stellige Summe in einen POC bzgl. Lead-Generierung, die neu für Dich ist. Was lernst Du daraus?
WBP #4 **expandieren**	Wer in Deiner Firma kann Dich strategisch und/oder operativ beim Aufbau eines strukturierten Vertriebs unterstützen? Geht eure Checkliste zusammen durch – das macht mehr Spaß und bringt mehr Erkenntnis.
WBP #5 **netzwerken**	Mit welchem Unternehmer kannst Du Dich unterhalten, der mindestens eine 0 mehr an den Umsatzzahlen erreicht hat und im ähnlichen Geschäftsmodell unterwegs ist. Frage ihn, was seine wichtigsten Learnings im Vertrieb waren.

4.5

DER ULTIMATIVE KUNDENANSPRACHE-HACK

»A-Kunden rufen Dich an! Mit diesem geheimen Trick geht das in Deiner Tech-Branche – ohne teure Online-Marketing-Agentur und ohne Vertrieb/ler!«

Warum habe ich so eine reißerische Überschrift gewählt? Na, weil es das ist, was Du mehr oder minder unterbewusst hören willst. Im Ernst, nach ein wenig Nachdenken mag der eine dazu sagen: »Nö, ist mir zu reißerisch«. Der andere äußert, so etwas wäre Bauernfängerei oder es bleibt bei einem inneren »Ja«, weil Du einfach willst, ob es so funktionieren könnte.

An der Stelle müssen wir über zwei Dinge reden:

› Das Bewusstsein über das Reizreaktions-System des Menschen und wie es im Vertriebsprozess (legal und moralisch) korrekt genutzt werden kann.

› Woher und wie Du die Daten für einen Kundenansprachen-Hack mit Sogwirkung (sie rufen Dich an) bekommst.

Das Reizreaktions-System des Menschen

Erinnerst Du Dich an das Kapitel 2.1.? Die Geschichte mit den rauchenden, fetten Ärzten? Und an die Tatsache, dass das unterbewusste bzw. emotionale System zehntausendmal schneller reagiert als der denkende Verstand? Gut! Denn an der Stelle ist genau dieses System unser Verbündeter.

Was zu unserem Vertriebscocktail noch fehlt, sind die emotionalen Kaufgründe aus dem vorhergehenden Kapitel 4.4. Wenn wir beides zusammen sauber aufbereiten, haben wir die psychologische Grundstruktur für den Kundensog-Prozess. Die komplexe, aber schlussendlich einfache Aufgabe ist nun, politisch und moralisch korrekte, digitale und analoge Krümel für Deine Wunschkunden auszulegen, sodass Du das Reizreaktions-System Deiner Wunschkunden für Dich, Deine Produkte und Leistungen nutzen kannst.

> ***Kleiner Sidestep an dieser Stelle:***
>
> *Ich weiß, jetzt gehen bei vielen Tekkies die Hüte hoch, die alles das für illegitim oder gar schmutzig halten.*
>
> *Ich möchte a) darauf hinweisen, dass es immer Dir obliegt, wie und wann Du den Sales-Skill nutzt und wo Du Deine Grenzen ziehst. Wie bei allen Werkzeugen kann man es so oder so benutzen. Der Bediener eines Messers bestimmt selbst über die Nutzung als Mordwerkzeug oder als Tool zum Schneiden von leckeren Filetsteaks.*
>
> *Und b) wir alle kaufen mit großer Freude im Taumel des Reizsystems. Die Frauen Handtaschen und Schuhe und die Männer Werkzeuge und Gadgets. Willkommen in der Vertriebsrealität und im normalen menschlichen Alltag – und mit etwas Augenzwinkern haben wir alle Spaß dabei. Oder willst Du mir jetzt erzählen, dass Du nur Mist verkaufst und mit dunklen Tricks die anderen Unternehmer über den Tisch ziehen willst? Die Unternehmer, die ich kenne, wollen etwas Gutes tun – Nutzen stiften – und ihren gerechten Lohn dafür erhalten, und das ist auch gut so! Schlussendlich – unter uns: Die »Tricks« haben alle ihre Grenzen, aber für einen gut laufenden Sales-Prozess solltest Du die Mechanik dahinter verstehen.*

Daten für den ultimativen Kundenansprache-Hack bekommen und nutzen

Um an die emotionalen Kaufgründe zu kommen (diese sind notwendig für den Ansprache-Hack), musst Du mit den Kunden gezielt reden. Leider ist es so, dass das gemieden wird. Gerade von Tekkies wie der Teufel das Weihwasser, und das ist noch eine Untertreibung. Es gibt kein einziges sachlich korrektes Argument, es nicht zu tun, aber die Kundeninterviews stellen beim Drehen des Denkmodells von Inside-Out auf Out-Side-In die zweite und allerhöchste Hürde bei der Bildung eines Sales-Systems dar. Ich könnte jetzt die ersten 20–30 Glaubenssätze, Ausreden oder sonstige Ausflüchte aufzählen und alle der Reihe nach zerlegen. Erfahrungsgemäß hilft das nur nichts. Wir haben es unzählige Male probiert – es bringt den Stein nicht ins Rollen.

Das Einzige, was hier hilft, ist Spaß! Ja, Du hast richtig gehört – Spaß. Denn dass diese Kunden die Deinen sind, ist meist kein Zufall. Die meisten magst Du sogar sehr.

Wir können das sogar beweisen. Denn in mehreren hundert Unternehmercheck-Auswertungen wurden immer und ausnahmslos, die eigenen Kunden also positiv bewertet. Was ich als großartig empfinde. Denn das heißt, dass unsere Kunden Spaß mit ihren Kunden haben und diese sehr mögen.

> ***Ein »Unter uns Unternehmern«-Sidestep:***
>
> *Was ist das für ein Geschenk! Wir können uns aussuchen, mit wem wir was machen. Mit großartigen Mitarbeitern und tollen Kunden, die wir mögen, und etwas tun, was Sinn und Freude macht oder Nutzen stiftet. Vielleicht nimmst Du Dir einmal 90 Sekunden Zeit – und gehst in diese positive Emotion …*

Denn genau da brauchen wir Dich jetzt – sorry, Du brauchst Dich selbst dort, um mit großer Freude mit diesen großartigen Menschen zu reden, um zu verstehen, wie Du mehr von diesen gewinnen kannst.

Und das, lieber Tech-Unternehmer, ist schon das ganze Geheimnis hinter dem A-Kundenansprache-Hack. Wenn Du von Deinen Lieblingskunden die Limbic, die Bedürfnisse, Schmerzen, Wünsche und Träume verstehst, dann kannst Du einen einzigartig wirkungsvollen Sales-Prozess bauen.

Von da an ist es nur noch normales Handwerk, wie man das off- oder online kombiniert abbildet. Ok, ich gebe zu: Einen kleinen Hinterhalt gibt es noch … Denn die lieben Kunden können die Fragen nach ihrer Limbic, Schmerzen und Wünschen nie direkt beantworten. Du musst an die unterbewussten Daten kommen; aber dafür gibt es funktionsfähige Methoden. Schlussendlich ist ein A-Kundensog keine Hexerei, sondern das Ergebnis aus einem klug angewendeten Prozess.

UMSETZUNGS-CHECKLISTE

- ☐ *Nimm die Top 5 Kunden-Entscheider. Triff diese außerhalb ihrer operativen Offices – mittags oder abends. Versuche, ihre Welt und ihre Bedürfnisse zu verstehen.*
- ☐ *Leite Muster aus den Gemeinsamkeiten der Aussagen ab.*
- ☐ *Bilde aus den Mustern Ansprache-Sätze.*
- ☐ *Packe diese in ein Forms-Tool und lasse diese nach „Trifft voll zu" bis „Trifft nicht zu" auf einer Skala von +2 bis -2 bewerten.*
- ☐ *Den besten Satz nach Punkten verprobst Du in Neukundengesprächen. Wenn das funktioniert, …*
- ☐ *… ist das eine Deiner neuen Neukundenansprachen.*

THE GROWING 5 REFLEXION	
WBP #1 härten	Den größten Härtungseffekt in Augenhöhe mit genug liquiden Mitteln und A-Mitarbeitern erzielst Du durch die Freiheit und Möglichkeit, Dir die ertragreichen A-Kunden aussuchen zu können und/oder diese durch einen Sog zu bekommen. Wo stehst Du in diesem Bereich?
WBP #2 wiederholen	Hast Du ein Sales-System – und wenn es nur minimal ist –, welches Dir die Reproduktion Deiner A-Kunden-Gewinnung ermöglicht?
WBP #3 riskieren	Im Aufbau des Kundengewinnungs-Skills besteht kein Risiko – nur Chancen.
WBP #4 expandieren	Wie weit verbreitet ist in Deiner Firma der Skill herauszufinden, was die echten Kaufgründe sind. Ist es eine unterbewusste Kompetenz Deiner Keyplayer oder eine bewusste Kompetenz?
WBP #5 netzwerken	Wer in Deiner Branche ist ein Vorbild im Sales? Wem glaubst Du, dass er das richtig im Griff hat? Frage ihn, ob er Tipps für Dich in Deiner Situation hat.

4.6

WUNDERWAFFE ONLINEMARKETING: NEUKUNDEN RUFEN AN – GEHT DAS WIRKLICH?

Ich weiß, auf dieses Kapitel sind viele gespannt. Denn immer, wenn wir Workshops zum Thema digitaler Vertrieb oder vertriebsloser Vertrieb anbieten, ist die Nachfrage enorm. Das hat auch gute Gründe:

- Jeder hätte gerne eine kleine digitale Sales-Maschine, wo hinten die fertigen Kunden herauspurzeln. Denn dann könnte man den ganzen »ekligen Anbaggerteil« weglassen. Beim restlichen Sales-Prozess ist der geneigte Tech-Unternehmer deutlich entspannter. Wenn nur das »Klinkenputzen« nicht wäre.
- Man könnte mit technischen Mitteln arbeiten – und das mögen Tech-Unternehmer.
- Und man könnte das Thema, an das man eigentlich eh nicht so richtig herangehen will, quasi etwas »umschippern« ...

Leider, lieber Tech-Unternehmer, ist das alles in der Realität dann doch nicht so, wie Du Dir das möglicherweise in Deiner idealen Welt vorstellst. Denn so eine Sales-Maschine will erst mal gebaut sein, was möglich, aber nicht einfach und auch nicht günstig ist. Außerdem ändern sich die Bedingungen der Algorithmen und die Kampagnen dauern an, sodass die Maschine viel Betreuung und Input braucht. Und last but not least musst Du Dich als Unternehmer doch mehr oder minder ausführlich mit Deinem potenziellen Vertriebssystem beschäftigen. Denn ohne, dass Du den Einführungsprozess vorantreibst und mitgestaltest, wird es kein Sales-System (egal ob on- oder offline) geben. Ich möchte die Ausgangsfrage erst einmal beantworten, bevor wir klären, warum das nicht so einfach ist.

Geht das mit dem Online-Sales nun oder nicht?

Ein klares Ja. Allerdings solltest Du beim teilweise notwendigen Eigenbau des Systems selbst mit externem Support mindestens zwölf Monate bis zu den ersten Erfolgen einplanen. Und das Ganze wird anfänglich je nach Herausforderung und Thema im Einstiegs-Projekt min. 30 bis 50.000 Euro kosten. Zusätzlich solltest Du als Unternehmer einen halben Tag pro Woche (besser mehr), während der Initial-Zeit dafür einplanen.

Hürden im Onlinemarketing – Warum hat man bei diesem Thema so viel Aufwand?

Externe Unterstützung ist problematisch, aber notwendig

Schauen wir uns die »Wir-machen-alles-Agenturen« und die »One-Plattform-Spezialisten« an.

Bei den All-in-Agenturen fehlt schlichtweg der Branchen-Skill. Die tiefe Kenntnis der Zielgruppe ist ein Schlüssel zu einem effizienten Onlinemarketing. Nur mit technischem und globalem Onlinemarketing-Know-how werden die Ergebnisse erreicht, die man sich wünscht. Außerdem kann man die wirklich guten Anbieter an wenigen Händen abzählen.

Dann die Klasse der »Ich besorg Dir LinkedIn-Leads o. ä.«-Anbieter. Das ist aus unserer Sicht zu kurz gedacht. Wenn Du unterbrechungsfrei immer gute Leads willst, kannst Du Dich nicht auf eine Plattform oder Vorgehensweise beschränken. Das liegt auch dran, dass die Plattformen gerne Algorithmen ändern oder Dein Werbekonto aufgrund nicht nachvollziehbarer Gründe deaktivieren. Außerdem liefert diese Art von One-Plattform-Dienstleistern selten passende Lead-Qualitäten ab – zumindest, wenn Du hoffst, dass das Verfahren zu den exakt richtigen Kunden mit dem jetzt konkreten, passenden Bedarf führen soll. Das Verfahren taugt eher zum Aufbau einer Zielkundendatenbank, die man über die Zeit sukzessive abarbeitet.

Wir haben das Thema dann, nach sechsstelligen Summen für Versuche, teilweise mit den vermeintlichen Top-Playern der Onlinemarketing-Branche (Du kennst die Namen schnell, wenn Du Dich mit dem Thema beschäftigst) schlussendlich konsequent intern aufgebaut.

Targetierung und Ads-Kosteneffizienz

Grundlegend ist auch in Datenschutz-Deutschland eine digitale Generierung von Neukunden möglich. Allerdings ist der digitale Vertrieb dank DSGVO und den Grabenkämpfen der Software- und Hardwarehersteller deutlich erschwert. Man kann immer weniger exakt targetieren - was bedeutet, dass die digitalen Werbe-Annoncen (Ads) nie exakt Deine Zielgruppe treffen. Die Folge davon ist, dass Deine

Zielgruppe eher Zehntausende, besser Hunderttausende Entscheider haben sollte, da sonst in der Werbung aufgrund von Streuverlusten bei der Ausspielung zu viel Geld verschwendet wird. Da die meisten aber kleinere Zielgruppen ansprechen wollen, müssen sie sich einiges einfallen lassen, um trotzdem gute Ergebnisse generieren zu können.

Uns ist klar, dass bei unserer Aussage zum Thema Targetierung einige sofort das Gegenteil behaupten. Die, die noch keine oder wenig Erfahrung haben, glauben, weil man die Targetierung in den Ads-Menüs der Plattformen wie Facebook, Google etc. schön einstellen kann, dass diese Maßnahmen auch so wirken. Dem ist leider nicht so, sie sehen nur »exakt targetierbar« aus. Und dann gibt es noch die Spezialanbieter, die gegen heftigen Aufpreis angeben, doch targetieren zu können. Doch das funktioniert, wenn überhaupt, nur in gewissen und wenigen Sonderfällen.

Wenn einer der Leser hier eine Lösung findet oder gefunden hat, die nachweislich min. 10 - 20 % des Werbebudgets über die echte Zielgruppe einbringt, der meldet sich bitte bei uns, wir zahlen gerne »Finderlohn« in attraktiver Höhe.

Content-Produktion

Du brauchst für einen lauffähigen Funnel Leadmagneten, Landingpages, News, Videos, Bilder, Mails etc. Des Weiteren muss da immer fleißig nachproduziert werden. Und der Content muss gewissen Strukturen und Gesetzen folgen, sodass überhaupt eine Konversion zustande kommt. An dieser Hürde scheitern die meisten. Es gibt zwar Abkürzungen und Vereinfachungen, aber schlussendlich kommst Du um eine Art Mindestproduktion des Contents und den Aufbau des zugehörigen Skills nicht herum.

Mein Zwischen-Fazit an dieser Stelle

Es kommt kein Wachstumsunternehmer auf die Dauer um den Aufbau eines Sales-Systems herum. Heutzutage wird ein immer größer werdendes Stück des Sales-Prozesses digital abgebildet. Meine Empfehlung ist:

1. Erst einmal eine saubere Standortbestimmung durchzuführen und von da aus zu schauen, was die nächsten wichtigen Komponenten, Prozesse und Schritte für Dein Sales-System sind.
2. Dann wird entschieden, was und auf welche Weise es digital abgebildet wird. (Tipp an der Stelle: Der Unternehmercheck im g5.Buchportal unter skalierungshandbuch.guide liefert hier erste Erkenntnissen in wenigen Minuten)

In den meisten Fällen kommt heraus, dass ein erstes klassisches Outbound Basis-Sales-System der Kosten/Nutzen-Sieger für den Einstieg ist. Erst, wenn man in der Lage ist, hier die ersten 100-200 Interessenten einzusammeln und diese sauber mit wirkungsvollen Follow-ups zu versorgen, machen weitere Schritte Sinn. Da viele nicht mehr als eine Handvoll Neu-Kunden pro Jahr brauchen, reicht das oft schon aus. Wer dann mehr braucht und das System auch weiter automatisieren will, ist dann gut vorbereitet. Was dazu führt, mit mehr Speed ein aufwendiges Inbound-System durchführen zu können.

UMSETZUNGS-CHECKLISTE

- ☐ *Hier verweisen wir in das nächste Unterkapitel 4.7 – dort gibt es eine beispielhafte Umsetzungscheckliste für ein Sales-Projekt. Das behandelt unter anderem im Schwerpunkt den Part Online-Marketing.*

THE GROWING 5 REFLEXION	
WBP #1 härten	Solltest Du einer der unglaublich vielen in der Tech- und IT-Branche sein, der nichts im Vertrieb macht oder im Vertrieb offline ist, dann ist das eine »weiche« Stelle, die geschlossen werden muss.
WBP #2 wiederholen	Mit Onlinemarketing kannst Du einen ‚Roboter' x Wiederholungen im Sales machen lassen. Effizienter wird es definitiv nicht mehr.
WBP #3 riskieren	Im Onlinemarketing kannst Du nur einen Fehler machen: halbherzig an die Sache zu gehen. Das wird in der Regel teuer und liefert keine Ergebnisse. Was Dich in der Folge auf die falschen Fährte bringt.
WBP #4 expandieren	Der Skill darüber wird hier digital kommuniziert, und zwar so, dass Du A-Kunden und A-Mitarbeiter gewinnst. Das ist elementar und gehört zur Basisausbildung Deines Key-Player-Teams.
WBP #5 netzwerken	Befrage Unternehmer, die offensichtlich digital präsent sind, wie ihr Weg zu A-Kunden-Leads aussah.

4.7

WARUM MAN EIN SALES-SYSTEM BRAUCHT UND WIE EIN BAUPLAN AUSSEHEN KANN

Wir reden hier immer wieder von einem Sales-System. Was ist das eigentlich? Ein Sales-System ist die Summe aller Komponenten, die für den Betrieb eines reproduzierbaren Vertriebsprozesses von der Leadgenerierung bis zum Farming, genauer gesagt: zur Stammkundenbetreuung läuft. Der ein oder andere mag sagen: »Das machen wir doch heute schon, wo ist nun der Unterschied?«. Der Unterschied ist a) die Skalierbarkeit und b) die Möglichkeit, Teile des Prozesses digital abzubilden.

Die »normale« Realität sieht eher so aus (siehe Tabelle gegenüber). Genau genommen wird ein Sales-System meistens über Schmerzen eingeführt. Der Ablauf sieht dann z. B. so aus:

Schmerzpunkt: Der Vertriebler performt nicht

- Der Unternehmer versucht, ihm entsprechende Informationen zu vermitteln, wie man das eben so macht. Ergebnis: eher schlecht. Die Gründe dafür haben wir in Kapitel 4.2 aufgeführt.
- Der Unternehmer fängt an, bei Unternehmer-Kollegen zu recherchieren, wie das bei denen mit dem Vertrieb so läuft. Ergebnis:

a) genauso schlecht oder schlechter

b) besser, weil der Vertriebler besser ist oder ein Sales-System angewendet wird – oder beides.

Dieses Schmerzlösungs-Pingpong-Verfahren kann man beliebig weiterführen und geht oft über viele und teure Jahre. Denn: Ohne dass die Hütte nicht richtig brennt, wird nicht entsprechend gehandelt. Was unter uns gesagt auch nur zu menschlich ist. Ohne Zwang tun wir nur Dinge, die Spaß machen. Das ist jetzt illegitim vereinfacht, aber die Richtung stimmt. Leider ist diese Vorgehensweise extrem teuer und somit wenig sinnvoll.

Ein Beispiel für gewachsene evolutionäre Entwicklung des Vertriebs in einem Systemhaus

PHASE	SALES-STRUKTUR	VORTEIL	ENGPASS BZW. ZU HÄRTENDES RISIKO
Ca. 1-7 Mitarbeiter	One-Man-Sales-Show Kein Customer-Relation-Management (CRM) oder Onlinemarketing. Netzwerk des Unternehmers und Empfehlungen als Leadquelle.	Schnell und effektiv. Günstig und kein Ärger mit Vertrieblern, die nicht so performen, wie der Unternehmer sich das vorstellt.	Umsatzgrenzen werden durch die verfügbare Unternehmerzeit für Sales begrenzt. Wenn der Unternehmer ausfällt, kommen keine Neukunden.
Ca. 8-17 Mitarbeiter	One-Man-Sales-Show mit Assistenz Ein »bisschen« CRM Ggf. kleine Veranstaltungen oder Outbound-Akquise durch Assistenz Ggf. ist der ein oder andere Techniker jetzt aufmerksam bzgl. Kundenbedarf Kleinere Angebote werden von Assistenz und Techniker gemacht	Dto.	Sollten Outbound-Kampagnen durch die Assistenz laufen, so wird zumindest die Sales-Pipe mit Kontakten weiter befüllt.
Ca. 18-35 Mitarbeiter	Haupt-Neuumsatz kommt immer noch vom Unternehmer. Ein Vertriebler hilft mehr oder minder effizient bei der Akquise.	VB als Fallback, wenn Unternehmer ausfällt.	Sollte der Vertrieb ohne definierte Standards (Zielkunden, Produkte und Vorgehensweise) laufen, sind das ganze Verfahren und die Ergebnisse nur von dieser Person abhängig. Stabile, wiederholbare Ergebnisse sind schlecht möglich.

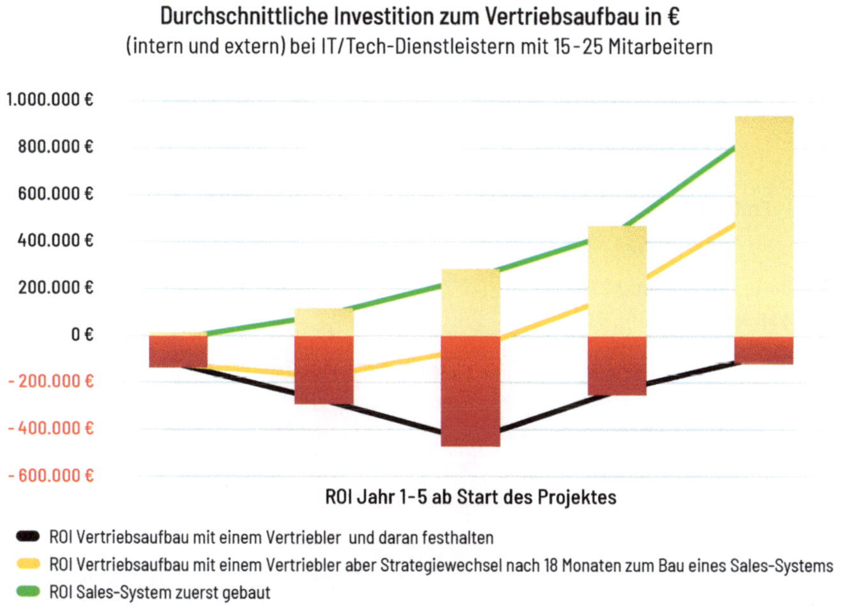

Grafik 22

Zwischenfazit: Das Sales-System kommt vor dem Vertriebler

Erst das Sales-System, dann der Vertriebler. 45% unserer Kunden hatten im Vorfeld eines gemeinsamen Projektes bereits den Fehler gemacht, zunächst auf Vertriebsmitarbeiter zu setzen. Im Durchschnitt wurden dabei 100.000 Euro (und mehr) ganz bis annähernd ergebnislos verbrannt. Eine weitere Beobachtung war, dass dieser Versuch umso erfolgloser war, je ausgeprägter das Portfolio in Richtung Dienstleistungen angelegt ist.

Es gibt keinen Grund, Geld und Zeit damit zu verschwenden, zuerst Mitarbeiter für den Vertrieb einzustellen und dann darauf zu hoffen, dass es funktioniert. In unserer Praxis gab es bisher kein Unternehmen, dass dieses Konzept in dieser Reihenfolge ohne extreme finanzielle Einbußen zum Erfolg gebracht hat. Deshalb: erst das Sales-System – und dann das Personal dazu.

Da man heute sinnigerweise ohne Digitalisierung kein Sales-System mehr aufbauen würde, haben wir hier einen beispielhaften Projektablauf für ein Sales-System mit Onlinemarketing-Leadgenerierung dargestellt.

Beispielhafter Projektplan für die Einführungs eines Sales-Systems

<table>
<tr><th>Erstes Halbjahr</th><th>Monat 1</th><th>Monat 2</th><th>Monat 3</th><th>Monat 4</th><th>Monat 5</th><th>Monat 6</th></tr>
<tr><td>A-Kundenanalyse und DB-Analyse zur Erstellung des Zielkunden-Profiles</td><td colspan="3">Bei unbekannter neuer Zielgruppe erfolgt hier eine Marktbedarfs-analyse
Dauer nicht unter 3 Monaten</td><td></td><td></td><td></td></tr>
<tr><td>Mindestens 20 strukturierte Zielkunden-Interviews, um den emotionalen Kaufgrund und Ansprache-Content zu ermitteln</td><td></td><td colspan="5">Findet ggf. in mehreren Runden statt. Je nach dem, was an Daten von den potenziellen Kunden geliefert wird</td></tr>
<tr><td>Bau/Customizing des Soft-ware-Basis-Pakets
CRM/Onlinemarketing</td><td></td><td colspan="3">Die Optimierung des System läuft interaktiv über die Ergebnisse der Kampagnen</td><td></td><td></td></tr>
<tr><td>Ableitung des Basis Contents für Out-bound-Ansprachen, Landingpages, Assets, Leadmagneten, Vor-produkte, etc.</td><td></td><td></td><td></td><td></td><td colspan="2"></td></tr>
</table>

<table>
<tr><th>Zweites Halbjahr</th><th>Monat 7</th><th>Monat 8</th><th>Monat 9</th><th>Monat 10</th><th>Monat 11</th><th>Monat 12</th></tr>
<tr><td>Content für Videos, Ads, Kampagnen und Newsletter muss permanent produziert werden, sonst läuft das System nicht</td><td colspan="6"></td></tr>
<tr><td>Erste Outbound-Test-Kampagne und Auswertung</td><td colspan="2"></td><td></td><td></td><td></td><td></td></tr>
<tr><td>Dauerprozess Newsletter- und Social-Media-Kontakt-Datenbasis</td><td colspan="6"></td></tr>
<tr><td>Bau des Follow-up-Prozesses mit Nurturing (ACHTUNG: Auch wenn der Vorprozess digital ist, so muss irgendwann jemand live verkaufen!)</td><td colspan="2"></td><td></td><td></td><td></td><td></td></tr>
<tr><td>Erste Pilot-Inbound-Kampagnen mit Auswertung und Optimierung</td><td></td><td></td><td colspan="2"></td><td></td><td></td></tr>
<tr><td>Regelbetrieb Outbound und Inbound Marketing</td><td></td><td></td><td></td><td colspan="3"></td></tr>
</table>

UMSETZUNGS-CHECKLISTE

- ☐ *Stelle fest, was heute an Sales-Komponenten (z.B. CRM, Onlinemarketing-System, Prozessdokumentation, Zielkundendokumentation) schriftlich dokumentiert oder in einem System ist. Wenn es da nichts gibt und Du mehr als 20% Umsatz mit einem Kunden-Umsatz machst oder mehr als 15-20 Mitarbeiter mit Umsatz versorgen musst, ist es überfällig, ein erstes, kleines Sales-System einzuführen.*
- ☐ *Wenn Obiges zutrifft, dann ist es schon mal gut, eine Haben-Liste aufzuschreiben (also zu notieren, was heute wie im Vertrieb gelebt wird).*
- ☐ *Dann stelle fest, was das Gute am heutigen Stand ist und was Du als schwierig oder als Engpass bezeichnest.*
- ☐ *Treffe eine Entscheidung, ob Du an das Thema Sales im Sinne eines Engpasses herangehen musst.*

THE GROWING 5 REFLEXION	
WBP #1 härten	Die Existenz einer Sales-Pipe oder vielmehr eines Sales-Systems ist mit den anderen beiden Top-Prioritäten zum Thema Härten (A-Mitarbeiter-Pipe und Liquidität) mindestens auf Augenhöhe. Denn ohne neue Aufträge hält Deine Firma nicht so lange durch. Und nur weil gerade der Auftragsbestand ganz oben ist, heißt es noch lange nicht, dass das alles stabil ist und auch bleibt.
WBP #2 wiederholen	Das System ist die Basis für die Wiederholbarkeit in der Praxis – es führt kein Weg daran vorbei.
WBP #3 riskieren	Du riskierst nichts, wenn Du in kleinen Schritten anfängst, Dein System zu bauen. Teuer und riskant ist nur, »blind« einen Vertriebler einzustellen und zu glauben, dass das schon wird.
WBP #4 expandieren	Der Sales-Skill ist auch in Tekkie-Firmen Bestandteil der Existenz und des Wachstums. Achte darauf, dass Deine Keyplayer ein Pro-Sales-Mindset entwickeln können. Ansonsten bist Du mit dem Thema zu allein, um es in die Fläche zu bringen. Mache ein Team-Projekt daraus.
WBP #5 netzwerken	Auch hier der Tipp: Rede mit Unternehmern, die da deutlich weiter sind und schaue, was Du für Dich und Deine Firma ableiten kannst.

5.0

ANWENDUNGSKAPITEL FÜHRUNG

VOM MITARBEITERMANGEL UND ORGA-CHAOS ZUM A-MITARBEITER-KULT UND ZU GEMEINSAMEN ZIELEN

Aus Sicht der Unternehmer, sowohl für die Skalierer als auch für die Non-Skalierer, ist das Thema Führung eine der schwersten Aufgaben überhaupt - dem will ich nicht widersprechen. Was allerdings das Thema noch schwerer macht als viele andere, ist Folgendes: dass nämlich das Funktionieren der Unternehmer an anderen Dritten hängt und somit relativ oft nicht in Eurem direkten Einflussbereich liegt.

Was ich mir mit dem Kapitel wünsche, ist, dass Deine Mitarbeiter und Du Wege finden, wie Ihr im Einzelnen und - im Kollektiv durch Deine Firma - mehr Freude an Eurer Weiterentwicklung und (Selbst-)Sicherheit gewinnt. Wer das einmal erlebt hat, weiß, wie toll sich ein gutes Team anfühlt. Wenn man sich gegenseitig trägt und die Summe mehr ist, als jeder Einzelne hätte erreichen können. Und man schlussendlich mehr freudvolle Siege als lehrreiche Niederlagen zusammen erlebt.

Nun – beginnen wir vorab mit fehlerhaften Annahmen und Modellen bezüglich Führung und schauen wir uns an, was nicht funktioniert:

Die »Dein-Wille-geschehe«-Denke ist ein Irrweg

Du fühlst das, was falsch läuft, jeden Tag:

- Die Mitarbeiter machen irgendwie nicht richtig, was Du sagst
- Sie nehmen einfach nicht die Verantwortung für ihre Aufgaben an
- Derselbe Mist passiert immer und immer wieder

Du fühlst die Abhängigkeit von den Mitarbeitern und das immer präsente Delta – den Gegensatz zwischen dem, wie es nach Deiner Vorstellung sein soll, und dem, wie es in der Realität dann ist. Hier beginnt schon das erste elementare Problem mit der Führung. Solange Du die Mitarbeiter für das Problem hältst, hast Du die Rechnung ohne den Wirt gemacht. Denn Deine Grundhaltung zum (Problem-)Thema-Mitarbeiter (sollte sie so wie gerade beschrieben sein) bewirkt, dass Du keine Lösung finden kannst. Manche vertreten eine singuläre Lösungstheorie, die stark auf dem Thema Dominanz beruht. Das ist leider nur ein Teil der Wahrheit. Zwar beginnt die Lösung wie immer in Dir, aber wir dürfen ein bisschen mehr verstehen, um zu erkennen, dass Dominanz allein keine Lösung ist.

Damit wir diese Angelegenheit gleich zu Beginn aussortieren können, möchte ich hier einen Blick auf das Thema Dominanz werfen, um dann zu den wirklich wichtigeren Dingen im Bereich Führung zu kommen.

Nur wenn Du Dich für super hältst, bist Du auch ein Superheld

Im Ernst - mangelnder Selbstwert und geringe Fähigkeit zur Dominanz werden nicht selten zum Thema und fühlen sich für den Betroffenen nicht gut an. Das Problem geht bei manchen so weit, dass Sie sich völlig abstruse Sachen gefallen lassen, nur damit Sie mit den vielen Tasks nicht allein in ihrer Firma sind. Bei manchen Unternehmern mangelt es wirklich an der nötigen und frei wählbaren Dominanz. Wem es an, wie Olli Kahn sagte »Eiern fehlt«, der wird diese auch nicht in irgendwelchen NLP-lastigen Workshops finden. Es geht allerdings nicht um die Dominanz per se, sondern um die adaptiv und situativ frei wählbare Dominanz, je nach Situation und Mitarbeiter.

Wenn Du damit ein Problem hast, empfehle ich an der Stelle einen kompetenten Coach zu beauftragen, der mit Dir Deine inneren Baustellen in dem Bereich angeht und aufräumt; den Rest Deines möglichen Führungsproblems gehen wir also mental gut sortiert an. Dann sind Deine Führungs-Hauptherausforderungen immer noch komplex genug.

Dazu klären wir erst einmal das: Wie stark kannst Du Deine Mitarbeiter tatsächlich beeinflussen oder, besser gesagt, führen?

Wie groß ist Dein Einflussbereich wirklich? Denn:

- Mitarbeiter machen auf Dauer nur Dinge, wenn diese für Sie Sinn ergeben und/oder motivierend sind
- Das gewohnte Umfeld muss stimmen, denn mit einem A ... will keiner arbeiten. Dabei ist es egal, ob das der Chef oder die Kollegen sind
- Der Job muss zur jeweiligen Lebenssituation und zu den entsprechenden Zielen passen
- Last but not least sollte der Mitarbeiter sich so für seine Aufgaben interessieren, dass er sich darin auch weiterentwickeln will

Früher haben wir Menschen dafür gekämpft, am Leben zu bleiben, damals war der Sinn einfach das Überleben selbst. In der heutigen Gesellschaft herrscht eine Art Lebenswunschkonzert-Stimmung. Ich meine das gar nicht negativ – es ist, wie es ist. Das soziale System und der Arbeitsmarkt geben es her - wenn Du eine Mindestmenge an gefragten Skills besitzt und mental gesund bist, kannst Du Dir als Mitarbeiter aussuchen, was passiert.

Das Aufeinandertreffen der »Wunschkonzert-Mitarbeiterwelt« und Deine unternehmerischen Performance-Ansprüche

Sollten Menschen ohne entsprechend hohes Abstraktionsvermögen (oder mit möglicherweise weniger Humor) dieses Buch in die Hände bekommen, so gibt es die Möglichkeit, diese Überschrift misszuverstehen. Man könnte meinen: Das eine wäre gut, das andere dagegen schlecht. Doch so sehe ich das in keiner Weise. Es geht nur um die etwas überzogen formulierten Darstellungen der Welt, in der Arbeitnehmer und Arbeitgeber heute leben.

Die (richtigen) Mitarbeiter haben sehr wohl hohe Performanceansprüche an sich. Das Problem ist nur, dass es der kleinere Teil der Menschheit ist, der diese Haltung auch in ausgeprägtem Maße zeigt. Hinzu kommt noch, dass die Vorstellung des Mitarbeiters von der anzustrebenden Performance vielleicht gar nicht zu den Unternehmenszielen passt. Letztes kann man zum Glück durch eine klares und gutes Führungssystem vermeiden.

Wie kommen wir nun zu unserer Unternehmer-Wunschwelt?

Also in die Welt, wo das mit den Mitarbeitern funktioniert und Spaß macht. Regel Nummer 1. für das Erreichen der Wunschwelt:

Die richtigen Mitarbeiter finden!

Wenn Du die falschen Leute an Bord hast, gelingt Dir nichts. In über 35 Jahren in der Arbeitswelt - egal ob als IT-Administrator, Abteilungsleiter, Unternehmer - nie, aber auch wirklich gar nie habe ich jemals gesehen, dass aus einem schlechten Mitarbeiter ein guter wurde. Es gibt sogar ganze Bücher darüber. Umgekehrt habe ich das leider öfter erlebt. Man kann einen wirklich großartigen Mitarbeiter durch Umpositionierung in der Hierarchie oder durch den Einsatz bei einer unpassenden Tätigkeit fast all seiner Performance berauben. Solche Mitarbeiter können dann nichts dafür, denn hier richtig zu handeln ist Dein Job als Führungskraft und Unternehmer.

Ja, ich weiß – Regel Nummer 1. klingt abgedroschen und ja, die »richtige Mitarbeiter-Sau« wurde in den letzten Jahren schon mehrfach durch das Dorf getrieben. Aber die Skalierungsunternehmer waren – ohne Ausnahme – kompromisslos bei dem Aufwand, den Sie für die A-Mitarbeitergewinnung, Führung und Betreuung des Keyplayerteams trieben. Dazu brauchte es je nach Evolutionsphase des Unternehmens und des Unternehmers bis über 80 % seines Arbeitsanteils.

Aber gute Mitarbeiter sind totale Mangelware – wir bekommen einfach keine passenden

Wenn Du das denkst, lebst Du in einer Mangelwelt und hast vielleicht bereits beschlossen, dem Thema mit einer Opferhaltung zu begegnen, dann kann Dir leider keiner und Du Dir selbst schon gar nicht helfen. Hier sei zu Deiner Ermutigung erwähnt, dass wir mit Skalierungsunternehmern gearbeitet haben, die dasselbe sagten, und doch haben sie zwei Jahre später für über 2.000.000 Euro (wenn man ausgehend von dem Stand jetzt von einer Headhunter-Gebühr von 10.000 Euro pro Tekkie ausgeht) pro Jahr Bewerbungen aussortiert. Es geht also. Es gibt eine Handvoll Dinge, die Du konsequent implementieren musst, dann hast Du das Thema dauerhaft gelöst. Der Aufwand ist enorm, bis es läuft, aber die Investition lohnt sich. Denn nichts bestimmt mehr über Dein gutes Lebensgefühl und die Performance Deiner Firma als die richtigen Mitarbeiter. An dieser Stelle empfehle ich gerne, das Kapitel »Erst wer, dann was« aus dem Jim Collins-Buch »Der Weg zu den Besten« zur Verinnerlichung zu lesen.

Apropos Buchtipps – Führungsbücher gibt es wie Sand am Meer, und ich mag mich hier nicht in diese Reihe stellen, indem ich ein neues Führungsbuch schreibe. Wie Du aber lesen wirst, gibt es das eine oder andere Werk, auf das ich mich beziehe, weil ich den wichtigsten Skill zu dem Thema in aller Kürze mit Dir durchgehen mag. Was ich mit dem Führungskapitel in meinem G5-Buch vermitteln will, ist:

- Wie die Prinzipien wirkungsvoller Führung aussehen
- Wie die Schnittstelle Mitarbeiter zu bedienen ist
- Wie Orga-Chaos mit klaren Verantwortungssystemen zu lösen ist
- Einige Tipps zur Mitarbeitergewinnung – denn Du brauchst einen A-Mitarbeitersog

Kleiner Hinweis zum Thema Wichtigkeit dieses Kapitels

Wir haben es beim Thema Härtung genau genommen immer mit drei Kerndingen zu tun. Das ist die ausreichende und dauerhafte Verfügbarkeit von Cash und A-Mitarbeitern sowie die Redundanz oder Austauschbarkeit von Schlüsselpositionen und Funktionen. So schnell kann Deine Firma nichts erschüttern, wenn Du das im Griff hast. Da das Härten viel mit Mitarbeitern und Führung zu tun hat, empfehle ich Dir das kommende Kapitel sehr langsam, ohne Ablenkung und gerne auch mehrfach zu lesen. Es wird Dich nicht nur im Business weiterbringen – versprochen.

Weiterer Hinweis zum Aufbau des Kapitels

Damit wir Fehlerquellen besser ausschließen können, bewegen wir uns wie immer von innen nach außen. Und das ist wieder sehr wörtlich gemeint. Denn die Fehler/Probleme beginnen schlussendlich immer bei Dir. Deine Umgebung ist nur ein Echo Deines Mindsets und Deiner Handlungen.

Und so sieht das folgende Kapitel aus:

- Wie Du als Tekkie im Bereich Führung tickst und warum das nicht so einfach für Dich ist
- Wie ein Mitarbeiter eigentlich tickt
- Wie viel Aufwand für Führung angemessen ist
- Wie die Verantwortung von Dir zum Mitarbeiter kommt
- Big Picture – Wie das große ganze Bild von Führung aussieht
- Welche Tools und Methoden Dir helfen
- Wie Du einfacher an A-Mitarbeiter kommen kannst

5.1

WARUM ES TECHNISCHE UNTERNEHMER DOPPELT SO SCHWER HABEN, EINE GUTE FÜHRUNGSKRAFT ZU SEIN

Wenn Dir Führung Spaß macht – und ich meine nicht die »Kumpanei« mit Deinen angestellten Tekkies – weil Du ja einer von Ihnen bist–, sondern Sachen wie:

- Ziele und unbequeme Wahrheiten kommunizieren
- kontrollieren
- motivieren

Und das Ganze so, dass gute Firmenergebnisse herauskommen, dann kannst Du gegebenenfalls dieses Kapitel überspringen. Anderenfalls sind die nächsten Seiten möglicherweise sehr spannend für Dich.

Drei Gründe, warum technische Unternehmer mit Führung eher ein Problem haben

Das mentale Set-up

Der erste Grund betrifft auch »normale« Unternehmer, aber technische besonders schwer. Es ist das mentale Set-up eines Gründers. Das ist gemeinhin stark von limbischen Ausprägungen wie Abenteuerlust, Innovation/Stimulanz und Dominanz geprägt. Denn das sind die Motivatoren, die Dich zum »Selbstständigmachen« bewegten und gleichzeitig aber auch Eigenschaften, warum Du Deine Mitarbeiter oft nicht verstehst.

Denn meistens sind die gegenteilig organisiert. Das heißt, sie sind nicht so (über-) mutig wie Du, und sie sind auch eher team- und prozessorientiert. Gerade der höhere Hang zu »Spezialistentum«, Bottom-Up-Denke und Sicherheitsaposteltum bereiten Dir größte Probleme. Somit ist es elementar, das zum einen wirklich zu verstehen und zum anderen zu lernen, wie Du das für Dein Wachstum nutzen kannst. Denn, lieber Tech-Unternehmer, keine Führungs-Skills bedeuten auch kein Wachstum! Denn das funktioniert ohne Mitarbeiter nicht – auch wenn es Dir möglicherweise sehr recht wäre.

Zielkonflikt

Der Zielkonflikt zwischen »Funktionsorientierung« und Deinem möglichen Hang, Dich »verkumpeln« zu wollen.

Das was Dir bis zur Phase mit zehn, zwölf oder ein wenig mehr Mitarbeitern als Erfolgsstrategie geholfen hat, u. a. die erste Umsatzmillion zu erreichen, ist oft Dein technischer Skill und somit auch, dass Du die Welt in Funktionseinheiten aufteilst. »Das Ding macht das als Funktion«, »der Mitarbeiter macht das als Funktion«. »Wie bringe ich ‚es' zum Funktionieren« ... etc. Diese sehr technische Sicht auf die Welt wird irgendwann zum Problem. Du kommst genau genommen an die Grenze Deiner Möglichkeiten, wenn Deine Wahrnehmung von einem Mitarbeiter die als »Funktionseinheit« ist.

»Ich bezahle die, und die haben für ihr Geld zu funktionieren.« Dein Denkmodell könnte ansatzweise so aussehen: »Ich haue da 220 Volt und 100 Ampere rein – der Draht muss doch glühen.« Dieses manchmal halbautistische Weltwahrnehmungsmodell (möchte niemandem damit auf die Füße treten) hindert Dich dann aber trotzdem nicht daran, Dich obendrein mit Deinen Mitarbeitern zu »verkumpeln«. Um dann, wenn Du Ansagen machen musst (weil was nicht funktioniert), zurückzuschrecken - weil man das Freunden ja nicht antun kann. Das Ganze ist eine echte Zwickmühle. Sollte das sehr auf Dich zutreffen, dann brauchst Du einen Coach, der sich damit auskennt und Dir beim Reflektieren hilft. Sonst kommst Du da nur sehr schwer heraus.

Das Hans Dampf in allen Gassen-Syndrom

So ein Tekkie-Unternehmergehirn produziert am laufenden Band neue Ideen. Diese Ideen werden ohne Filter einfach an die Mitarbeiter weitergegeben. Mit dem Effekt, dass die keine Chance haben zu verstehen, was denn Euer Fokus und Eure Arbeitsrichtung sind. Heute so, morgen so – so kommt es dann bei den Mitarbeitern an.

Wenn ich diese Zeilen schreibe, ist es gerade zweit Tage her, dass wir volle zwei Tage Kundenworkshop damit verbracht haben, die Auswüchse eines solchen unreflektierten Gehirnstromes eines Tekkie-Unternehmers wieder auf die richtige Bahn zu lenken.

Konkretes Beispiel eines Systemhausunternehmers aus NRW mit acht Mitarbeitern. Nennen wir ihn Klaus und seine Firma das »blaue Systemhaus«. Es ereignete sich Folgendes:

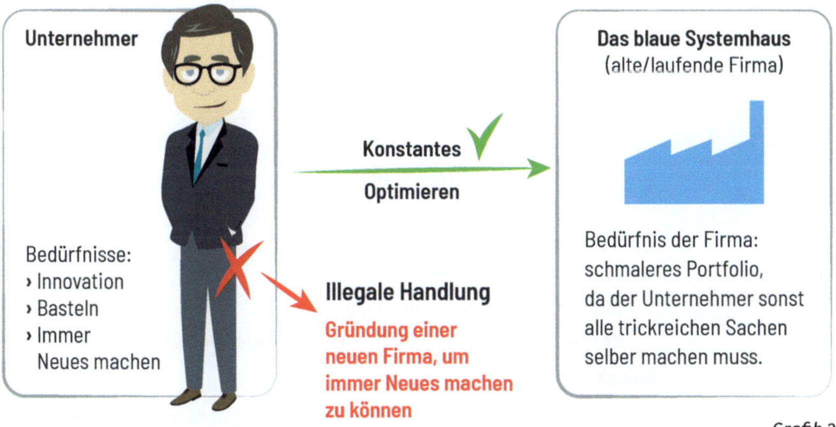

Grafik 23

Es ist unglaublich, aber so etwas passiert jeden Tag immer wieder. Und solange innovative Tekkie-Unternehmer existieren, die einfach noch nicht die Fähigkeit entwickelt haben, zwischen sich und ihrer Firma zu unterscheiden, wird das nicht enden. Dass es so vor sich geht, ist übrigens völlig normal, denn wenn Du eine Firma gründest, ist sie Deine zu 100%, und sie soll auch Dein Bedürfnis nach Selbsterfüllung bedienen. Nur: Wenn solche strategischen Entscheidungen ohne Gedanken-Zwischenstopp fallen, schaufelst Du immer mehr diffuse Probleme in Deine Firma. Schnell hat der »Laden« Dich dann »im Griff« und nicht umgekehrt. Spätesten dann ist es vorbei mit Selbsterfüllung, Freiheit und Anerkennung.

UMSETZUNGS-CHECKLISTE

- ☐ *Nur eine Aufgabe – Reflektiere mit einem vertrauten Mitarbeiter, wie stark einer oder mehrere der obigen Punkte auf Dich/Euch zu trifft.*
- ☐ *Mache Dir klar, welche Auswirkungen das hat/hatte. Gerne auch in Form eines Excels.*

THE GROWING 5 REFLEXION	
WBP #1 härten	Die Fähigkeit zur Reflexion entwickeln und zu Erkennen, wie stark › die mentalen Themen, › der Funktions-Weltblick oder › der nicht vorhanden Blick auf die Firmenbedürfnisse Deine Firma kontaminieren. Das ist per se schon ein wichtiges Härtungsinstrument, weil sie Deine Firma nicht haltlos den Auswüchsen unreflektierten Handelns ausliefert und Du somit klarer führen kannst.
WBP #2 wiederholen	Wenn Du Dir im Klaren über die obigen 3 Punkte bist, brauchst Du nur noch eine regelmäßige, monatliche oder quartalsweise Reflexionssession, um festzustellen, ob sich nicht doch ein typisches Tekkie-Thema aus Versehen »eingeschlichen hat«.
WBP #3 riskieren	Hier nicht reflektiert zu sein, ist ein Risiko, bei welchem Dir große Summen und viel Lebenszeit draufgehen können (leider auch eigene Erfahrung). Es lohnt sich, hier mindestens einen Blick hineinzuwerfen.
WBP #4 expandieren	Die Kenntnis über diese Tech-Unternehmer-Bugs solltest Du nicht vor dem Keyplayer-Team geheim halten – nutzte Deine Keyplayer gut, sie können Dir helfen, es besser zu machen.
WBP #5 netzwerken	Frage erfolgreiche Unternehmer nach Ihren Strategien, wie Sie verhindern, dass diese Fehler sich auswirken. Die meisten haben gerade für den letzten Punkt sehr ausgefeilte Methoden.

5.2

DAS BETRIEBSSYSTEM DEINES MITARBEITERS

Ich weiß, lieber Tech-Unternehmer, wenn so ein Mitarbeiter einfache Knöpfchen und Schalter hätte und wie bei einer Maschine reproduzierbaren Output produzieren könnte, wäre es schön ... Nun, ich fühle mich nicht ganz wohl, wenn ich Dir ein technisches Bild von Menschen male. Denn das führt uns so oder so auf einen falschen Pfad. Dennoch ist es gut, mehr von den Schnittstellen deiner Mitarbeiter zu verstehen.

Auch wenn Führung ein eher unbeliebtes Thema ist, können die nächsten Abschnitte viel Spaß machen. Es kommt einfach auf Deine Haltung dazu an. Solltest Du allerdings vom Führungsschicksal gerade nicht verwöhnt worden sein und vermeintlich solche negativen Gedanken dazu haben, wie

- Ich will die Macht haben, dass die machen, was ich sage oder
- Ich will, dass die arbeiten wie ich oder
- Ich will endlich die ganzen Diskussionen stoppen,

so bitte ich Dich, kurz durchzuatmen. Denn irgendwo in Dir ist eine Stimme, die sagt: »Es ist nicht gut, in diesen Bahnen zu denken«. Nun denn, es ist Zeit, tiefer einzusteigen.

Soweit die kleine Einstimmung, beginnen wir mit dem Architekturmodell des menschlichen Betriebssystems (Tabelle siehe nächste Doppelseite).

Erklärung zum menschlichen ISO/OSI Schichtenmodell

Genau genommen sind wir Menschen nichts anderes als eine Bedürfnis-Befriedigungsmaschine. Wir machen den lieben langen Tag nichts anderes, als an unserer Bedürfnisbefriedigung zu arbeiten. Wenn wir die physischen Bedürfnisse beiseitelassen, bleiben die höheren Bedürfnisse nach Verbindung, Anerkennung, Liebe, Erfolg, Expansion etc. übrig.

Architekturmodell des menschlichen Betriebssystems

REALITÄT / OBJEKTIVE ERLEBENSSCHICHT
mit menschlichen Wahrnehmungen, Handlungen, Kommunikation und Ereignissen

REIZ/REAKTIONS-MEMBRAN-SCHICHT

Subjektive Weltwahrnehmung	Stimmung	Welche Stimmungen trage ich gerade in mir und kann ich diese beiseite schieben in der gegenwärtigen Kommunikation
	Erster subjektiver Standard-Filter	Lebe ich in Fülle oder im Mangel (subjektiv)
Gefühlswelt	Negative Gefühle als mögliche Verhinder der gewünschten Bedürfnis-Befriedigung	Angst, Ärger, Wut, Hass … (die kleine Schwester der Angst ist der Stress)
	Neutrale - nicht unbedingt gewünschte Gefühle im Sinne	Scham, Trauer …
	Notwendige Gefühle die Bedürfnisbefriedigung anzeigen und bestätigen	Liebe, Freude, Glück, Stolz, Überraschung, Entspannung
Limbic	Limbische System-Ausprägung	Dominanz, Abenteuer, Stimulanz, Genuss, Harmonie, Disziplin Kontrolle
Ur-Triebfeder Bedürfnisse	Bedürfnisse mit permanentem Konfliktpotenzial	Soziales/Verbundenheit vs. Autonomie/Freiheit Sicherheit vs. Wachstum/Neugier Schnelle Befriedigung vs. Langfristige Ziele
	Grundbedürfnisse	Luft, Trinken, Essen, phys. Sicherheit

□ Ausgangpunkte des immer aktiven Schmerzvermeidungsreflexes

Junge Führungskraft, technisch und kommunikativ, talentiert, erfolgsorientiert	Mitarbeiter mit etwas limitieren Handlungsfähigkeiten, neigt zur Depression
BEISPIEL EREIGNIS: KUNDE SAGT TERMIN AB	
Überlegt kurz, was die Gründe sind und ob man das Ereignis irgendwie nutzen kann	Wenig Neigung zur Reflexion
Ist eher guter Laune und nimmt das Ereignis neutral bis positiv (chancenorientiert) wahr	Oh Mann, jetzt geht das auch noch schief!
Es wird neue Termine geben – wer weiß, für was das gut ist?! Wie kann ich das jetzt gewinnbringend nutzen?	So ein Ärger, jetzt muss ich schon wieder rackern um einen neuen Termin zu bekommen!
Warum sollte ich mich Ärgern, das liegt eh außerhalb meines Einflussbereiches?	Der Kunde lehnt mich bestimmt ab – Ich habe Angst, dass mein Chef mir Druck machen wird ...
Kein Auslöser	Kein Auslöser
Oh, eigentlich hatte ich mich schon darauf gefreut aber o.k., Überraschungen gibt es immer wieder. Ich lehne mich mal zurück und denke nach, was ich jetzt tun kann.	Keiner mag mich – warum passiert das immer mir?
O.k. ich glaube ich muss hier aktiv werden! Es könnte sein, dass das Thema aus dem Ruder läuft und da kann ich jetzt positiv Gegensteuern.	Ich war doch so gut mit dem Kunden! Warum tut der mir das an?
Ich denke, darin liegt eine Chance!	Hoffentlich ist das nicht der Anfang vom Ende des Jobs hier ...
Unberührt	Magenschmerzen

Gehen wir von unten nach oben durch die Grafik, dann stoßen wir als Erstes auf Bedürfnisse mit einem vermeintlichen Zielkonflikt. Warum vermeintlich? Wenn Du mental gut sortiert bist, dann stellen die potenziellen Konflikte zwischen Verbundenheit und Autonomie oder Sicherheit und Wachstum gar kein so großes Potenzial für das innere Engelchen-/Teufelchen-Gespräch dar. Denn wenn Du das Glück hast, psychisch »gut aufgeräumt« zu sein, dann steckt in Deiner Verbundenheit mit Deinem Lieben keine »eigene Firma«, die Dir möglicherweise die Freiheit raubt. Sondern Du lebst mit Dir und Deinem Partner/Deiner Partnerin in einer natürlichen Balance, sodass der mögliche Konflikt dann eher Seltenheitscharakter hat.

Gerade wenn Deine Mitarbeiter sich bitte schneller weiterentwickeln sollen (was als Wunsch verstehbar, aber keine gute Haltung als Führungskraft ist), entwickelt sich bei schnellem Vorstoßen in neue Bereiche gerne mal ein Abwehrreflex, weil ihr Sicherheitsbedürfnis alarmiert ist und sie erst einmal eine Pause brauchen. Und nein, der einzelne Mitarbeiter »bockt« da nicht, er kam an sein Limit. Gerade wenn Deine Grenze ganz wo anders liegt, ist ein oft begangener Fehler, den Druck noch zu erhöhen. Ich mag hier nicht zu tief einsteigen, da wir in den nächsten Kapiteln noch darauf zurückkommen werden.

Wichtige Erkenntnisse aus oberer Grafik

Die Handlungen sind schlussendlich (auch bei Tech-Männern) gefühlsgetrieben. Weil Gefühle das Futter für die Befriedigung der mentalen Bedürfnisse sind und sie unseren elementaren Antrieb bilden.

- Es gibt Dauerthemen im Bereich von negativen Gefühlen und Zielkonflikten in der Bedürfniswelt, die uns alle immer wieder übersteuern, und das zu wissen ist wichtig: Denn mit etwas mehr Zeit und gesteuerter Bewusstheit kannst Du mit Deinem Mitarbeiter viel mehr für ihn, Dich und die Sache erreichen.
- Jeder Mensch will wachsen und soziale Anerkennung erhalten. Dies ist ein mächtiger Antrieb.
- Ohne die notwendige, gefühlte Sicherheit gibt es selten ein Weiterkommen oder eine Entwicklung
- Entspannung ist ein meist unterschätztes Gut – sorge für Entspannungspunkte (ohne Handyablenkung), und Deine Mitarbeiter werden aufblühen. Denn Stress machen sie sich oft genug schon selbst

Fazit – was nutzt uns das Wissen jetzt?

Die wesentliche Nachricht ist: Wir sind alle von Bedürfnissen getrieben. Das Schöne daran ist, dass wir uns immer frei entscheiden können, welche entsprechenden Gefühle wir jetzt haben. Somit ist es wichtig, wie reflektiert und bewusst Du Deiner selbst als Führungskraft bist. Und mach Dir klar, wen Du vor Dir hast. Wen führst Du? Wie »funktioniert« der/die? Wie ist er/sie gemeint? Nicht immer einfach zu erkennen, aber es ist sehr wertvoll für Dich und Deine Ergebnisse.

UMSETZUNGS-CHECKLISTE

- ☐ *An der Stelle nur einen Tipp:*

  Mache Dir noch mal klar:

  - *Welche Macht das Unterbewusstsein hat und dass es 10.000-mal schneller ist, wenn Du es einfach so reagieren lässt.*
  - *Dass wir ausnahmslos Bedürfnis-Befriedigungsmaschinen sind.*
  - *Und dass Bedürfnisse über das Erleben der zugehörigen Gefühle befriedigt werden.*
- ☐ *Lies Bücher und Artikel zum limbischen System und Vivian Dittmars Buch: „Gefühle & Emotionen - Eine Gebrauchsanweisung".*

THE GROWING 5 REFLEXION	
WBP #1 härten	Die Beherrschung weicher Faktoren wie hohe emotionale Intelligenz der Führungskräfte machen das System, das schlussendlich aus Menschen besteht, viel stabiler.
WBP #2 wiederholen	Die Wiederholung steht oben in der Umsetzungscheckliste.
WBP #3 riskieren	Es ist kein Risiko, wenn Du und Deine Führungskräfte immer besser in den Softskills werden.
WBP #4 expandieren	Führungsskill aufzubauen ist der Mastertask beim Expandieren.
WBP #5 netzwerken	Wenn Du Augen und Ohren offenhältst, wirst Du merken, dass das menschliche Betriebssystem für uns alle gleich ist, es wurde nur unterschiedlich konfiguriert.

5.3

WARUM ES TECHNISCH NOTWENDIG IST, SO »VIEL« KOMMUNIKATIONSZEIT MIT DEN MITTLEREN- UND SENIOR-TEKKIES ZU VERBRINGEN

Mir ist völlig klar, dass Du lieber darüber lesen würdest, wie Du, mit möglichst wenig Kommunikationszeit bzw. Zeitaufwand überhaupt, Deine notwendige Führungsarbeit erledigen kannst. Aber in dieser Denke stecken erfahrungsgemäß mehrere ungute Effekte:

- Wenn Deine Haltung ist, die Kommunikationszeit zu minimieren, wird sicher weniger als notwendig kommuniziert. Das erkennst Du dann an Sätzen wie »Warum verstehen die das/mich nicht?« o. ä.
- Du weißt selten, wie viel Zeit das richtige Maß ist und Deine Schätzung wird dann – gerade, weil Du meist keine Lust auf Führungsarbeit hast – deutlich unter dem notwendigen Maß liegen
- Das Ausmaß nicht vorhandener, selbststeuernder KPIs und notwendiger Zielklarheit der Mitarbeiter und der Führungskraft treibt den Aufwand auf das Zwei- bis Dreifache. Zu diesem Punkt folgt noch ein ganzes Unterkapitel
- Außerdem leben die Unternehmer oft in dem Glauben, der halbdienstliche Tekkie-Tratsch beim Kaffeetrinken oder Feierabendbier sei Führung. Ja ist es auch, aber es fehlen dann immer noch die Themen Konsequenz, Klarheit und professionelle bzw. formale Führungskommunikation.

Was ist nun das richtige Maß? Wie viel Zeit und Aufwand muss ich für meinen unternehmerischen Führungsjob aufwenden?

Folgende Kommunikations-Aufwandskurve erklärt, welche Jobarten mehr oder weniger Aufwand benötigen:

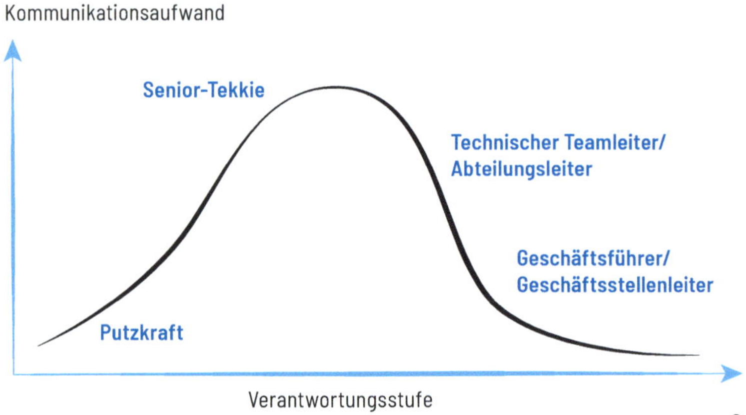

Grafik 24

Anhand der Aufwand-Kurve wird es schon einfacher zu erkennen, wie die Proportionen verteilt sind:

Putzkraft

Wenig Verantwortung und einfache Arbeiten

Hier reichen einfache, klare Anweisungen. Ein bisschen QS, und der Rest wird über Wiederholung erledigt.

Senior-Tekkie

Mittlere Verantwortung, komplexer Job

Hoher Aufwand, da Führen über überzeugen, mitnehmen und ein höheres Maß der persönlichen Bedürfnisse funktioniert

Technischer Teamleiter/Abteilungsleiter

Höhere Verantwortung, komplexer Job inklusive Mitarbeiterführung

Hoher Aufwand in Form von Führungscoaching. Führen vermehrt über kooperative, u. a. auch Firmenziele und Überzeugung.

Geschäftsführer oder Geschäftsstellenleiter

Hohe/Ergebnisverantwortung und hohe Flexibilität, da das Ziel trotz unvorhersehbarer Ereignisse trotzdem erreicht werden muss.

An dieser Stelle möchte ich auf drei wichtige Erkenntnisse zum Kommunikationsaufwand mit Tekkie-Mitarbeitern hinweisen:

Die Grenzen sind fließend

Das heißt, dass die Kommunikationsaufwands-Kurve nicht in Stein gemeißelt ist und stark vom zu führenden Mitarbeiter abhängt.

Je besser die Ergebnisse und Anstrengungen eines Mitarbeiters sind, desto mehr Aufmerksamkeit sollte er bekommen

Die Regel ist, dass man sich üblicherweise vermehrt um die Sorgenkinder kümmert. Was im sozialen Bereich durchaus richtig ist, kann in Deiner Firma die falschen Signale setzten. Denn die logische Folge, die ein Gros Deiner Mitarbeiter daraus ableitet, ist: Einfach mal nicht so gut sein, dann kümmert sich der Chef eher um einen. Das ist meist nicht einmal böse Absicht oder eine irgendwie bewusste Handlung.

Oft ist es schlicht der Wunsch nach Anerkennung, der dann zum Treiber wird. Somit ist es wichtig, das Signal zu setzen: gute Arbeit = hohe Anerkennung! Jim Collins geht in seinem Buch »Der Weg zu den Besten« noch einen Schritt weiter und stellt fest, dass die größten Chancen mit den besten Mitarbeitern besetzt werden müssen. Weil dabei der Hebel für die Firma im Gesamtergebnis deutlich besser wirkt, als wenn man die Kapazitäten auf das Flicken von Löchern verschwendet. Dem kann ich nur zustimmen.

Die Mitarbeiter (vor allem die männlichen) schätzen sich in ihrer Fähigkeiten-Kurve immer etwas höher ein, als er/sie es tatsächlich sind

Nun, das hatten wir schon im Kapitel Mindset festgestellt, dass eine gewisse Überschätzung eher der Standard ist. Also lass Dich von der Selbstpositionierung nicht irritieren und handele nach den realen Fähigkeiten. Was in der Praxis bedeutet, dass der Team Lead dann doch einmal eine Erklärung mehr benötigt, als Du es gerade wahrhaben willst. Im Zweifelsfalle als Führungskraft lieber ein bisschen mehr an Aufwand und Sorgfalt walten zu lassen: Das lohnt sich im Endergebnis öfter, als man denkt.

Führungsspanne im Hightech-Umfeld ist ca. 5-12 Mitarbeiter

Du hast ja meist noch einen Halbtagsjob mit anderen Themen, die Du selbst managen und umsetzen musst. Je nach Art der zuführenden Mitarbeiter und der anhängigen Komplexität der Jobs solltest Du Dir Deiner Grenzen bewusst sein.

UMSETZUNGS-CHECKLISTE

- ☐ *Frage Deine A-Mitarbeiter, was Sie glauben, wann Du wieviel Kommunikationsaufwand auf welches Thema und welche Mitarbeiter verwendest und ob das angemessen viel oder wenig ist.*
- ☐ *Treffe maximal 2-3 kleine Entscheidungen, was Du anhand der Erkenntnisse an Kleinigkeiten im Daily Business verbessern willst.*

Das Thema mit der Dosis haben wir nun ausreichend betrachtet. Was aber oft noch ein viel größeres Problem darstellt:

»Ich rede mir den Mund fusselig, und die vergessen immer, wieder was die Prioritäten und Ziele sind ...?!«

Genau das behandle ich im nächsten Kapitel. Vorab aber noch mein Tipp: Nutze, bevor Du Dich da hineinstürzt, die unten stehenden Reflexions-Fragen, um das Thema weiter zu verinnerlichen.

THE GROWING 5 REFLEXION	
WBP #1 härten	Da Härtung zu mindestens 50% mit den Top-Mitarbeitern zu tun hat, ist jeder Aufwand, der direkt oder indirekt zu mehr Top-Mitarbeitern und besserer Führung dieser Mitarbeiter beiträgt, immer ein Einzahlen auf das richtige Konto.
WBP #2 wiederholen	Ja, es lohnt sich, die wichtigen Dinge, an denen sich die Mitarbeiter orientieren sollen a) vorzuleben b) zu wiederholen – immer und immer wieder.
WBP #3 riskieren	Zu wenig Führungskommunikation – gerade mit den Key-Playern Deiner Firma – stellt ein massives Risiko dar. Jeder von uns hat schon miterlebt, was fehlgeleitete Mitarbeiter für Aufwände und riskante Situationen produzieren können.
WBP #4 expandieren	Das dauerhafte Weiterentwickeln Deiner Keyplayer und Deiner selbst ist der Kern der Expansion.
WBP #5 netzwerken	An dieser Stelle eine etwas ungewöhnliche, aber sehr bewährte Idee: Wenn Du das nächste Mal in einem Bewerbungsgespräch sitzt, frage den Bewerber, wie er die Führung seiner alten Firma seines alten Chefs wahrnimmt. Was er glaubt, auf was die Führung in ihrer Kommunikation gezielt hat und was er glaubt, auf was man sich hätte konzentrieren sollen. Du weißt dann in Sekunden, wie der Bewerber tickt und was er glaubt, was das Richtige und Wichtige ist.

5.4

»WARUM MACHEN DIE MITARBEITER NICHT, WAS ICH SAGE?« EINE FRAGE, DIE SICH TOP-UNTERNEHMER EINFACH NICHT STELLEN

Wir haben uns bereits angeschaut:

- Wen Du führst und wie er/sie »funktioniert«
- Wer führt und warum der Tekkie-Mindset als Führungskraft manchmal ein Update braucht, um die notwendigen Führungsaufgaben leisten zu können
- Wie viel Aufwand für Führung Sinn macht

Nun kommt der entscheidende Punkt: Wie sage ich es nur meinem/n Mitarbeiter/n und Mitarbeiterinnen – und zwar so, dass diese das Notwendige und Richtige dauerhaft und in guter Qualität leisten? Idealerweise mit einer gehörigen Portion Mitdenken. Man könnte es »das theoretische Ideal« nennen. Wie ein möglicher Weg dazu aussehen kann, möchte ich im Folgenden schildern.

Vorab kümmern wir uns wieder um die Dinge, die nicht funktionieren:

Warum Du Deinem Mitarbeiter »eigentlich« gar nichts sagen oder befehlen kannst

Das »eigentlich« ist hier ausnahmsweise die perfekte Wortwahl. Weil es darum geht, dass Du ihm zwar alles Mögliche sagen kannst – klar –, aber wenn er etwas dauerhaft machen soll, vor allem, wenn es ein Mindestmaß von Mitdenken erfordert, kannst Du von außen nicht in ihn hineinsteuern. Das von außen Hineinsteuern ist nicht nachhaltig im wörtlichen Sinne.

Wir sind das Befehlssystem gewohnt, obwohl es bei uns so nicht funktioniert

Das Bild von Führung war über viele Jahrhunderte von militärischen und hierarchischen Systemen geprägt. Außerdem entspricht es dem vermeintlich Einfachsten, was man tun kann: Du sagst, was Du willst, und der andere führt es aus. Das ganze Spiel funktioniert auch unter spezifischen Rahmenbedingungen.

- Es geht um Leben und Tod, und es ist klar: Der andere weiß, wo es langgeht.
- Einfache Aufgaben werden in führungsdominanten Gesamtsystemen wie früher in Industrie und Ackerbau ausgeführt.
- Einfache Menschen erledigen einfache Aufgaben unter direkter Anleitung und Führung.

Schlussendlich wird das heutige Thema Führung durch alte Bilder von Führung überlagert, und genau das verhindert eine Führung, die zum Beispiel in einer komplexen Tech-Firma funktionieren kann.

Dieser gesellschaftlich weitverbreitete (falsche) Glaubenssatz verhindert funktionierende Führung in Deiner Firma

»Führung folgt immer einer Befehlsstruktur!«

Einer sagt und der andere macht: Das vermittelt Dir ein fehlerhaftes Bild von der Führung von Knowledge-Workern.

Es leiten uns die Beispiele aus der Historie, dem Militär und der Ausbildung oft zu diesem unsichtbaren Glaubenssatz. Er scheint die Blaupause zu sein, der so viele folgen. Wenn Du nur kurz in Dich hineinhörst, weißt Du, dass die Strukturen von Befehl und Annahme Ausnahmefälle sind.

Doof, aber wahr, das geht also bei Dir so nicht

Auch wenn Du zum perfekten Feldwebel wirst, wird diese Technik nur selten und schon gar nicht dauerhaft funktionieren. Ja, es gibt Fälle, bei denen die gezielte Ansage das Mittel der Wahl ist. Aber wenn so ein Fall eintritt, dann liefen ein oder zwei Dinge im Vorfeld falsch. Entweder hast Du den falschen Mitarbeiter oder/und Du kannst ihm einfach nicht die Aufgabe vermitteln.

Der direkte Befehl ist und bleibt die Ausnahme! Deine primäre Art von Führung ist indirekter Natur.

Kommen wir nun dazu, wie es funktionieren kann

Fangen wir mit einem kleinen Selbstversuch in zwei Schritten an.

1. Hier mein ausdrücklicher Befehl an Dich:
   AB SOFORT DARFST DU DEINEN MITARBEITERN NICHTS MEHR ERKLÄREN!
2. Schreibe 90 Sekunden lang auf, was in Dir gerade hochkommt, wenn Du den Befehl empfängst. Was bewirkt das in Dir?

Ok, ich gebe zu, es ist ein gegebenenfalls etwas plakativer Test mit einer Aussage, die fast immer auf Ablehnung stoßen muss. An dieser Stelle ist mir wichtig, dass Du in Dich hineinhorchst und bewusst mitbekommst, dass erst einmal diese interne Firewall hochgehen kann:

- Was soll das?
- Spinnt der?!
- Macht doch keinen Sinn!
- Was nimmt der sich raus?

Grafik 25

Was ich zeigen will, ist, dass wir innerlich ein sehr skeptisches Kontrollsystem besitzen. Jeder unbekannte Reiz von außen wird aufmerksam gescannt, beurteilt und hinterfragt. Nur wenn der externe Reizgeber als gut und berechtigt gesetzt ist und der transportierte Inhalt als annehmbar bewertet wird, erfolgt eine innere Erlaubnis, den Befehl annehmen zu können.

Ich höre Dich quasi schon denken: »Mensch, das Befehlszeugs funktioniert ja doch! Ich muss nur beim Mitarbeiter positiv besetzt sein, die Anweisung muss irgendwie Sinn ergeben, und schon funktioniert es.« Du ahnst es – so einfach wird es nicht gehen.

Der Grund, warum das Befehlssystem dauerhaft nicht funktionieren kann, liefert gleichzeitig Teile der Lösung

Ein Beispiel aus dem Alltag:

Stellen wir uns einen Senior Consultant oder Softwarearchitekt vor, der auf dem Sprung zu Personalverantwortung steht und Team Lead werden will. Dein Anspruch an ihn ist, wer ein Team führt, muss in der Lage sein, das so zu tun, dass a) Geld verdient wird und b) die Kunden happy sind. Der potenzielle Team Lead sieht das (in unserem Beispiel) aber eher etwas anders. Denn eigentlich geht es ihm um seine Karriere, sein Geld sowie seine Position und Anerkennung. In guten Fällen hat er schon verstanden, dass Ihr mit fakturierbaren Stunden in Eurer Firma Geld macht und somit so sein Gehalt verdient. Aber häufig ist das für einen angestellten Tekkie eher ein: »Na ja stimmt ja schon. Muss ich halt irgendwie erfüllen, aber Spaß sieht anders aus." Du merkst schon, ich wähle bewusst ein nicht so gutes Beispiel. Dabei hoffe ich inständig, dass Deine Firmenkultur und Personalauswahl diesen Zustand gar nicht erst entstehen lassen. Dennoch wollen wir in dem Bild bleiben:

Nun erteilst Du den Befehl:

Wenn Du Team Lead werden willst, musst Du bei Deinen Mitarbeitern dafür sorgen, dass sie ihre Mindestumsätze bringen.

Er nickt das ab, weil er seinen »Next Step" erreichen will. Leider reicht die innere Haltung, in genug Profit für die Firma zu denken, nicht. Außerdem hat er keine Lust, seine Kollegen zu triezen, damit sie ihre Stunden ableisten. Also lässt er es irgendwann schleifen.

Du wiederholst den Befehl:

Wenn Du Team Lead werden/bleiben willst, musst Du bei Deinen Mitarbeitern dafür sorgen, dass sie ihre Mindestumsätze bringen.

Er nickt das wieder ab, bäumt sich einmal (als Alibi) auf, und versucht, die unangenehme Faktura-Wahrheit seinen Ex-Kollegen beizubringen. Diese werfen ihm vor, er sei kaum wieder zu erkennen und ein richtiges, kapitalistisches Ar ... geworden. Er soll sich nicht so aufblähen. Also erbringt das Team wieder nicht die Quoten.

Du wiederholst den Befehl zum dritten Mal:

Wenn Du Team Lead werden/bleiben willst, musst Du bei Deinen Mitarbeitern dafür sorgen, dass die ihre Mindestumsätze schaffen.

Nun ist Dein potenzieller Team Lead tief verzweifelt. Seine Kumpels in der Firma hassen ihn. Sein Chef macht Druck. Das hat er sich völlig anders vorgestellt ...

Wenn Du das jetzt immer weiter so laufen lässt – was meinst Du, was dabei herauskommt? Nun, der Frust wird auf allen Seiten steigen, und gegebenenfalls verlässt der eine oder andere das System, weil man hier ja nicht vernünftig arbeiten kann. Du als Unternehmer kannst in diesem Fall wieder neue Leute besorgen, und das Spiel geht von vorne los.

Ich will damit zeigen, dass es via Befehlen so einfach nicht funktionieren kann. Und das ist auch die Antwort auf die Frage: Warum stellen sich Top-Unternehmer diese Frage so nicht? Weil die Frage einfach schlichtweg nicht zur Lösung des Problems führt!

Nun zur Frage: Wie muss es aussehen, dass es doch gehen kann?

Das AAA-Führungsprinzip

Das, was uns Unternehmern absolut gegen den Strich geht, ist es, indirekt zu handeln und zu kommunizieren. Wir wollen gerne zielgerichtet und schnell Ergebnisse erzielen und immer weiter vorankommen. Und genau da liegt das Problem bei vielen Führungskonflikten. Das, was Dich als Unternehmer stark macht, einfach einmal einen »rauszimmern« zu können, kannst Du leider bei den wenigsten Mitarbeitern anwenden.

Eine Ausnahme gibt es: In manchen Hightech-Firmen, die oft hardware-lastige Produkte haben, geht auch gerne mal ein rauer direkter Ton. Das sind eher Taskforce-Konstrukte und Ausnahmen, und die Typen genießen ihren Habitus und ihre Führungsstruktur. Wie gesagt, das sind Ausnahmen. Die Bundeswehr ist nicht die GSG 9, und die GSG 9 ist nicht die Bundeswehr. Wenn Du wachsen willst, darfst Du – sorry musst Du – leider über die Bande spielen.

Grundlegend ist der entscheidende Punkt bei der Führung der Verantwortungsübergang. Also: Wie wir es schaffen, dass der Mitarbeiter die Aufgaben so annimmt, dass er sich verantwortlich fühlt und alles für ein gutes Ergebnis gibt. Genau genommen ist dies das Herzstück von Führung: Wenn das klappt, egal auf welchem Weg Du da hingekommen bist, dann ist es das, was Deine Firma durch Deine Mitarbeiter gemeinsam zum Wachsen bringt.

Das erste A = Die Aufgabe

Der Mitarbeiter und die Mitarbeiterinnen sollten klar erkennen können, was ihre Aufgaben sind.

Bei genau diesem trivialen Fakt fängt der Fehler schon an:

> ***Kleine Randbemerkung:*** *Nur weil Du gefühlt die Aufgabe und Verantwortung Deiner Mitarbeiter schlimmstenfalls als unausgesprochene Erwartungshaltung im Kopf hast, heißt das nicht, dass diese nur ansatzweise eine Ahnung davon haben, worin ihre tatsächliche Verantwortung besteht.*

Wenn jemand weiß, was seine Aufgabe ist, dann hat er zwar die Verantwortung noch lange nicht übernommen, weiß aber theoretisch, worin die Aufgabe besteht. Zur guten Definition einer Aufgabe gehört auch immer, was das Ergebnis der Aufgabe/n ist bzw. sein soll. Hier fängt meistens der Ärger bereits an, denn das wird selten genug einfach klar und eindeutig definiert und schon gar nicht richtig kommuniziert. Wie sieht nun eine gute Aufgabe aus?

Grundlegend sind bei einer guten Aufgabe diese drei Punkte geklärt

- Was ist exakt zu tun?
- Was ist das gewünschte Endergebnis?
- Warum macht die Aufgabe für den Firmeninhaber und die Gesamtkonstellation Sinn?

Letztes wir oft unterschätzt, trägt aber elementar zum nächsten wichtigen Step bei – der wirklichen, dauerhaften und verantwortlichen Übernahme der Aufgabe.

> ***Hier möchte ich einen kleinen Exkurs zu einem gern gemachten Standardfehler einflechten:*** *Denn wir Unternehmer neigen dazu, zu sehen, was zu tun ist. Dann glauben wir XY hat (vermeintlich) noch etwas Kapazität, der soll das machen. Dabei wird dann*
>
> - *ignoriert, ob XY der Richtige ist und*
> - *ob er das überhaupt will/kann.*
>
> *Hier wird dann gerne hoch motiviert von uns Unternehmern hinein- oder meist übersteuert und so lange positiver Druck ausgeübt, bis der Delinquent einbricht und Ja sagt. Der Haken an einem solchen Ja ist: Der Mitarbeiter konnte eigentlich zu keiner Zeit Nein sagen. Denn Du bist der Chef, und wenn der Chef das so dringend will, dann wird das lieber gemacht.*
>
> *Meistens wird dann ignoriert, wie die Aufgabe an den Mann kam und dass er diese nie wirklich wollte, aber wenn kein oder ein schlechtes Ergebnis herauskommt, wird dies dann nicht ignoriert.*

Und in so einem Fall hast Du schon wieder Wasser auf Deine falsche Glaubenssatzmühle gegeben. Die Mitarbeiter machen einfach nicht, was Du sagst. Aber dass Du alle Regeln einer guten Führung komplett ignoriert hast und dass dies die wirkliche Ursache für den Misserfolg ist, wird meist nicht eingesehen. Oft ist auch schlichtweg Unwissen, wie man es macht, der einfache Grund, wieso sich die gewünschten Ergebnisse nicht einstellen.

Das zweite A = Die Antwort

Nun kommt der Moment, an dem der Führungsfrosch ins Wasser hüpft. Man kann es sicher professioneller ausdrücken, aber ich will hier noch einmal auf die Einfachheit und Leichtigkeit von Führung hinweisen. Wir müssen kein Psychologiediplom oder einen NLP-Master haben, um Führung zu lernen. Es reichen gesunder Menschenverstand und ein paar Grundlagen.

Kommen wir zum Kern: Diesen Satz habe ich vor vielen Jahren von meinem Mentor Elmar zum ersten Mal gehört, aber damals nicht wirklich verstanden, und heute huldige ich der Einfachheit von:

»Wer die ANTWORT hat, hat die VerANTWORTung!«

In diesem Satz stecken mehrere Kern-Skills zu dem Thema: Wie überträgst Du die Verantwortung auf den Mitarbeiter? Denn der beste und genau genommen einzig wahre Weg ist, er übernimmt die Verantwortung selbst. Das heißt nicht, Du erzählst ihm, was er wie zu tun hat, sondern er erzählt Dir, was er auf welche Weise an Ergebnissen und Inhalten zu leisten hat, damit das beste Ergebnis für die Firma erzielt wird. Und das geht nur, wenn er selbst die Antwort hat, was und wie dies zu erreichen ist. Was für Dich als Führungskraft bedeutet, dass Du ihn so unterstützt, dass er den Skill zur Lösung des Problems aufbaut, er dann selbst die Antwort findet und somit auch verantwortlich umsetzt. Das heißt auch, dass Ihr Gespräche größtenteils über Fragen führt und Du nur sehr gezielt Tipps und Infos lieferst.

Wenn Du an der Stelle tiefer in einzelne Details einsteigen willst: Im Buch »Wer hat den Ball«, das ich hiermit gerne empfehle, wird dies mit dem Bild eines Tennisspiels erklärt.

Immer wenn Du mit dem Mitarbeiter redest, kann sich dieser jederzeit so verhalten, dass er nicht weiß, wie und warum er ein Thema lösen kann/soll, und schon hast Du wieder den Ball. Unabdingbar ist, dass er die Antwort laut aussprechen oder schreiben muss. In allen anderen Fällen weiß keiner genau, auf welcher Seite jetzt wirklich der Ball liegt und ob er die Verantwortung angenommen hat. Wie auch immer, Du musst Dir nur eines überlegen: Wie bringe ich den Mitarbeiter dazu, dass er die Antwort hat und diese ausspricht?

Das dritte A = Die Anerkennung

Ganz offen: Hier habe ich mich selbst sehr lange sehr schwergetan. Die Führungsexperten und alle Lektüren sind sich einig: Loben kann man nie genug. Nun kennen wir alle Beispiele, bei denen man es fast schon peinlich findet, dass einer völlig selbstverständlichen, einfachen Leistung auch noch gehuldigt werden soll bzw. ihr gehuldigt wurde. Das ist völlig übertrieben und obendrein gekünstelt. Nun, so würde ich das Thema Anerkennung und Lob auch nicht angehen wollen.

An dieser Stelle sind drei Dinge wichtig zu wissen, um einen guten und gesunden Zugang auf das Thema zu bekommen:

1. Lob/Anerkennung bedeuten, richtig angewendet, immer pure Motivation für Deine Mitarbeiter.
2. Lob/Anerkennung zeigen allen, welche Ergebnisse bei Dir und in Deiner Firma gefeiert werden und tragen zum richtigen Fokus der Mitarbeiter bei.
3. Lob/Anerkennung sind, wissenschaftlich bewiesen, der bessere Ansporn, Dinge zu lernen.

Zu 1.

Der Mitarbeiter ist bei Euch, weil er Euch unter anderem als Autorität anerkennt. Und wenn Ihr die Autorität seid, dann hat das, was Ihr sagt, Gewicht für ihn. Denke Dich mal selbst hinein: Wenn Du von jemandem, den Du als Autorität ansiehst, ein Lob bekommst, welche Wirkung hat dies auf Dich?

Zu 2.

Aus meiner Sicht ein wichtiges Instrument: Wenn Du zum Beispiel willst, dass hohe Consulting-Tagessätze durchgesetzt werden, solltest Du Mitarbeiter, die in der Durchsetzung gut sind, öffentlich dafür loben, damit dem Rest der Firma klar ist, was hier wichtig und richtig ist. Gehe also sehr sorgfältig und gezielt mit Lob um! Ja, ich weiß, das ist nicht immer einfach, aber Führung erfordert schlussendlich etwas Disziplin in der Kommunikation.

Zu 3.

Es hat mich anfänglich irritiert, aber es ist tatsächlich so, dass der Fokus auf das, was gut geht, und das zugehörige öffentliche Loben (egal, wie trivial es erscheint) positivere Gesamtergebnisse produzieren. Das Loben für Gutes macht einfach das Leben etwas leichter und die Ergebnisse besser. Unter uns, ich mache mir trotzdem keine Sorgen, dass das »Problemewälzen« und Lernen durch Fehler zu kurz bei Euch kommt. Aber Ihr habt beim Finden von positiven Dingen und bei unerwartet guten Ergebnissen mehr Spaß. Wie erwähnt kommen auch schneller bessere Ergebnisse hinzu, als wenn Ihr nur im dunklen Problemkeller sitzt.

Oh Gott – Wie soll ich das jetzt alles in die Praxis umsetzten?

Wenn Du versuchst, jetzt mit einer Checkliste methodisch korrekt nur noch indirekt über Fragen zu führen und das AAA-Führungsprinzip von 0 auf 100 sofort und überall anzuwenden, wird das nicht funktionieren können. Denn

- Du wirst wie ein Roboter führen und
- Du wirst völlig überfordert sein.

Das Ergebnis wird also eher schlecht sein, und die Anwendung wird keinen Spaß machen.

Hier folgen drei wichtige Anwendungstipps:

1. Suche Dir anfänglich einen Fall/ein Thema aus und übe das Vorgehen dort sukzessive ein.

   Das hat den großen Vorteil, dass Du nicht von einem auf den anderen Tag alles auf den Kopf stellen musst und die Zeit gewinnst, die Du brauchst, um zu verstehen, wie es funktioniert. Sodass Du also ein eigenes Gefühl für das AAA-Führungsprinzip entwickelst.

2. Verstehe, dass die Grenzen der Anwendung von Verantwortungs-Übertragungsmethoden (Befehl bis Antwort-Verfahren) fließend sind

   Sie erfordern fallspezifisch einiges an Gefühl in der Anwendung. Dieses entwickelst Du aber eher langsam, und Du benötigst hierzu auch eine saubere Reflexion, wo Du stehst und wie Du wirkst.

   Im Zweifelsfalle höre in Dich hinein: Wo tut Dein Führungsproblem am meisten weh? Und ist es der Mitarbeiter wirklich wert, dass Du diese außerordentliche Portion Führungsarbeit in ihn hineinsteckst? Last but not least: Der allerwichtigste Punkt ist hier Punkt 3).

3. Aus einer Ente wird definitiv nie ein Adler!

Will heißen, dass B-Minus- und C-Mitarbeiter mit dem AAA-Prinzip retten zu wollen, für Dich als Unternehmer eine teure, ärgerliche und wirkungslose Sackgasse ist. Außerdem wirst Du die falschen Schlüsse ziehen. Denn nur weil AAA dabei nicht funktioniert hat, heißt es nicht, dass es falsch war, sondern dass Du einen toten Führungsgaul reiten wolltest. Um es in aller Klarheit zu wiederholen: Die falschen Schlüsse entstehen nur dadurch, dass Du versuchst, Samenkörner auf einen betonierten Parkplatz zu werfen. Nun ja, Du gehörst allerdings mit Deiner »Die Hoffnung stirbt zum Schluss«-Haltung eher zur Mehrheit Deiner Kollegen. Es haben zwar alle einmal versucht, aber die, die damit am konsequentesten aufgehört haben, sind die Skalierer. Bei B-Minus und abwärts gibt es nur zwei Lösungen: den Mitarbeiter »umtopfen« – vielleicht bringt er wo anderes B-Minus oder A-Plus – oder sich von ihm trennen.

Fazit

Fassen wir noch einmal zusammen: Führen erfordert neben den richtigen Mitarbeitern, Methoden und Tools (zu denen wir gleich kommen) etwas Gefühl und Übung. Dass wir Tech-Unternehmer da eher nicht so gut sind, ist ganz natürlich. Aber Führung kann erlernt werden und macht dann auch Spaß, wenn sich langsam die Ergebnisse einstellen. Vor allem, wenn Du Dir mit der gegebenen Geduld ein wirklich cooles Führungsteam zusammengebaut hast, verspreche ich, dass Dein unternehmerisches Lebensgefühl ein ordentliches Freiheits- und Entspannung-Upgrade erhält.

UMSETZUNGS-CHECKLISTE

- ☐ *Erzeuge eine Liste der größten Dauerärgernisse im Bereich Führung und Mitarbeiter.*
- ☐ *Bewerte diese Liste im Hinblick auf das Betriebsergebnis und nach Ärgernisfaktor für Dich persönlich sowie danach, ob der involvierte Mitarbeiter eher einen B+ und besser oder B-Status overall hat. Wähle aus der Liste einen Fall aus.*
- ☐ *Führe mit dem betroffenen Mitarbeiter ein Gespräch und frage ihn, was er glaubt, was seine Verantwortung bzw. Aufgabe ist, woran er fest macht bzw. man messen kann, dass er seinen Job gut macht. Erkläre ihm nicht, was Du glaubst, nimm nur seine Aussagen auf.*
- ☐ *Mache eine Tabelle (allein für Dich), in der steht, was seine Verantwortung ist und wie die Messbarkeit aus Deiner Sicht aussieht.*
- ☐ *Anhand der Differenzen kannst Du das Ausmaß und den Zustand Deines Führungssystems oder Deiner Führungskompetenz ablesen.*

THE GROWING 5 REFLEXION	
WBP #1 **härten**	Die obige Trainingsaufgabe ist ein gutes Härtungstool. Weil Du den Zustand deiner Führung gut damit greifen kannst. Lass es nicht bei der Erkenntnis, sondern trage durch überlegte Verbesserungsmaß-nahmen zur weiteren Härtung Deiner Firma bei.
WBP #2 **wiederholen**	Führung zu lernen bedeutet auch, Dinge, die man als gelöst glaubt, noch einmal zu hinterfragen. Wiederhole den oberen Test gerne bei 5-10 Fällen. Damit das Bild von dem, was zu tun ist, immer klarer wird.
WBP #3 **riskieren**	Es ist ein unbekanntes und passives Risiko, wenn Du versteckte Lecks in Deiner Führung hast. Passive Risiken, die durch Unterlassung entstehen, sind oft schlimmer als Dinge, die Du aktiv angehst und bei denen Du eine klare Risikoentscheidung getroffen hast.
WBP #4 **expandieren**	Den Zustand Deiner Führung auf den nächsten Level zu bringen, ist eigentlich die wichtigste Aktion im Rahmen Deiner/Eurer Expansion.
WBP #5 **netzwerken**	Was sagen Deine Unternehmerkollegen zum Bereich Verantwortungsübergang? Wie gehen Sie das Thema an?

5.5

FÜHRUNGSMODELL – THE EASY BIG PICTURE

Um ein funktionsfähiges Führungsmodell zu betreiben, sollten wir a) das Modell verstehen und b) auf einer Zeitachse implementieren und im Folgenden konsequent anwenden. Um das tun zu können, sollten wir einerseits das Modell verstehen und andererseits uns Gedanken dazu machen, wie wir es implementieren.

Fangen wir mit dem Modell an. Hier hat sich bewährt, ein kleines »Architekturbild« zu malen. Denn das verschafft den nötigen Überblick, über was wir überhaupt sprechen:

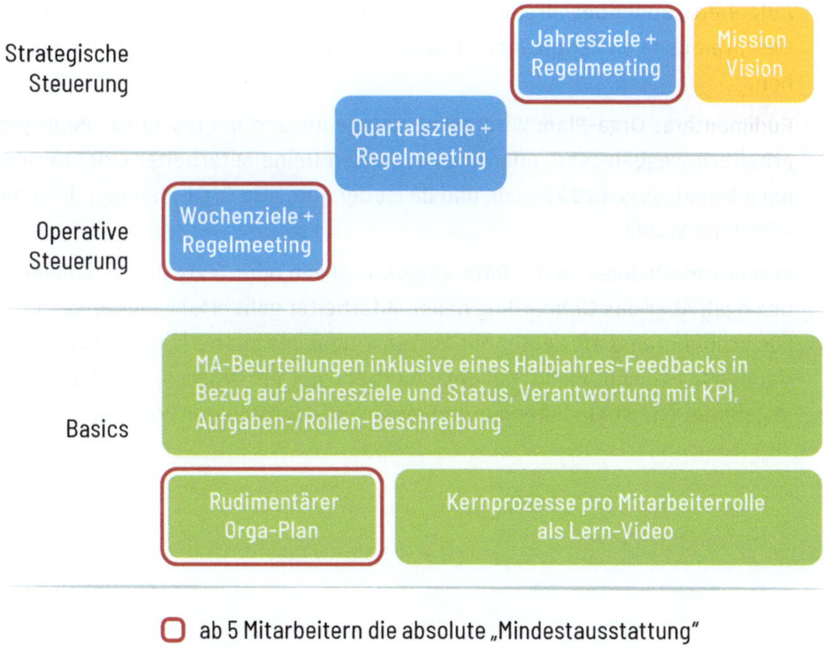

Grafik 26

Diese Grafik ist nicht »in Stein gemeißelt«. Und es kommt auch nicht darauf an, ob Ihr Quartals- oder Monatsmeetings macht. Wichtig ist der prinzipielle Aufbau und dass Du Deine Variante davon ableiten kannst.

Schauen wir uns die Grafik von unten nach oben an:

Basics

- **Mitarbeiter-Beurteilung:** Um klarzumachen, an was Du festmachst, wie ein A-Mitarbeiter bei Dir aussieht, benötigst Du eine bewertbare Beschreibung des Standards - sodass der Mitarbeiter wirklich weiß, woran er sich beim Entwickeln oder Erhalten des A-Mitarbeiter-Status orientieren soll.

  Jahresziele des Mitarbeiters dienen dazu, die notwendige Weiterentwicklung der Firma (Stichwort strategische Projekte), die Weiterentwicklung des Mitarbeiters, aber auch die Verbesserung des Gesamtergebnisses voranzutreiben. Anhand der persönlichen Mitarbeiter-Jahresziele verankerst Du die Ernsthaftigkeit und Konsequenz der relevanteren Themen - für ihn und für Dich.
- **Verantwortung:** Ist das definierte Ergebnis messbar, das nach den vereinbarten KPIs funktionieren muss (Beispiel: Anzahl Fakturastunden pro Monat, Kundenzufriedenheit etc.)

  Aufgaben-/Rollenbeschreibung: Genau genommen eine erweiterte textuelle Beschreibung von Verantwortlichkeiten und der Dinge, die darüber hinaus gehen.
- **Rudimentärer Orga-Plan:** Wird gerne abgelehnt und bei bis zu ca. 15/20 Mitarbeitern weggelassen. Allerdings brauchen Deine Mitarbeiter Orientierung, um effizient wirken zu können, und da ist der gute alte Orga-Plan halt doch das Mittel der Wahl.
- **Kernprozess-Videos:** Ob Ihr dafür Videos, Grafiken oder Texte macht, ist eigentlich egal. Aber das Onboarding neuer Mitarbeiter geht erfahrungsgemäß weitaus schneller und effizienter mit kurzen Videos als mit herkömmlichem Material nebst 1:1-Schulungen. Bedenke hierbei – nur ein Prozess, der in Software abgebildet ist, ist ein lebender und einfach wiederholbarer Prozess.

Grundlegend gilt für die Basics

- Keep it simple – lieber nur ein- oder zweiseitiger Flyer, worin gegebenenfalls nicht alles bis ins Kleinste beschrieben ist. Wichtig ist nur, dass das, was da zu lesen ist, im Unternehmen auch konsequent gelebt wird.
- Ja, das formale Zeug ist für Dich als Unternehmer oft ein »Pain«. Das Gute darin ist, je mehr Du die Mitarbeiter nach Deinen Vorgaben arbeiten lässt, umso einfacher werden diese das auch annehmen. Aber Achtung: Vorgaben heißt nicht, dass Du das bis ins kleinste Detail übersteuerst (Thema »Micromanaging«). Dann geht der verbesserte Versuch, einen Mitarbeiter zu führen, nach hinten los. Wenn Du weißt, was Du willst, ist es ein Prozess, bei dem Du Dich idealerweise extern begleiten lässt. Dann kommst Du weniger in »Versuchung«, doch zu übersteuern.

Operative Steuerung

Es spielt keine Rolle, ob Ihr ein »Daily« oder ein »Weekly« macht. Es muss zu Eurem Geschäftsmodell passen. Grundlegend ist es wichtig, eine Art »Lagerfeuer« zu entfachen.

Die Evolutionsbiologie ist da völlig klar: Die Menschheit hat sich erst dann bis zum heutigen Niveau entwickeln können, als wir begannen, Zeit für Kommunikation aufzuwenden. Es geht da nicht primär um Funktion, sondern um Austausch. Das lässt alle wachsen und besser werden - und wird sie mit den passenden Informationen versorgen. Außerdem ist das »Daily« oder »Weekly« das wichtigste operative Führungsinstrument.

Strategische Steuerung

Auch hier kommt es nicht unbedingt darauf an, ob das strategische Meeting einmal im Quartal oder monatlich, sondern dass es regelmäßig stattfindet, gut vorbereitet ist und dass Ihr einen schonungslosen Blick auf den Zustand Eurer strategischen Projekte, auf Eure wichtigsten Engpässe und auf die aktuellen Zahlen werft, dass Ihr die Effekte hinreichend diskutiert und gegebenenfalls Anpassungen an Eurer Strategie, den Zielen oder den Umsetzungswegen vornehmt.

Ein Beispiel, warum die strategischen Meetings so wichtig sind:

Wir konnten mit einem schwäbischen Hersteller von High-Tech-Produkten für die Automotive-Branche 2019 ein erfolgreiches Fokussierungs-Projekt machen. Nach dem Projekt hatte sich die gewünschte strategische Klarheit einstellt.

Die Fragen:

- *Für wen machen wir was?*
- *Was ist unser Fokus-Kunde?*
- *Und was ist das hochertragreiche Angebot dazu?*

wurden vollständig geklärt.

Außerdem war klar, für wen sie was aus welchen Gründen nicht mehr arbeiten werden. Das brachte viel Einfachheit und Umsetzungs-Geschwindigkeit in die Firma. Allerdings war zwei Jahre später, trotz des neuen Fokus, ein ähnlicher Verwirrungszustand eingekehrt. Die Aufwände für die Geschäftsführung liefen wieder aus dem Runder. Das hatte den schlichten Grund, dass sie sich mit ihren neuen Fokus-Kunden und Angeboten weiter in die Tiefe entwickelt haben. In den zwei Jahren gab es keine strategischen Meetings mehr, so dass das permanente Update der Fokussierung ausblieb und sie wieder vor ähnlichen Problemen wie zuvor standen. Zwar auf höherem Niveau aber doch wieder mit den Effekten das die Geschäftsführung wieder zu viel »Feuerwehr-Anteil« hatten.

Grundlegend ist ein 3-4-Monats-Stopover notwendig, um a) klar zu sehen und b) keine Energie und Zeit mit den falschen Dingen zu verschwenden. Das funktioniert hervorragend mit anderen Unternehmern zusammen in der Gruppe. Der Effekt ist sogar besser, denn gerade durch den Austausch auf unternehmerischer Augenhöhe gibt es viel Neues voneinander zu lernen.

UMSETZUNGS-CHECKLISTE

- ☐ *Nimm die Instrumente aus der Grafik: The easy big picture*
- ☐ *Beurteile den Ist-Zustand in Deiner Firma zu den einzelnen Instrumenten.*
- ☐ *Wo sind die Deltas?*
- ☐ *Was hat den stärksten Hebel, wenn Du es angehst?*

THE GROWING 5 REFLEXION	
WBP#1 härten	Wie schon mehrfach erwähnt, eine gute Führung und die Verfügbarkeit von A-Mitarbeitern gehören zum Kern der Härtung. Wie gut schätzt Du Deine Firma und Dich in den Punkten ein?
WBP#2 wiederholen	In der Struktur oben kommt klar heraus: Das Ganze lebt von der Wiederholung und Regelmäßigkeit. Für einige von uns kein großer Spaß, aber das ist der Weg.
WBP#3 riskieren	Kein noch so kleines dokumentiertes Führungssystem zu haben, macht Dich blind für Risiken. Hast Du mehr als 15-25 Mitarbeiter und Du managest immer noch alles manuell selbst, dann schadest Du nicht nur deiner Gesundheit, sondern auch Deiner Firma.
WBP#4 expandieren	Wenn Du Dir im Klaren bist, wie der Zustand deines Führungssystems ist, nimm Deine Keyplayer mit und lass Sie das Bild verstehen. Auch wenn sie gegebenenfalls noch keine Führungskräfte sind, ist die Kenntnis der Architektur von Führung eine gute Orientierung für sie und Dich.
WBP#5 netzwerken	Hier hilft mehr denn je der Austausch mit anderen Unternehmern. Aber Vorsicht, gerade die Unternehmer, die über gewisse Wachstumsschwellen gekommen sind, machen aus dem, wie sie das intern hinbekommen haben, gerne ein Geheimnis. Nur weil sie wenig darüber reden, heißt nicht, dass sie da nicht immense Energie und Zeit investiert haben.

5.6

TOOLS, METHODEN UND KPIs – WELCHE KOMPONENTEN DIE MITARBEITER UND FÜHRUNGSKRÄFTE TÄGLICH AUF KURS HALTEN – AUCH OHNE UNTERNEHMERPRÄSENZ

Der Traum eines (fast) jeden Unternehmers ist es, dass seine Firma ohne ihn läuft. Dass er an einem Monitor sitzt und sich nur noch die Kennzahlen anschaut, die idealerweise super sind und er nicht eingreifen muss. Soweit das theoretische Idealbild. Und offen gesagt, dieses theoretische Idealbild ist gar nicht so falsch, denn es leitet Dich in eine richtige Richtung.

Die Skalierer verfügten über wirklich treffsichere KPIs, mit denen ihr Unternehmen mit einer Art Autopilot fliegen konnte. Wenn in einer idealen Welt ein eingespieltes Team weiß, was wie zu tun ist und auf was es sich fokussieren muss, dann kann nicht mehr viel falsch laufen.

Drei Dinge sorgen ständig für eine natürliche Unruhe in Deinem Firmensystem

1. Die Umgebungsparameter ändern sich

Das sind zum Beispiel interne Abgänge, Marktveränderungen oder neu auftretender Wettbewerb. So etwas sorgt für die größte Irritation, da die Ereignisse nicht immer so einfach vorhersehbar sind und gerne plötzlich und unerwartet auftreten. Hier kannst Du eigentlich nur im Vorfeld und stetig Deine Härtungs-Hausaufgaben machen und dann entsprechend schauen, wie Du mit X, Y oder Z umgehst.

2. Der kontinuierliche Verbesserungsprozess

Er geht entweder vom Lösungsprozess des jetzigen Master-Engpasses aus. Oder es kann auch durch die Weiterentwicklung der Subsysteme (z. B. CRM/ERP-Prozess-updates) und Abteilungen vorkommen – was meist jedoch nicht ganz so starke Veränderungen mit sich bringt, da es eher den Charakter einer Optimierung als einer Revolution in sich trägt.

3. Strategische Projekte

Nun, typischerweise sieht man die eine oder andere Entwicklung bereits vorab und richtet sich mit entsprechenden strategischen Projekten darauf aus. Das kann beispielsweise die Einführung eines Onlinemarketings sein, um neue weitere Wege in der Leadgenerierung zu beschreiten. Das kann aber auch das Erstellen von neuen »Offerings« - also Produkten und Angeboten - sein, um nur zwei Beispiele zu nennen. Idealerweise werden erst kleine, überschaubare Versuche gemacht, bevor man sich hier in größere Abenteuer stürzt.

Du siehst, es ist schon, ohne dass Du extra etwas unternimmst, genug Bewegung im Gesamtsystem. Was in letzter Konsequenz heißt: Beschütze den Kern des laufenden operativen Cashflow-produzierenden Firmensystems so gut wie möglich. Aber um zu sehen, wie dieses gerade wirklich läuft, benötigst Du die richtigen KPIs. Das Schöne an diesen ist, dass sie automatisch die operativen Steuerkennzahlen für Deine Mitarbeiter und Führungskräfte darstellen. Das heißt, dass Du mit einem Wurf Deine Führung und Deine persönliche Klarheit hinsichtlich des Gesamtsystems verbessern wirst.

Was sind die Kriterien für gute KPIs zur Selbstführung Deiner Mitarbeiter?

Eine gute Kennzahl hat immer mehrere Zwecke zu bedienen, damit sie wirkungsvoll wird.

- Wenn der Mitarbeiter oder die Führungskraft seine Haupt-KPIs verbessert, so muss das immer einen positiven Impact auf die Firma haben.
- Die Kennzahl muss in positiver Abhängigkeit in der Cashflow-Lösungskette sein (Erklärung hierzu folgt in der nächsten Tabelle).
- Sie muss möglichst einfach und verständlich sein.

Beispielhafte KPI-Tabelle

Die Tabelle dient der Veranschaulichung der Zusammenhänge und ist, wie die anderen Beispiele, keine 1:1-Blaupause, sondern exemplarisch zu verstehen. Gerade solche KPIs sind immer hoch individuell.

GESCHÄFTSMODELL	LEADGENERIERUNG TELESALES/ONLINE	SALES
IT-Dienstleister Consulting od. Auftragssoftwareentwicklung	Anzahl POC Anfragen Kundenkontakte zur Übergabe in Fachvertrieb in richtiger Qualität Cost per Lead	DB1-Volumen Angefragte Arbeitstage pro Thema
IT-Systemhaus mit 50% Managed-Service-Anteil	Anzahl Sicherheitscheck-Anfragen Cost per Lead	Anzahl und Volumen MS-Aufträge Angefragte Arbeitstage pro Thema Prognostizierter DB1 pro
Technischer Dienstleister mit Produkten wie Video, Brand etc.	Anzahl Hersteller-Leads Cost per Lead Anzahl Homepage-Anfragen	Angefragtes und gewichtetes DB1-Volumen Angefragte Arbeitstage pro Thema

	PRODUKTION	GESAMT
	Anzahl Fakturastunden pro Mitarbeiter/Team/gesamt- erwirtschafteter bzw. prognostizierter DB1 pro Team Mitarbeiter	Erwirtschafteter bzw. prognostizierter DB1 Liquidität-Hochrechnung Finanzielle Reichweite (Anzahl Monate Kostendeckung ohne Umsatz in freier Liquidität bzw. unkündbaren Kreditlinien
	Dto.	
	Erwirtschafteter bzw. prognostizierter DB1 Liquidität-Hochrechnung Finanzielle Reichweite (Anzahl Monate Kostendeckung ohne Umsatz in freier Liquidität bzw. unkündbaren Kreditlinien)	

Dimensionen der KPIs

- Die Bestandsdimension, wie viel ist im Moment in der Summe da?
- Die Zeitdimension: wie viel pro Woche oder Monat?
- Die Zeitachsendimension: Wie viel XY waren es in der letzten Woche/im letzten Monat bzw. was ist somit der Forecast, und wie viel haben wir davon im nächsten Monat, Quartal oder Jahr?
- Die Mitarbeiter-/Team-Dimension: Wie sehen die Zahlen pro Mitarbeiter/Team aus?

Führungsszenario mit und ohne Kennzahlen

Diese Ausführungen sind alle sehr theoretisch, und ich kann verstehen, wenn noch nicht zugänglich ist, was ich erläutern will. Deshalb möchte ich mit ein paar Vorher-/Nachher-Beispielen die Auswirkungen transparent machen:

	Die Dinge, die Du mit dem Mitarbeiter/der Führungskraft besprichst (Dinge, die wer mit wem bespricht?) oder Gedanken, die Du Dir machst, sehen folgendermaßen aus:	
Bereich	**ohne Kennzahl**	**mit Kennzahl**
Telesales/ Online-marketing	Was macht ihr den ganzen Tag? Läuft eigentlich unsere Leadgenerierung effizient? Was kostet eine Kundenanfrage? Wie viel Anfragen sind ernsthaft?	Wie können wir die Cost per Lead senken? Wie steigern wir die Leadqualität? Welche Methode/welcher Kanal/welche Kampagne liefert die besten Ergebnisse?
Sales	Reichen die Aufträge? Müssen wir noch etwas akquirieren, damit wir genug Umsatz/Auslastung haben? Schafft der Vertriebler überhaupt etwas?	Wie bekommen wir mehr Hoch-DB-Leistungen in den Vertrieb? Was können wir wie weiter automatisieren, damit die teure Sales-Zeit auch effizient genutzt werden kann?
Produktion	Warum erbringen die Mitarbeiter nicht 100 % der möglichen Fakturazeit mit Faktura? Warum muss ich immer dieselben zur Produktion antreiben? Warum macht der Teamlead seinen Job nicht und sorgt dafür, dass voll produziert wird?	Das Team X hat immer den besten DB1 erwirtschaftet. Wie können wir die Erfolgsfaktoren in anderen Bereichen nutzen? Wie kann ich den Senior zum Team Lead weiterentwickeln? Wo bekomme ich mehr Mitarbeiter her? Wie können wir das Kundenerlebnis verbessern?
Gesamt	Was mag nächsten Monat an Ergebnis herauskommen? Brauche ich mehr Liquide Mittel?	Wie können wir mehr Fokus auf die A-Kunden und hohe Erträge bekommen? Um wie viel verbessert sich unser Betriebsergebnis, wenn wir die unbeliebten C-Kunden weglassen?

Du siehst, wenn jeder seine Kennzahlen und die notwendig zu erreichenden Ergebnisse seiner Arbeit kennt, kannst Du Dich auf ganz anderem Niveau mit der Weiterentwicklung Deiner Firma beschäftigen. Nun, ich weiß, dass sehr viele weit davon weg sind, gute Steuerzahlen zu besitzen. Dass es sogar ein Problem darstellt, die technischen Mitarbeiter nach Produktivstunden oder noch »schlimmer« nach Zielumsatz bzw. DB1 zu führen. Ich höre dann immer so Sachen wie: »Da machen meine Mitarbeiter nicht mit.« Über all die Projekte kann ich dazu folgende Bemerkungen machen:

- Es dauert, bis Euer Kennzahlensystem steht, und Ihr habt Zeit, das sukzessive an den Mann oder die Frau zu bringen
- Vorausgesetzt, die Steuerzahlen werden nicht mit der Brechstange eingeführt, ist oft die Hürde in Deinem Kopf größer als bei den Mitarbeitern
- Die guten Mitarbeiter lieben Messbarkeit. Sie schätzen es, messbare Leistung zu erbringen und sich das Lob für positive Zahlen einzuheimsen

Fazit

Die Einführung einer Handvoll Kennzahlen ist elementar für das Wachstum Deiner Firma.

- Denn dann ist unendlich viel nervige und als sinnlos empfundene Kommunikation obsolet, weil das operative Ziel und die erwünschten Ergebnisse klar sind, und
- Du kannst endlich sehen, was wann passieren wird und welchen Einfluss dies auf das Gesamtergebnis haben wird.

Wow-Story am Rande: *Ein Unternehmer hatte sein System so perfekt im Griff, dass er neun Monate vor der Finanzkrise Kurzarbeitergeld angemeldet hat. Weil er dank seiner KPIs und eines Sales-Zyklus von neun bis zwölf Monaten durch die Kundenanfrage-Struktur und -Quantität vorhergesehen hatte, was keiner zu dem Zeitpunkt wusste ...*

Das ist unternehmerische Exzellenz!

UMSETZUNGS-CHECKLISTE

- ☐ *Checke, welche KPIs ihr Stand heute habt.*
- ☐ *Wie kann Euer Minimal-KPI-System aussehen, und was fehlt dazu an Daten?*
- ☐ *Stelle fest, wo Du am meisten „Blindflug" oder Ertragfresser vermutest*
- ☐ *Mache Dir einen klaren Plan, welches die eine wichtige Kennzahl in den Bereichen Lead, Sales und Produktion ist.*
- ☐ *Erarbeite einen Plan, was Du tun musst, um eine Mindestausstattung an KPIs zu bekommen.*

THE GROWING 5 REFLEXION	
WBP #1 härten	Hier ganz klar meine Ansage: Ohne die wichtigsten KPIs hast Du ein weiches, unkontrollierbares, schwammiges System. Lasse das nicht zu. Härtung entsteht über Zahlenklarheit.
WBP #2 wiederholen	Baue die Kennzahlen in die Regelmeetings ein. Es schafft für alle Orientierung.
WBP #3 riskieren	Wie beim Härten schon angedeutet: Lass den Blindflug nicht zu. Keiner der Skalierer hat sich dem Risiko der Intransparenz ausgesetzt.
WBP #4 expandieren	Sorge dafür, dass jedem in seinem Bereich klar ist, welche Kennzahl bei ihm relevant ist und warum das so wichtig ist.
WBP #5 netzwerken	Schau Dir Unternehmen an, die ein, zwei Stufen weiter sind als Du, welche Kennzahlen haben sie?

5.7

TIPPS ZUR A-MITARBEITER-GEWINNUNG IM MANGELUMFELD

Üblicherweise startest Du Dein Unternehmen, und Dein Personal kommt aus dem Netzwerk, oder es läuft Dir sonst wie zu. Das ist auch bis zu einer gewissen Größe völlig ok. Denn anfänglich sind Deine Kunden und möglicherweise Du noch nicht so anspruchsvoll. Und wenn ein Kunde einmal höhere Ansprüche stellt, so füllst Du einfach die Lücken Deiner Mitarbeiter mit dir selbst. Das mit dem Überkompensieren hat leider einfache Grenzen. Denn Du stellst diese quasi selbst mit Deiner Arbeitszeit dar.

Die Anforderungen steigern sich mit der Firmengröße. Die Kunden werden anspruchsvoller, Du selbst wirst anspruchsvoller, und Deine Firma wird komplexer. Was an der Stelle die Skalierer von anderen Unternehmern unterscheidet, sind der Zeitpunkt und die Konsequenz, die beim Thema Personalakquise und Management an den Tag gelegt werden. Während die normal Wachsenden noch lange im Reaktiven verharren, gehen die Skalierer viel früher in die Proaktivität. Sie sorgen für hohe Personalqualität und eine andauernde A-Mitarbeiter-Pipe. Es gehört recht früh zum »Daily Business«, auf mehreren Kanälen Personal zu suchen.

Um die Brisanz des Themas zu verdeutlichen: Wenn erfolgreiche Unternehmer, die ihre zweite oder dritte Firma oder ein klassisches Start-up neu starten, beginnen Sie als erstes damit, sich die besten Leute am Markt zu besorgen. Bei hochkapitalisierten Start-ups geht das sogar so weit, dass als erstes ein Top-Recruitmentteam zusammengestellt wird, um das Top-Team für das Start-up zu suchen.

Kommen wir aber in die hiesige Realität zurück. Skalierer haben ein starkes Bewusstsein darüber, dass die drei Säulen:

- Verfügbares Kapital,
- Verfügbare A-Mitarbeiter und
- Ein reproduzierbarer, laufender Auftragseingang

nicht nur entscheidend für die Härtung ihrer Unternehmen sind, sondern zugleich die wichtigsten Elemente für das gesteuerte Wachstum darstellen.

Was ich damit sagen will: Skalierer beherrschen keine Wundertricks, sondern sie sind sich einfach viel klarer darüber, was entscheidend für die Firma ist. Das Wissen allein reicht, wie immer, für messbare Ergebnisse nicht aus. Die Umsetzung aber macht den Unterschied. Denn während die einen noch jammern, haben die anderen schon ein oder zwei Personalakquise-Pilotprojekte hinter sich und wissen früher, was aktuell geht und was nicht.

TIPP 1 – Die permanente Suche

Suche immer nach Personal und nicht nur dann, wenn gerade ein Abgang passiert ist oder momentan Bedarf besteht. Hier sei angemerkt: Wir haben über 50 Unternehmer mit über 15 Mitarbeitern befragt, ob Sie ein Problem hätten oder einen Wachstumsschub bekämen, wenn Sie ab sofort drei bis fünf Senior-Experten mehr hätten. Trotz des immenseren Kostenblocks, den diese Experten darstellen würden, wurde zu 100 % ein daraus entstehender Wachstumsschub erwartet.

Sucht also permanent, damit Ihr immer mit mehreren potenziellen A-Mitarbeitern im Gespräch seid. Zum einen, weil fast niemand genug Senioren beschäftigen kann, zum anderen, weil die langen Wechselzyklen mit Kündigungszeiten etc. es immer länger dauern lassen, bis ein neuer Experte bei Euch tatsächlich Wirkungsgrad entwickelt.

TIPP 2 – Effiziente Kanäle und gute Ideen

Mitte der 90er-Jahre war ich Schulungsleiter bei einem wirklich gut wachsenden Systemhaus. Dessen Betriebsgeheimnis – und ich glaube, man hat das selbst dort gar nicht so richtig wahrgenommen – war, dass die diplomierten Informatiker im Forschungszentrum Karlsruhe das IT-Netzwerk mit vielen hochtalentierten Werksstudenten meisterten: eine Talentschmiede sondergleichen. Vertrieblich waren die IT-Ingenieure typischerweise weniger gut aufgestellt. Aber das persönliche Beziehungsnetzwerk des Unternehmers in Kombination mit dem hervorragenden Ruf des Unternehmens, die besten Experten zu haben, erhöhte die Zahl der Mitarbeiter auf weit über 45.

Du siehst also, eine gute Quelle kann einen selbst ohne vertriebliche Skills weit tragen. Allein darauf verlassen würde ich mich aber nicht.

TIPP 3 – Netzwerkkanäle aufbauen und nutzen

Zu den effizientesten Kanälen gehören immer noch die Beziehungsnetzwerke Deiner Mitarbeiter und Dein eigenes. Zum Beispiel: Bei der Frage, ob in den letzten zwölf Monaten neue Mitarbeiter- und/oder Kundenkontakte durch die eigenen Beschäftigten zustande gekommen waren, haben alle Skalierer um über 50 % bessere Werte als der Rest der Befragten angegeben. Es kamen also nachweislich mehr neue Beschäftigte und Kunden über das aktiv bearbeitete Netzwerk der Mitarbeiter.

Aus eigener Erfahrung kann ich sagen, dass bei uns über 80 % der neuen Mitarbeiter aus den Beziehungsnetzwerken kamen. Das waren sowohl Kundenkontakte, Bekannte aus dem Kindergarten oder Schulungsteilnehmer.

TIPP 4 – Schulungen nutzen

Hier gibt es zwei Varianten. Bei der einen stehst Du oder ein Mitarbeiter vorne, bei der anderen umgekehrt.

Variante 1 – Ein Mitarbeiter oder Du wirst Dozent

Nichts verschafft Dir mehr Fokus aus der Zielgruppe, als wenn Deine Mitarbeiter oder Du eine Schulung abhältst. Da sitzen typischerweise alle Wissbegierigen und hören zu.

Variante 2 – Deine Mitarbeiter sind Teilnehmer

Hier habe ich schon alles gesehen. Von der Akquise neuer Kollegen über den Schulungs-Nachbartisch. Bis dahin, dass ein Mitarbeiter den Dozenten angeworben hat.

TIPP 5 – Brand- und Onlinemarketing

Bist Du eine der Topfirmen in Deinem Bereich, hast Du vielleicht Zulauf von Bewerbungen. Hier bedarf es noch stärker als sonst eines guten Auswahlverfahrens. Die meisten haben ihn nicht und müssen langsam aufbauen. Und das geht heute gerne online.

Brandmarketing

Hier hat es sich oft bewährt, tatsächlich an Wettbewerben wie Great Place to Work o. ä. teilzunehmen. Das ist zwar ein relativ aufwendiger und nicht billiger Prozess, aber Du lernst mit Deinen Mitarbeitern viele Dinge kennen, die Ihr besser machen könnt. Ich würde mich allerdings nicht nur darauf verlassen, dass Dir - wenn Du dort einen Titel bekommst - die Bewerber die Tür einrennen. Aber es ist ein guter Baustein für die Personalakquise.

Ansonsten haben sich alle Arten von Videos und Postings bewährt, die zeigen, wer Ihr seid und warum es so cool ist, bei Euch zu arbeiten. Hier gibt es immer ein paar Social Media-affine Mitarbeiter, deren Energie Du gut dafür nutzen kannst.

Onlinemarketing – Bewerbungen digital »provozieren«

Onlinemarketing funktioniert im Vertrieb und in der Personalakquise. Aber Vorsicht, wenn Du glaubst: ich schalte da jetzt mal eine Anzeige in LinkedIn, und schon rennen mir die Top-Leute die Türe ein – dann vergiss es.

Es ist wie im Sales ein sehr aufwendiges Verfahren. Nur wenn Du genau weißt, wie man so einen »Funnel« baut, zeigt der auch Wirkung. Außerdem hat sich bei den Plattformbetreiben der Personalmangel herumgesprochen, und Sie wissen das Du bis zu 10.000 Euro und mehr für nur einen Techniker zahlst. Folglich spiegelt sich das in den Preisen für die Anzeigen wider.

Fazit

Es gibt nicht die eine Methode. Es gibt solche, die seit je her besser funktionieren (Netzwerken z. B.) und solche, die schlechter laufen. Eines ist sicher, Personalakquise gehört im Hightech-Umfeld zum Kerngeschäft - möglicherweise eine unangenehme Wahrheit, aber eine Tatsache. Je früher und klarer Du das Thema angehst, desto besser.

UMSETZUNGS-CHECKLISTE

- ☐ *Erzeuge eine Liste – wo/wie Deine besten Mitarbeiter herkommen.*
- ☐ *Entwickle einen Plan, wie Du die bisher funktionierenden Personalakquise-Wege wiederholbar machst.*
- ☐ *Wenn Du zum Thema Personal bisher fast offline warst, dann ist es an der Zeit, Dich an die grundlegenden Dinge ranzumachen.*

THE GROWING 5 REFLEXION	
WBP #1 härten	Muss ich es wirklich wiederholen? In jeder Tech-Branche ist die Verfügbarkeit von Experten elementar. Sorge für ein permanent laufendes Personalakquise-System. Das kannst Du fallspezifisch mal mit weniger oder mehr Power laufen lassen. Aber es muss da sein.
WBP #2 wiederholen	Wie oben geschrieben – schaue, was bisher funktioniert hat, und mache es wiederholbar.
WBP #3 riskieren	Auch hier wiederhole ich mich vielleicht, aber keine laufende Personalakquise ist per se ein Risiko.
WBP #4 expandieren	Binde Deine Mitarbeiter ein. Achte darauf, wer Lust hat, beim «netzwerken" mitzumachen. Trefft euch regelmäßig und besprecht, mit wem Du im Gespräch bist und was das nächste «Doing" ist.
WBP #5 netzwerken	Hier mag ich gerne das Schulungsthema aufgreifen. Schau mit Deinen Mitarbeitern, wer Schulungen wo und wie halten kann/will.

Du hast Fragen oder Du willst wissen, wo Du unternehmerisch stehst bzw. wie Deine nächsten Skalierungsschritte aussehen können?

Dafür steht für Dich das kostenfreie the growing 5 Buchportal mit dem Hörbuch, offenen Q&A-Calls zum Buch und dem g5.Wachstums-Check für IT/Tech-Unternehmer zur Verfügung.

Einfach QR-Code scannen oder unter <u>**https://skalierungshandbuch.guide**</u> im Web aufrufen.

Viel Erfolg und Spaß beim Weiterlesen!

6.0
ADDON

DER UNTERNEHMERCHECK HEISST SMB.WACHSTUMS-CHECK

Wie Du feststellst, an welchen Themen Du in welcher Reihenfolge arbeiten musst, damit Du Deinen Weg zum entspannten Wachstumsunternehmer findest.

Klarheit und Orientierung gewinnen

Am Ende ist es immer das Gleiche. Wenn Du mit einem Thema länger nicht vorankamst, dann fehlen Dir die Grundlagen und/oder Blickwinkel, die Dir ermöglichen, das wahre Problem oder den versteckten Verhinderer zu identifizieren. Erst wenn Du weißt, woran der Stillstand wirklich liegt, kannst Du in Richtung Lösung weiterarbeiten.

Das Unerfreuliche daran: Oft kommt heraus, dass man an Problemen arbeiten muss, die man als schon gelöst empfindet. Oder noch schlimmer: an Dingen, an die man nicht herangehen will.

Was mir dann immer geholfen hat, war die Klarheit über die wahren Gründe und darüber, welche Konsequenzen es hat, wenn ich dies oder jenes nicht anpacke.

Bringen wir zwei stark vereinfachte, aber drastische Beispiele, wie wichtig Klarheit ist:

Das Negativbeispiel

Da Dein Geschäftsmodell aufgrund von Marktveränderungen rückläufig ist, hast Du das Gefühl, Du musst etwas tun. Doch Du weißt noch nicht, was und wie lange und tief sich Deine Maßnahmen auswirken. Da Du erstmalig einen Liquiditätsforecast eingeführt hast, stellst Du nun unmissverständlich fest, dass Du in vier bis fünf Monaten, sollte nichts weiter passieren, Insolvenz anmelden musst. Wenn Du da nicht reagierst, hast Du nicht nur wirtschaftliche Folgen zu erwarten, sondern Du könntest auch wegen Insolvenzverschleppung angezeigt werden.

Die Klarheit darüber, was wann geschehen wird, aktiviert Dich, und Du wirst Gegenmaßnahmen einleiten. Du wirst es nicht einfach passieren lassen.

Daraus folgt:

Das Positivbeispiel

Als Abfallprodukt Deiner Liquiditäts-Rechnung hast Du festgestellt, dass eine stiefmütterlich behandelte Kundengruppe mit gewissen Anforderungen doppelt so gute Deckungsbeiträge erbringt wie andere. Du hast schon länger gerätselt, was Du mit den Kunden auf Dauer anfangen willst. Irgendwie verursachen die viel ungewohnte Arbeit. Nun ist aber klar, dass diese Kunden in der Marktveränderung Dein Weg zu neuen Erträgen sein können. Also beginnst Du, Dich darauf einzustellen, wie Du mehr solcher Kunden gewinnst und wie Du die Produktion gut und effizient organisierst. Mit dem Ergebnis, dass Deine Firma eine betriebswirtschaftliche Umkehr hinlegt und wieder zu alter Stabilität und zu Wachstum findet.

Ich gebe zu, das ist ein sehr vereinfachtes Beispiel. Aber es wird klar, dass Du mithilfe zweier kleiner KPIs wusstest, was zu tun ist. Genau genommen wusste es auch Dein Team. Und damit entstehen auch keine gefürchteten, endlosen Diskussionen.

Klarheit und Orientierung durch saubere KPIs – Aber was tun, wenn keine oder keine passenden KPIs den Weg weisen können?

Was tust Du,

- wenn Du z. B. in einer unternehmerischen Nebelbank festhängst,
- wenn jeder Mitarbeiter eine andere Meinung hat,
- wenn keiner weiß, was wirklich richtig ist,
- wenn Du Dir nicht sicher bist, ob es an Dir hängt,
- wenn Du vielleicht wie ein Wahnsinniger immer mehr arbeitest, und es wird und wird nicht besser?

Wir haben hierfür den SMB.Wachstumscheck gebaut. Dieser deckt alle Bereiche ab, sodass Du in kürzester Zeit einen qualifizierten Hinweis zu den nächsten Lösungsschritten für das Beseitigen Deiner Engpässe bzw. das Identifizieren der relevanten nächsten Schritte für Dein Wachstum erhältst.

Diesen SMB.Wachstumscheck kannst Du kostenfrei und unverbindlich in der Light-Version über unser G5-Buchportal selbst durchführen.

Viel Erfolg!

Markus Geißinger

SMB.Wachstumscheck

https://skalierungshandbuch.guide

MEIN PERSÖNLICHES NACHWORT UND MEIN DANK

Ich habe dieses Buch drei Mal angefangen und wieder verworfen. Ich hatte die Arbeit daran nie durchgezogen und wusste nicht warum. Heute ist mir klar, dass es zwei entscheidende Voraussetzungen gebraucht hat, damit ich »das Buch« habe schreiben können.

Die erste Voraussetzung ist fast trivial. Bei mir war es so, dass ich einfach erst alle Bausteine - in diesem Falle Daten, Skills und Erfahrungen - zusammensammeln musste, damit das Bild des Buches in mir entstehen konnte. Es dauerte bis Mitte 2021, bis es soweit war. Ich sah zum ersten Mal das Konzept der growing 5 so vollständig vor mir, dass ich es endlich beschreiben konnte. Um an diesen Punkt zu kommen und dann auch - parallel zum durch Corona deutlich erschwerten Tagesgeschäft - die Zeit, die Muße und die Disziplin aufzubringen, wäre ohne einige wunderbare Menschen um mich herum nicht möglich gewesen. Sie sind die »Geburtshelfer«, ohne die vorliegendes Buch heute nicht existieren würde.

Mein besonderer Dank gilt:

Meiner Frau Annette, die mich ermutigte, unter den wirklich schwierigen Rahmenbedingungen meinen Weg zu finden und zu gehen. Ich glaube, sie wusste anfänglich nicht so recht, welchen Stein sie da ins Rollen gebracht hatte. Gerade weil sie in ihrem Vertrieblerleben mindestens fünfzigmal mehr Umsatz als ich generiert hatte und als Konzernführungskraft einen ganz anderen Blickwinkel einnahm, war ich immer wieder auf ihr etwas anderes Feedback gespannt. Außerdem mag ich mich obendrein für die »orthografische« Geduld bedanken. Amor vitae meae – für Annette.

Dr. Peter Schlötter, ohne den ich nie an den notwendigen Punkt der inneren Klarheit gekommen wäre. Wir haben über die Jahre viele Dinge reflektiert. Das ermöglichte mir, eine nie zuvor geahnte innere Freiheit und Entspanntheit zu entwickeln.

Last but not least will ich Alex Dorka meinen Dank aussprechen. Niemand war so tief wie er in diesem Projekt involviert. Ohne seinen Support hätte ich dieses Buch nie fertigschreiben können. Schlussendlich stammen nicht nur die coolen Grafiken von ihm, sondern auch unendlich viele Korrekturschleifen.

Mein Dank geht auch an die vielen Freunde und Unternehmer, die mich immer unterstützt haben

Vielen Dank dafür.

the growing 5

1. Auflage 2023

978-3-00075-073-1 (Hardcover)

978-3-99152-120-4 (Paperback)

978-3-98762-902-0 (Hörbuch)

Herausgeber:

Lookapp Business Services GmbH & Co. KG
Haid-und-Neu-Straße 7 · D 76131 Karlsruhe

Brand:

SMB.Academy
www.smb.academy · info@smb.academy

Das Portal zum Buch:

https://skalierungshandbuch.guide

Druck und Vertrieb im Auftrag des Autors:

Buchschmiede von Dataform Media GmbH, Wien

www.buchschmiede.at

Folge deinem Buchgefühl!

Satz + Grafik:

de'bleu · kommunikation + design

D 61352 Bad Homburg

PRINTED IN AUSTRIA